Karl-Josef Kuschel

LACHEN

Karl-Josef Kuschel

LACHEN

Gottes und der Menschen Kunst

Herder
Freiburg · Basel · Wien

FÜR JULIUS
(geboren am 13. August 1993)
UND
JUDITH
(again and again)

Alle Rechte vorbehalten – Printed in Germany
© Verlag Herder Freiburg im Breisgau 1994
Gedruckt auf umweltfreundlichem,
chlorfrei gebleichtem Papier.
Textverarbeitung: G. Scheydecker, Freiburg im Breisgau
Druck und Bindung: Freiburger Graphische Betriebe 1994
ISBN 3-451-23262-6

„Gott ließ mich lachen;
jeder der davon hört,
wird mit mir lachen."

Sara zu Abraham (Gen 21,6)

„Diese Welt ist eben kein Theater zum Lachen;
nicht dazu sind wir beisammen,
um schallendes Gelächter anzuschlagen,
sondern um zu seufzen,
und mit diesem Seufzen werden
wir uns den Himmel erwerben."

Johannes Chrysostomos[1]

„Verzeih, ich kann nicht hohe Worte machen,
Und wenn mich auch der ganze Kreis verhöhnt;
Mein Pathos brächte dich gewiß zum Lachen,
Hättst du dir nicht das Lachen abgewöhnt."

Mephistopheles zu Gott, dem Herrn[2]

„Voltaire sagte,
der Himmel habe uns zum Gegengewicht
gegen die vielen Mühseligkeiten des Lebens
zwei Dinge gegeben:
die Hoffnung, und den Schlaf.
Er hätte noch das Lachen
dazu rechnen können."

Immanuel Kant[3]

Inhalt

II
Vom Lachen der Menschen und vom Lachen Gottes – ein biblisches Tableau

III
Das Lachen des Christen – neutestamentliche Grundlagen

IV
*Das Lachen lernen –
ein literarisch-theologisches Tableau*

10

Vorwort

Zugegeben: Es hat etwas Komisches, „über" das Lachen zu schreiben. Sollte man es nicht lieber praktizieren, statt sich „über" es zu verbreiten? Will nicht jeder, der schreibt, ernstgenommen werden? Wie aber vertragen sich literarischer Ernst und das Lachen? Entweder man schreibt als Autor ernst, dann aber vergeht den Lesern das Lachen oft sehr rasch; oder das, was man schreibt, ist zum Lachen, aber dann nimmt es kein Mensch mehr ernst. Der Tübinger Philosoph Manfred Frank hat dieses Dilemma auf den Punkt gebracht: „Wird von einer Theorie der Intelligenz geurteilt, sie sei selbst intelligent, so gilt das als schmeichelhaft. Aber eine Theorie des Lächerlichen soll selbst nicht lächerlich sein."[4] Und in der Tat muß man – wenn man dieses Buch lesen will – zu dem einen bereit sein: über das Lachen so ernsthaft nachzudenken, daß einem die Lust daran nicht vergeht. Eine Theorie des Lachens so zu betreiben, daß man versteht, was das Lachen ist, welche Funktionen es hat, welche Gefahren es birgt – um dann vielleicht um so unbeschwerter lachen zu können.

Dieses Buch wird in einer Situation vor allem der katholischen Kirche geschrieben, in der viele mit Karl Rahner sagen, sie sei zur Zeit eine „winterliche". In einer winterlichen Kirche aber wird mehr gezittert und gezetert als gelacht. Gezittert und gezetert über den Kältestrom von Autoritarismus, der gegenwärtig herrscht und der in vielen Fragen nicht den geringsten Spaß versteht. Viele, die dennoch in der Kirche aushalten, haben sich bestenfalls aufs Überwintern eingestellt.

Andere haben die umgekehrten Konsequenzen gezogen: Sie haben sich mit Hohngelächter verabschiedet, weil ihnen die Diskrepanz zwischen ihrer Erwartung und der miserablen Realität immer grotesker vorkam. Wer dennoch bleibt, dem klingt gerade dieses Hohngelächter schrill in den Ohren: Narr, der du bist, lächerlicher Illusionist, der du noch Erwartungen an diese Kirche hast ...

Hier will dieses Buch einen *Kontrapunkt* setzen, weil weder die Überwinterungsmentalität noch das Hohngelächter angemessener Ausdruck dessen sind, um was es in der Kirche einzig und allein gehen kann: Person und Sache Jesu Christi. Er, der gekreuzigte und auferweckte Nazarener, ist der einzige Maßstab aller Arbeit in Theologie und Kirche. Dieses Buch setzt deshalb darauf, daß in seinem Geist der Freude an Gott und den Menschen gelacht werden kann: nicht, weil man die oft miserable und repressive Wirklichkeit ignorierte, sondern weil dieses Lachen Ausdruck einer unausrottbaren Hoffnung ist, einer Therapie für die Anästhesie der Herzen: Widerstand gegen die Versuchungen eines Überwinterungsfatalismus einerseits und eines Abschiedsgelächters andererseits. Die hier versuchte Theologie des Lachens ist ein *Gegenentwurf* gegen den verkrampften Autoritarismus in der Kirche ebenso wie gegen die Durchschauungsrhetorik, nach der alle, die bleiben, die nützlichen Idioten des kirchlichen Apparates sind.

Die Anregung zur Behandlung dieses Themas verdanke ich Dr. Thomas Vogel, dem Kulturredakteur im Landesstudio Tübingen des Südwestfunks. Auf seine Initiative hin wurde im Wintersemester 1991/92 an der

Universität Tübingen eine Studium-Generale-Vorlesung zum Thema „Lachen" durchgeführt, an dem sich – wie bei solchen Projekten üblich – Vertreter der verschiedensten Disziplinen beteiligten. Ich war eingeladen, den theologischen Part zu spielen. Und nachdem mein Beitrag in einem Sammelband, der das Tübinger Unternehmen dokumentierte[5], erschienen war, erging die Anfrage des Herder Verlags an mich, das Thema zu einem Buch auszubauen. Nach längerem Zögern habe ich mich an die Arbeit gemacht, dann aber mit wachsender Begeisterung entdeckt, wie sehr sich gerade über das Thema Lachen Grundfragen des Gottes- und Menschenverständnisses erschließen lassen, die zu bedenken sich lohnen. Ich hoffe, daß ein Funke dieser Begeisterung auch auf die Leser dieses Buches überspringt.

Zu danken also habe ich nicht nur Dr. Thomas Vogel und Ludger Hohn-Kemler, dem Lektor des Herder Verlags; zu danken habe ich auch Freunden und Mitarbeitern, die die Entstehung des Manuskriptes kritisch begleitet und mir vielfache Anregungen und Hilfe haben zuteil werden lassen: Ralf und Annette Becker (Rottweil), Gisela Bittner (Kalkar), Walter Lange (Castrop-Rauxel) sowie Dr. Georg Langenhorst, meinem langjährigen Mitarbeiter im Institut für Ökumenische Forschung, dem ich zu besonderer Dankbarkeit verpflichtet bin. Frau Ute Netuschil gilt mein erneuter Dank für die geduldige, ebenso kompetente wie effiziente technische Realisierung der verschiedenen Fassungen dieses Manuskriptes.

Tübingen, im Dezember 1993　　　　*Karl-Josef Kuschel*

Worum es in diesem Buch geht:
Eine kleine Theologie des Lachens

„Sie hatten sich beide so herzlich lieb,
Spitzbübin war sie, er war ein Dieb.
Wenn er Schelmenstreiche machte,
Sie warf sich aufs Bett und lachte.

Der Tag verging in Freud und Lust,
Des Nachts lag sie an seiner Brust.
Als man ins Gefängnis ihn brachte,
Sie stand am Fenster und lachte.

Er ließ ihr sagen: O komm zu mir,
Ich sehne mich so sehr nach dir,
Ich rufe nach dir, ich schmachte –
Sie schüttelt' das Haupt und lachte.

Um sechse des Morgens ward er gehenkt,
Um sieben ward er ins Grab gesenkt;
Sie aber schon um achte
Trank roten Wein und lachte."[6]

„Ein Weib" heißt der Titel dieses Gedichtes, und wer in der deutschen Poesie anderer als *Heinrich Heine* hätte diese Verse schreiben können, so einzigartig in ihrer Mischung aus Leichtigkeit und Hintergründigkeit. Sie führen uns mitten hinein in unser Thema.

Denn: Viermal wird in diesem Gedicht gelacht, viermal aber anders. Da ist das ausgelassene und fröhliche Lachen einer verliebten Frau, die über die Streiche ihres Geliebten hell auflacht. Da ist das ungläubige, scheinbar noch überlegene Lachen, als der Geliebte plötzlich abgeholt wird und man noch nicht ahnt, was

das für die Zukunft bedeutet. Da ist das ironisch-sarka-
stische Lachen, als die Frau – im Gegensatz offensichtlich zu ihrem Geliebten – schon begriffen hat, daß es
keine Zukunft mehr geben wird und es blanker Wahn-
sinn ist, noch einmal auf eine gemeinsame Liebe zu
hoffen. Und da ist schließlich das lebensverachtende,
wegwerfende Lachen, mit der diese Frau ihrem Geliebten in den Tod folgt ...

Dies alles zeigt schon: Eine Phänomenologie des
Lachens gleicht dem Tanz auf dem Vulkan. Kaum
glaubt man, sicheren Boden unter den Füßen zu haben,
schon bricht dieser unter einem weg. Zu bändigen ist
das Lachen ebensowenig wie das Leben, was den Reiz
der Sache gerade erhöht. Keine wissenschaftliche
Theorie und keine kirchliche Macht hat es je wirklich
kategorisieren oder gar kontrollieren und damit beherrschen können. Wer es je unternahm, sei es als Moralist
oder als Scholastiker des Lachens, setzte sich selber
der Lächerlichkeit aus; nirgendwo blüht der Witz bekanntlich geistreicher als hinter dem Rücken seiner
Kontrolleure. Jeder Versuch also, Ordnung schaffen zu
wollen im Reich des Lachens, hat selber etwas Lach-
haftes. Es gleicht dem Bemühen, das Meer auf Flaschen zu ziehen oder den Wind in Kisten zu verpacken.
Schon der französische Philosoph Henri Bergson, dem
wir früh in diesem Jahrhundert eine brillante Studie
über das Lachen verdanken, wußte, daß das Lachen
nicht „begreifbar" ist, d.h. sich jeder begrifflichen Erkenntnis gerade entzieht. Es sei wie die Schaumkrone
auf einer Mereswoge, und der Theoretiker des Lachens sei wie ein Kind, das den Schaum mit der Hand
abschöpfe und sich wundere, daß gleich darauf nur
noch ein paar Wassertropfen durch seine Finger rinnen,
viel salziger, viel bitterer als das Wasser der Welle, die
den Schaum an den Sand trug.[7]

An Theorien des Lachens, an Wesens- und Funktionsbestimmungen des Komischen, herrscht kein Mangel. Von Platon und Aristoteles über Kant und Schopenhauer bis hin zu Henri Bergson, Sigmund Freud, Helmuth Plessner und Joachim Ritter haben sich Philosophen, Psychologen und Soziologen um eine solche bemüht.[8] Deutlich wurde bei all dem: Eine Universaltheorie, die alles Komische aus einem Ansatz erklären zu können meint, gibt es nicht. Unterschiedliche Menschen unterschiedlicher Kulturen und Zeiten lachen aus unterschiedlichen Anlässen und drücken mit ihrem Lachen sehr Verschiedenes aus. Und vor allem: Man kann aus sehr verschiedenem „Geist" lachen. Es gibt das freudige, behagliche, verspielte und zufriedene Lachen genauso wie das spöttische, hämische, verzweifelte oder zynische Lachen. Es gibt das Lachen aus lauter Lust am Leben und das Lachen aus lauter Bitterkeit über die Enttäuschungen. Es gibt das zustimmende, begeisterte Lachen, und es gibt das Verlachen, das Auslachen auf der Grenze zu Hohn und Spott. Es gibt das stolze Lachen und das ansteckende, das krankhafte und das heilende. Das Lachen – es kennt keine Grenze, kein Tabu, keine Rücksicht, wird doch über das Höchste genauso gelacht wie über das Niedrigste, über das Heiligste genauso wie über das Banalste. Das Lachen umfaßt somit das ganze Spektrum des Lebens und der Moralität: von der Güte bis zur Niedertracht, von der Humanität bis zur Barbarei. Der Geist des Lachens scheint prinzipiell der Geist der Freiheit, der Unbekümmertheit, der auf Verformungen der Wirklichkeit reagiert (Menschen verzerren ihr Gesicht zur Fratze und machen Lachen) und auf die Sprengung der Grenzen aus ist, auf ein Echo, eine Gruppe von Menschen.

Daß Menschen aber aus sehr verschiedenem Geist lachen, läßt eine Theologie des Lachens entweder als moralisierende Humorlosigkeit oder als konzeptionelle Unmöglichkeit erscheinen. Haben nicht Gottesvertreter oft genug in der Vergangenheit alles getan, um das Lachen zu diskreditieren oder zu zensurieren? Sünden- und Leidenstheologien: Sie gehören zum Standard theologischer Reflexion. Aber eine „Theologie" des Lachens: Sie scheint etwas Unpassendes zu sein. Ist christliche Theologie nicht an einen bestimmten Geist gebunden, den Geist Jesu Christi, der zugleich der Heilige Geist Gottes ist? Muß deshalb eine Theologie, die diesem Geist verpflichtet ist, nicht von vornherein in Konflikt geraten mit dem Geist der Unbekümmertheit, Rücksichtslosigkeit und Freiheit, der sich im Lachen auszutoben pflegt? Hier genau liegt das denkerische Problem einer christlichen Theologie des Lachens: Freiheit und Selbstbindung, Rücksichtslosigkeit und Selbsteinschränkung, Unbekümmertheit und Selbstzurücknahme – wie geht das zusammen? Wie hier als Christ entscheiden, ethische Maßstäbe gewinnen, ohne einer moralinsauren und humorlosen Zeigefingerei zu verfallen?

Aber wird in der Kirche nicht seit eh und je gelacht, *in* der Kirche und *über* sie? Sind nicht Witze über Päpste, Bischöfe, Pfarrer, Nonnen und Mönche wohlfeil innerhalb wie außerhalb der Kirche? Wer könnte übersehen: Gerade in der Kirche wird seit jeher gelacht und gelästert, und je repressiver das aktuelle Klima, desto schöpferischer blüht der Witz. Dessen psychische Entlastungsfunktion ist längst erkannt und willkommen. Gerade in kirchlichen Seminarien gehören Veranstaltungen, bei denen die kirchlichen Autoritäten geistreich verlacht werden, zum Standardrepertoire kirchlicher Erziehung als erlaubtes Mittel der Psychohygiene. Sanfter bis seichter Humor ist überall gern gehört, verkauft sich auf dem Buchmarkt unter Titeln wie „Fröhlichkeit und Frömmigkeit", „Geistlicher Humor quer durch Deutschland", „Und der Himmel lacht mit" ...[9]

Aber: Das Lachen in der Kirche über die Kirche ist noch keine Theologie des Lachens. Theologen, die sich über ihre Rolle und ihr Geschäft amüsieren, müssen vom Anspruch einer solchen Theologie noch nichts verstanden haben. Man kann bekanntlich auch aus Harmlosigkeit oder aus Zynismus über die Kirche lachen. Und wer zuletzt lacht, lacht vielleicht am besten, aber noch nicht am hellsten und klarsichtigsten. Im Gegenteil: Oft genug erweist sich „christlicher Humor" als flache Lache, die nichts ist als oberflächlicher Anpassungsopportunismus an unhaltbare Zustände, von deren Veränderung man sich durch ein paar Witze oder humorvolle Anekdoten dispensiert. Wer abends in Trinkstuben kirchlicher Fortbildungshäuser bei Papst- und Bischofswitzen die Lacher auf seiner Seite hat, gehört oft am nächsten Morgen nicht zu den Mutigsten, wenn es um ein offenes Wort des Widerspruchs, um innerkirchliche Zivilcourage geht.

Eine Theologie des Lachens muß tiefer ansetzen als bei lachhaften, komischen Phänomenen im Bereich des Sakralen und Hierarchischen, tiefer auch als bei einer Präsentation ihrer selbst in geistreich-witziger, selbstironisch-anekdotischer Form, wie dies der bekannte Philosoph *Hans Lenk* vor nicht allzu langer Zeit für die Sache der Philosophie getan hat. „Einführung in die jokologische Philosophie", heißt seine „Kritik der kleinen Vernunft" (1987). Sie stellt eine brillante Präsentation der Philosophie in Form einer Witz- und Scherzkunde dar (Jokus = Scherz, Witz), in der die „tiefere Bedeutung" der Philosophie mit Hilfe von amüsanten Paradoxa, Wortspielen, Einfällen, Überraschungen freigelegt wird.[10]

Nein, eine jokologische Theologie ist hier ebenfalls nicht beabsichtigt. In diesem Buch geht es um etwas anderes: nicht darum, dem Lachen eine gelegentliche Ventilfunktion im Raum der Kirche zu verschaffen, sondern grundsätzliches *Heimatrecht im Raum der Gottesrede*. Eine Theologie des Lachens verdient nur dann ihren Namen, wenn sie die Wirklichkeit Gottes selber im Lichte der Kategorie des Lachens zu begreifen und die Funktion einer solchen Gottesrede für den Menschen und seine Existenz in der Welt zu bestimmen vermag. Dieses Buch geht deshalb von der Grundprämisse aus: Eine Theologie des Lachens erhält ihre Legitimation im „Lachen Gottes" selber über die Zustände seiner Schöpfung. Was aber ist das: das „Lachen Gottes"? Aus welchem Geist „lacht" Gott? Das werden wir zu untersuchen haben.

Deutlich wird werden: Eine Theologie des Lachens trägt stets eine Doppelsignatur. Sie bedenkt das Lachen des Christen und weiß um das Risiko des Verlachtseins. Wie ihr Meister aus Nazaret haben Christen es mit einem Lachen und einem Verlachtsein zugleich zu tun, mit Freude *und* Spott, Humor *und* Häme. Das gilt es auszuhalten – gegen die Pessimisten und die Zyniker, ob innerhalb oder außerhalb der kirchlichen Mauern. Auszuhalten im Festhalten an einer Wahrheit, die Gott selbst ist, der nach der Grundbotschaft der Schrift kein zynischer Spieler, sondern ein Gott der Freude ist, der Freude am Menschen und seiner Schöpfung. Auszuhalten also im Vertrauen darauf, daß dieser Gott – trotz allem, was wir Menschen mit seiner Schöpfung anstellen – kein abgründiges Gelächter über unsere Erbärmlichkeit anstimmt, sondern derjenige ist, von dem es in der Schrift heißt, er lache mit den Zweiflern und

Verzweifelten (Abraham und Sara) und habe mehr Freude an der Umkehr eines einzigen Sünders als an 99 Gerechten, die glauben, der Umkehr nicht zu bedürfen.

In diesem Buch spielt *Umberto Ecos* weltberühmt gewordener Roman „Der Name der Rose" eine wichtige Rolle. Ja, man kann es – wenn man will – eine *Antwort auf die Herausforderung dieses Romanes* nennen. Dieser Roman ist von Kritikern als typisches Produkt unseres Zeitgeistes bezeichnet worden, des Geistes der „Postmoderne". Das werden wir zu diskutieren haben. Aber wie immer sich dies verhält: Dieser Roman wirft unter der Aufnahme des Problems des Lachens Grundfragen der Philosophie und Theologie auf, denen wir uns in diesem Buch stellen wollen: Gibt es eine Ordnung der Welt? Gibt es eine verbindliche Wahrheit? Kann der Mensch diese Ordnung, diese Wahrheit erkennen? Oder scheitert er an der Deutung der „Zeichen" dieser Welt, so daß nur noch die Resignation bleibt, das Verlachen jeder Wahrheit? Woher nimmt der Mensch das Grundkriterium für die Wahrheit? Worauf ist Verlaß? Nach welchen Maßstäben soll er handeln, wenn die Welt aus sich heraus nur „Chaos" zu sein scheint und eine Ordnung der „Zeichen" nicht erkennbar?

Ecos Roman aber ist in seinen philosophisch-theologischen Dimensionen nicht zu verstehen ohne die europäische Diskussion um das Lachen, insbesondere nicht ohne Aristoteles, für dessen angeblich verschollenes Buch über die Komödie die ganze kriminelle Energie in Ecos Buch freigesetzt wird. Aristoteles aber ist nicht zu verstehen ohne Platons Kritik der Komödie und des Lachens, die sich ihrerseits an Homer festmacht. So legt sich für dieses Buch der Einstieg mit

Homer, Platon und Aristoteles nahe, sowohl im Blick auf Ecos Roman wie auch auf die Geschichte der christlichen Denunziation des Lachens. Der Leser sei daher an dieser Stelle um etwas Geduld gebeten: Wir müssen zunächst an die „Wurzel" des Problems des Lachens (es liegt nun einmal bei Homer), bevor wir das Spiel und die Spannung von Ecos Roman intellektuell genießen können.

Der Einstieg bei der Antike ist auch aus einem zweiten Grund wichtig. Denn die Auseinandersetzung mit Eco führt zu einer Grundfrage, die schon die Griechen umgetrieben hat (Platon und die Folgen) und der auch wir in diesem Buch nicht ausweichen können: Soll man über alles lachen? Steht das Lachen „jenseits von Gut und Böse"? Keine Frage doch: Wir leben in einer Zeit, in der man sich daran gewöhnt hat, über alles lachen zu können. Die Lach- und Unterhaltungsindustrie blüht. Witze über alles und jeden sind wohlfeil. Es gibt kein Tabu, das nicht gebrochen, kein Gefühl, das nicht verlacht, keine Autorität, die nicht hämisch in Frage gestellt worden wäre. Hier möchte das Buch einen Kontrapunkt setzen. Es wird die Frage erneut stellen, die von Anfang an die europäische Philosophie umgetrieben hat: Ist das Lachen zu bändigen? Hat das Lachen Grenzen? Wenn ja, welche? *Lachen und Ethos*, Lachen und Selbstbegrenzung, Verweigerung des Lachens, legitime Lachkritik, wenn es auf Kosten der Menschenwürde, der Humanität, auf Kosten vor allem der ohnehin Schwachen und Ausgegrenzten geht: Wir kommen nicht darum herum, Antworten auf diese Fragen zu suchen.

Dieses Buch also macht den Versuch einer *kritischen Theologie des Lachens*. Sie bezieht ihre Legitimation aus einer unausrottbaren Erinnerung: Christen werden nie vergessen, daß ihr Meister aus Nazaret noch in der bittersten Stunde seines Lebens zu den Verlachten und Verspotteten gehörte. Deshalb werden sie dieser Art des Gelächters ein für allemal mit Mißtrauen, Widerwillen, ja Widerstand begegnen. Eine kritische Theologie des Lachens wird hier anzusetzen haben und jeweils nach dem Geist fragen, aus dem heraus gelacht wird. Einspruch wird deshalb in diesem Buch erhoben werden gegen den tendenziell destruktiven und nihilistischen Charakter einer bestimmten Art des Lachens. Einspruch gegen das *hämische Gelächter*: das Gelächter auf Kosten jeder Wahrhaftigkeit, das aus der Selbstverliebtheit in die eigene Witzigkeit kommt und das auf dem Altar der guten Pointe alle Selbstverpflichtung zur Wahrhaftigkeit zu opfern bereit ist. Einspruch gegen das *spöttische Gelächter* von oben nach unten: das Auslachen der Wehrlosen und Marginalisierten, bei dem die Komik lediglich dem Gefälle schon herrschender Machtverhältnisse folgt. Einspruch gegen das *zynische Gelächter*: das sprichwörtliche Gelächter der Hölle, das aus der Verneinung von Wahrheit und Ethos kommt und sich nährt aus dem mephistophelischen Anti-Glauben: „Drum besser wär's, daß nichts entstünde."

In der Tat: Ginge es nach der Meinung des Mephistopheles, wie wir sie aus dem Himmelsprolog in Goethes „Faust" kennen, so hätten wir es mit einem Gott zu tun, der sich das „Lachen abgewöhnt" hat: Zu traurig ist es um die Schöpfung bestellt, die Gott aus der Hand geglitten zu sein scheint. Dieses Buch dagegen lebt vom Vertrauen darauf, daß die Mephistopheles' der Weltgeschichte – wie schon in Goethes „Faust" – nicht das letzte Wort behalten.

I

Probleme mit dem Lachen – ein philosophisch-theologisches Tableau

1 Homer und das rücksichtslose Lachen der Götter

Krieg vor Troja – Göttergelage im Olymp. Die Griechen belagern die kleinasiatische Stadt unter dem Befehl ihres Feldherrn Agamemnon – die Götter schauen aus olympischer Distanz zu und haben ihre Gunst zwischen den Griechen und den Trojanern verteilt. Während sich im Olymp alles zum Gastmahl versammelt, kommt es zwischen Zeus, dem Göttervater, und seiner Gattin Hera zu einem heftigen Streit. Zeus hatte soeben der Meeresgöttin Thetis, der Mutter des großen griechischen Kämpfers Achill, das Versprechen gegeben, der Stadt Troja gegen die Griechen so lange beizustehen, bis eine Schmach des Achill gerächt worden sei. Hera – den Trojanern feindlich gesinnt und die griechische Seite fördernd – ist mißtrauisch und eifersüchtig geworden. Vor versammelter Himmelsgesellschaft bricht sie einen fürchterlichen Ehekrach vom Zaun. Da ergreift ihr gemeinsamer Sohn Hephaistos, der meist auf der Insel Lemnos lebende Gott der Schmiedekunst, ein häßlicher, lahmender, hinkender

Gesell, die Gelegenheit, die Eltern zu besänftigen. Als Mundschenk beim Gastmahl eifrig tätig, beschwört er die Mutter: Treibe es nicht zu weit mit Zeus; er kann fürchterlich strafen, so wie er mich einst „bei der Ferse gefaßt" und von der Himmelsschwelle auf die Erde geschleudert hat, daß ich noch heut' die Verletzung spüre. Hera begreift. Jetzt lächelt sie freundlich, und Hephaistos, der Geschickte, Erfindungsreiche, eilt geschäftig, sein Bein nachziehend, um den Tisch der Götter und schenkt den Wein aus. Die Stimmung schlägt um:

> „Unauslöschliches Lachen entstand bei den seligen Göttern,
> Als sie Hephaistos sahen, der durch die Gemächer umherschnob.
> Also schmaußten sie da den ganzen Tag, bis die Sonne Sank; nicht mußte ihr Herz gebührender Speise entbehren,
> Nicht der Leier, der überaus schönen, die spielte Apollon,
> Noch der Musen, die wechselnd sangen mit lieblicher Stimme."   (I, 599–604)[1]

Lachen aus Schadenfreude und Frivolität

Schon am Anfang der europäischen Literatur wird unbändig gelacht. Nicht nur Menschen lachen, auch die Götter lachen, aber auf merkwürdig zwiespältige Weise. Die Rede ist von *Homer*, dem Dichter, der zugleich als Sänger seiner epischen Gedichte in seiner Heimat, dem ionischen Kleinasien des 8. Jahrhunderts, herumzuziehen pflegte. In Homers ältestem Epos, der „*Ilias*", um 750 v. Chr. entstanden, wird schon im ersten Buch vom *Gelächter der Götter* berichtet, jenem

„unauslöschlichen Lachen", das als „homerisches Gelächter" nicht zufällig sprichwörtlich geworden ist. Unauslöschlich ist es in der Tat, dieses Lachen der Götter, und es ist damit Ausdruck ihrer ewigen Jugend und Kraft, ihrer Unbekümmertheit und Rücksichtslosigkeit. Fähig sind diese Götter, nicht nur über die Schwächen der Menschen, sondern auch über sich selbst zu lachen, zu lachen über die Schwächen von ihresgleichen.[2]

Aber zugleich ist der Charakter dieses Gelächters zwiespältig genug, denn die Götter des Olymp lachen nicht aus Glück oder Freude, lachen nicht etwa, weil die Spannung zwischen dem obersten Ehepaar verschwunden wäre und man das Fest jetzt um so unbeschwerter genießen kann. Sie lachen gerade nicht aus Spaß an der Freude. Sie lachen aus Spaß an der Komik, die eine „Komik der Herabsetzung"[3] ist. Denn komisch ist hier ja der Behinderte, der Hinkemann, wie er eilfertig mit den Getränken durch den Raum wuselt und schnaubt. Er ist es, der das Lachen auslöst und zugleich verlacht wird. Das Lachen der Götter ist also ein *Lachen auf der Grenze zur Häme*, moralisch unbekümmert um den Schwachen, der die Lacher nicht auf seiner Seite, sondern gegen sich hat. Der das Lachen auslöste, wird selber zu dessen Objekt.

Schon die „Ilias" also enthält eine zwiespältige „Miniatur"[4] über das Göttergelächter, das durchaus einen „dunklen Zug"[5] aufweist. Es ist in der Tat unbekümmert und rücksichtslos. Wie sehr, macht eine andere, noch berühmtere Lachszene deutlich, bei der uns Homer noch einmal zu Zeugen dieses einzigartigen Phänomens macht. Man findet sie in der *„Odyssee"*, um 700 v. Chr. entstanden.[6]

Dabei wird die Problematik keineswegs dadurch abgeschwächt, daß man in der „Odyssee" im Vergleich zur „Ilias" eine stärkere Ethisierung der Götterwelt erkannt zu haben glaubt, in die das Göttergelächter gewissermaßen nur noch zitathaft eingespielt werde, eigentlich schon ein „Fremdkörper" sei.[7] Zwar trifft es zu, daß die Göttergelächter-Szene in der „Odyssee" nicht wie in der „Ilias" vom Erzähler selber berichtet wird, sondern ein „Lied im Lied" ist. Im achten Gesang der „Odyssee" trägt der Sänger Demodokos in der Tat zur Entkrampfung einer verfahrenen Feststimmung diese Lach-Episode als Tanzlied vor, was denn auch prompt den gewünschten Erfolg hat. Aber: Auch diese Geschichte vom Götterlachen wird ohne Kritik an den Göttern dargeboten, deren Verhalten in der „Odyssee" so zwiespältig bleibt wie in der „Ilias". Mag hier auch ein Zitat aus der Welt der „Ilias" verwandt worden sein, ein „Fremdkörper" ist es kaum. Denn das Zitat führt ja nicht zur Distanz, sondern zur Identifikation mit dem Lachen der Götter. Worum geht es?

Wiederum geht es um ein Lachen im Zusammenhang mit Hephaistos. Schon die Ausgangskonstellation in der „Odyssee" ist ungleich komischer als in der „Ilias". Denn Hephaistos hat ausgerechnet die Göttin der Schönheit und der Liebe geheiratet: Aphrodite. Die Komik dieser Kombination steht jedem Leser plastisch vor Augen: Der zwar kunstfertige, aber unansehnliche, weil stets rußige Hephaistos – und die überaus liebliche, anmutige, vor Schönheit strahlende Aphrodite! Konnte das auf Dauer gutgehen? Nein. Denn Aphrodite denkt nicht daran, ihrem häßlichen, behinderten und derben Gatten die Treue zu halten. Statt dessen läßt sie sich mit dem strahlenden Kriegsgott Ares ein, hat allerdings das Pech, daß ihr Ehebruch vom Sonnengott Helios, dem ohnehin nichts verborgen bleibt, entdeckt und dem Hephaistos eröffnet wird.

Rasend vor Eifersucht schmiedet Hephaistos einen Racheplan. Er gibt vor zu verreisen, hatte aber vorher über dem Lotterbett der beiden ein kunstvoll angefertigtes, unsichtbares Netz angebracht, in das die beiden Liebenden sich denn auch prompt verfangen. Von Helios über den Erfolg seiner Falle orientiert, eilt Hephaistos nach Hause. Auf die im Netz zappelnden Ehebrecher verweisend, brüllt er gewaltig gen Himmel und ruft die Götter zu Zeugen seiner Schande an:

„Vater Zeus und ihr anderen seligen ewigen Götter,
Kommt und seht hier Dinge zum Lachen und nicht zu ertragen,
Wie mich hinkenden Mann die Tochter des Zeus, Aphrodite,
Immerfort entehrt und liebt den abscheulichen Ares;
Ist er doch schön und gut zu Fuße, aber ich selber
Kam als Krüppel zur Welt; schuld ist daran aber kein andrer
Als die Eltern, die beiden; sie hätten nicht sollen mich zeugen.
Seht doch nur, wie die beiden in Liebe vereinigt da liegen,
In mein Bett gestiegen; mich kränkt es, wenn ich das sehe.
Nicht ein Weilchen wünschen sie, meine ich, so noch zu liegen,
So verliebt sie auch sind; bald wird ihnen beiden die Lust am
Ruhen vergehen; es hält sie so lang meine List und die Fessel,
Bis ihr Vater mir alle die Brautgeschenke herausgibt,
Die ich ihm ausgehändigt für dies hundsäugige Mädchen,
Denn seine Tochter ist schön, doch unbeständigen Sinnes."

(VIII, 306–320)

Man muß sich diese Szene in all ihren Aspekten vergegenwärtigen. Denn hier wird mehr als die Posse von einem gehörnten Ehemann erzählt; hier wird die Geschichte eines Betrogenen konkret. Eines Mannes, der ohnehin häßlich ist und mit dem nun auch noch ein häßliches Spiel gespielt wird. Eines Mannes, der schon äußerlich geschlagen war und nun noch innerlich verletzt wird. Des Hephaistos Klage ist denn auch buchstäblich herzerschütternd. Scheinbar sind für ihn die „Dinge zum Lachen", aber nur scheinbar. In Wirklichkeit sind sie „nicht zu ertragen" – für den, der als Krüppel zur Welt kam und nun mitansehen muß, wie der letzte Rest seiner Selbstachtung ebenfalls verkrüppelt wird. Kein Wunder, daß dieser Gequälte nicht nur über diese punktuelle Schande klagt. Das Erschütternde ist, daß Hephaistos offensichtlich die Notwendigkeit sieht, bei diesem Anlaß buchstäblich den Grund seiner Existenz überhaupt in Frage zu stellen. Dieser Krüppel hat offensichtlich begriffen: Es sind doch die Götter selbst, und zwar die obersten, Zeus und Hera, die ihn in diese Welt gesetzt haben. Und es sind dieselben Götter, die ihm nun dieses Schicksal bescheren: der ewig verspottete und jetzt auch noch betrogene Hinkemann zu sein. Kein Wunder, daß Hephaistos die „Schuld" an diesem seinem Schicksal nicht bloß vordergründig bei Ares und Aphrodite sucht, sondern „eigentlich" bei seinen Erzeugern, dem obersten Götterpaar. Sie sind die wirklich Schuldigen und deshalb auch von ihm Angeklagten. Das Bitterste, was Kinder Eltern entgegenschleudern können, wird dem Hephaistos in den Mund gelegt: Ihr hättet mich nicht zeugen sollen!

Doch wie reagieren die Götter? Auffällig ist, daß weder Zeus noch Hera auf den Hilferuf ihres Sohnes reagieren. Die Göttinnen bleiben ohnehin zu Hause, „aus Scham", wie es ausdrücklich heißt; eine solche Ehebruch-Szene ist offenbar nichts für Frauen – selbst nach den Maßstäben des Olymp. Nur einige Herren-Götter kommen: Poseidon, Hermes und Apollon. Wie aber reagieren sie, als sie die Ehebrecher im Netz gefangen erblicken? Voll „Scham", voll moralischer Entrüstung? Bereit, hier eine Demonstration in Sachen Würde und Respekt abzugeben? Zumindest solidarisch mit dem Opfer? Nichts von alledem:

> „Unauslöschlich Gelächter erhob sich unter den Göttern,
> Als sie das künstliche Werk des klugen Hephaistos
> erblickten." (VIII, 326–327)

Das ist das eine: Die drei Götter lachen zunächst aus reiner *Schadenfreude* über die betrogenen Betrüger, amüsieren sich köstlich über die Falle, die Hephaistos aufgebaut und erfolgreich eingesetzt hat.

Doch mehr noch: Zwar benutzen die drei Götter gleich im nächsten Satz moralisches Vokabular: „Böses gedeiht doch nie; der Langsame hascht den Geschwinden." Sofort aber wird deutlich, daß diese Moralisierung nur eine scheinbare ist, ironisch gebrochen. Denn zugleich kann sich einer der Götter, Apoll, im Anblick dieser Szene einen schlüpfrig-frivolen Kommentar nicht verkneifen. Apoll zu Hermes:

> „Hermes, Sohn des Zeus, Geleiter, Spender des Guten,
> Lägest du nicht gern selbst, gezwängt in mächtige Fesseln,
> Hier im Bett zur Seite der Aphrodite, der goldnen?"
> (VIII, 335–337)

Antwort des Hermes:

> „Möchte das doch geschehen, ferntreffender Herrscher Apollon;

Fesseln dreimal soviel, unendliche dürften mich hal-
ten,
Zusehn dürftet ihr Götter da und ihr Göttinnen alle,
Dennoch ruhte ich gern bei Aphrodite, der goldnen."
                                                      (339–342)

Das heißt im Klartext: Bei aller scheinbaren moralischen Entrüstung („Böses gedeiht doch nie") – die Herren-Götter denken nicht daran, ihre Männerphantasien
zu zügeln. Hermes spricht das aus, was auch Apoll
denkt: Alles nähme man in Kauf, selbst Fessel, Falle und
den Voyeurismus durch Götter und Göttinnen (!), könnte
man einmal nur mit der „goldenen Aphrodite" schlafen!
Und prompt heißt es denn auch ein zweites Mal:

> „Sprach's, und Gelächter erhob sich bei den unsterb-
> lichen Göttern".

Diesmal kein Gelächter der Häme, kein Gelächter der
Schadenfreude, sondern ein *Gelächter der Frivolität*,
der *anzüglichen Phantasie*. Schon im Olymp scheint
es zugegangen zu sein wie heute in manchen Umklei-
dekabinen für Herren ...

Lachen ohne Ethos: Die Zwiespältigkeit Homers

„Götterburlesken" nennt man solche Szenen, in denen
es um die komisch-derbe Verspottung von Ideen, Institutionen und Gebräuchen geht, und zwar mit Hilfe ironischer Verzerrung oder possenhafter Karikatur. Sie
sind in der griechischen Literatur nichts Ungewöhnliches. Sie gehören zur Zeit der „Ilias" und „Odyssee"
noch zur religiösen Welt der Griechen, ohne tabuisiert
oder kritisiert zu sein. Vermutlich älter als die Homerische Epik, gehört der Götterschwank zu einer uralten
Schicht des Mythos, ohne daß dies offensichtlich als

Widerspruch zur Aufgabe der Götter empfunden worden wäre. Im Gegenteil: Mit der „Würde der Götter" ist ein solches Lachen offensichtlich vereinbar. Als anstößig ist es nicht empfunden worden, ist es doch ohnehin – wie der Philologe Robert Muth zu Recht schreibt – „aller nachrechnenden Menschenvernunft weit entrückt".[8]

Das ist in der Tat das Entscheidende: Die Götter sind offenbar nicht nur aller Menschenvernunft, sondern auch aller nachrechnenden Ethik weit entrückt. Und genau dies enthebt – bei allem Amüsement – das Phänomen des „homerischen Gelächters der Götter" aller Unbedenklichkeit und Harmlosigkeit. Denn mit moralischen Kategorien sind diese Götter in der Tat nicht zu messen, obwohl ja gerade die Götter Garanten des Sittengesetzes sein sollen. Ihr Gelächter ist Ausdruck ihrer Unbekümmertheit über ethische Maßstäbe, deren Garanten sie selber sind. Mögen in der „Odyssee" auch schon Ansätze für eine ethisch stärker durchdachte Götterwelt vorhanden sein, im Lachen der Götter jedenfalls unterschieden sich die beiden Epen nicht. Für beide Texte gilt: Das Lachen der Götter kennt kein Mitleid mit dem Schwachen, keine Barmherzigkeit mit dem Geschlagenen, keine Schonung des Ohnmächtigen, keine Solidarität mit den Opfern.

Der unbefangene Homer-Leser täusche sich deshalb nicht: Die hier beschriebenen Götter werden durch ihr Lachen nicht etwa „menschlicher", gar „gemütlicher". Sie werden bei aller Anthropomorphie des Phänomens Lachen nicht etwa menschengleich und damit menschlichen Kategorien unterwerfbar. Im Gegenteil: Bei keinem der Götter vermindert das Gelächter dessen Macht und Kraft, dessen „ungeheure Überlegenheit, Freiheit und Sicherheit"![9] Die Götter bleiben unberechenbar, auf eine letztlich unheimliche Weise unbegreiflich. Man wird deshalb den homerischen Göttern nicht gerecht, wenn man ihr Gelächter etwa absetzen wollte gegen das „abgründige Lachen des indischen Gottes". Denn das Lachen über Hephaistos, den komischen Hinkebold, ist alles andere als eine „flache Lache".[10] Mit dem Gräzisten Paul Friedländer gilt im Gegenteil: „Die Metaphysik dieses olympischen Gelächters leuchtet erst auf, wenn man es über den zehntausend Schmerzen der Achäer erklingen hört."[11] Den Schmerzen der Griechen also, die sich zu Tausenden mit den Trojanern einen blutigen Kampf auf Leben und Tod liefern, während die Götter das Gemetzel mit ansehen und in olympisch-heiterer Distanz ihre Sympathien und Antipathien auf die verschiedenen Seiten verteilen. Das *homerische Gelächter* aus der distanziert-heiteren Götterwelt – es *erklingt über den Schlachtfeldern und Leichenhaufen.*

Kein Wunder, daß solche Göttergeschichten in Griechenland je länger, desto weniger zu überzeugen vermochten, als die philosophische und ethische Vernunft zu sich selber zu kommen begann. Kritik machte sich allmählich breit an diesen frivolen und damit moralisch zweideutigen Zügen der homerischen Götter. Mag sie in der „Odyssee" schon partiell zu erkennen sein, eindeutig ist sie erst bei einem Zeitgenossen Homers erkennbar, dem Epiker *Hesiod* aus Askra in Boiotien. Von ihm wissen wir, daß er die Götterwelt Homers für eine Welt trügerischen Scheins hielt. In seinen Werken sind die Götter deshalb nicht mehr die heiteren Olympier, sondern gewaltige, erhabene, auch segnende Mächte, deren Walten der Mensch in ehrfürchtiger Scheu gegenübersteht. Hesiods Bild von Zeus ist nicht mehr das eines zwischen den Leidenschaften hin und her gerissenen, letztlich unberechenbaren Göttervaters, sondern das eines wirklichen Garanten von Recht, Gerechtigkeit und Ordnung, der den Menschen ein zwar mühevolles, aber ein gerechtes Dasein beschert hat.

In seinem neben der „Theogonie" zweiten Hauptwerk, „Werke und Taten", macht Hesiod denn auch den Unterschied zur Welt Homers bezeichnenderweise am Lachen des Zeus deutlich. Zunächst erklärt Hesiod mit Hilfe des Prometheus-Mythos, warum die Götter die Nahrung für den Menschen „im Verborgenen" gehalten hätten, warum also der Mensch für seinen Lebensunterhalt so mühevoll arbeiten müsse. Hesiods Antwort: weil Prometheus (Sohn von Japetos) Zeus zu betrügen versuchte, indem er diesem das Feuer stahl:

> „Deshalb also ersann er den Menschen schmerzliche Leiden.
> Und er verbarg das Feuer, doch des Japetos tapferer Knabe
> stahl es den Menschen zurück von Zeus, dem weisen Berater,
> in einem hohlen Rohr, und Zeus der Donnerer merkt's nicht!
> Ihn aber redete an voller Groll der Wolkenversammler:
> ‚Sohn des Japetos, du über allen in listigem Wissen,
> freust dich, daß du das Feuer geraubt, meine Sinne getäuscht hast,
> ach, dir selber zu großem Leid und den kommenden Männern.
> Ihnen geb ich an Stelle des Feuers ein Übel, und alle werden es zärtlich umarmen, ihr Übel, das Herz voller Freude.'"

Damit ist die Situation des Menschen erklärt: der Prometheus-Betrug an Zeus. Zur Strafe schickt Gott den Menschen Übel, wird doch gleich im Anschluß an diese Passage die Erschaffung der schönen Pandora geschildert, deren „Büchse der Übel" sich denn auch öffnet, als Epimetheus, der Bruder des Prometheus, es nicht lassen kann, sie zu umarmen. Und da Zeus nach Hesiod alles voraussieht, was auf den Menschen an Übel zukommt, lacht er. Es ist das Lachen der Überlegenheit eines Gottes, der nicht mit sich spaßen läßt. Gleich im nächsten Satz heißt es denn auch:

> „Also sprach er und lachte, der Vater der Menschen und Götter."[12]

Zeus lacht, als er den Menschen ihr Übel ankündigt. Bei Hesiod hören wir nichts mehr vom Gelächter der Götter über ihresgleichen wie bei Homer; wir vernehmen im Lachen des Zeus nur noch die Überlegenheit des Welten- und Menschenschöpfers, der ins Sein ruft, wie es ihm gefällt, und betrügerische Machenschaften wie die des Prometheus mit Übeln für alle Menschen bestraft. Parallelen zur Schöpfungsgeschichte der Hebräischen Bibel sind unverkennbar. Zwar ist von Jahwe kein Lachen beim Sündenfall des Menschen bekannt, aber in seiner Schöpfermächtigkeit und in seiner Garantiefunktion für Recht und Ordnung haben beide „Götter" vergleichbare Züge.

Die Kritik an den homerischen Göttern intensivierte sich noch in den folgenden Jahrhunderten. Denn je mehr sich Philosophie und Ethik durchzusetzen begannen, um so stärker wurde das von Homer geprägte anthropomorphe Götterbild radikaler Kritik unterzogen. *Heraklit*, der Philosoph aus Ephesos (gegen Ende des 6. Jahrhunderts) forderte bereits, Homer von den Kultfesten, bei denen der Rhapsodenvortrag inzwischen Eingang gefunden hatte, zu verbannen, ja Homer mit der Rute zu züchtigen.[13] *Aristophanes* (ca. 445 – ca. 385), der Komödiendichter, verspottete in seinen

Stücken die homerischen Götter als Fabrikationen menschlicher Phantasie.[14] Und vollends *Platon*, der Philosoph von Athen, der vor allem in seiner Staatslehre auf die moralische Gefährlichkeit der Dichtung, insbesondere der des Homer, hinwies. Dem lohnt sich weiter nachzugehen. Was steckt dahinter? Antwort: der Versuch des Philosophen, das Lachen zu beherrschen, politisch und moralisch unter Kontrolle zu bekommen. Am Anfang der europäischen Philosophie wird nicht unbändig und rücksichtslos gelacht wie in der Literatur; am Anfang der europäischen Philosophie wird das Lachen zu bändigen versucht.

2 Platon und die Entrüstung über das Lachen

Bei Homer lachen die Götter, unbekümmert und rücksichtslos; bei Platon lachen die Philosophen, d. h. die wahren Wissenden, nur ungern. Warum? Weil das, worüber Menschen lachen, und das, was dieses Lachen in einem Menschen auslöst, für Platon im Grunde etwas Minderwertiges, Verwerfliches ist. Diese Antwort jedenfalls ist nachzulesen in einem der Spätdialoge *Platons* (427–347), dem *„Philebos"*, der „die vielleicht erste, jedenfalls aber älteste erhaltene Theorie des Lachens und des Lächerlichen ist".[15]

Die ethische Bändigung des Lachens

Platon geht in seinem Dialog von zwei Grundfragen aus. Frage 1: *Wer ist und was ist zum Lachen?* Antwort: Lachhaft sind für Platon vor allem Menschen, die sich selbst verkennen, d. h. der Täuschung über sich erliegen, sei es im materiellen, körperlichen oder im seelischen Bereich. Jemand hält sich für reicher, größer oder für moralisch besser, als er oder sie in Wirklichkeit ist: Das ist lächerlich, das ist lachhaft, wenn es durchschaut wird, wenn man dem Betroffenen auf die Schliche kommt.

Frage 2: *Was löst das Lachen aus?* Welche Wirkungen hat es im Gegenüber? Antwort: Wer mit Menschen, bei denen Schein und Sein, Einbildung und Realität auseinanderklaffen, konfrontiert ist und lacht, spürt – so Platon – im affektiven Bereich eine seltsame Mischung aus Unlust und Lust. Platons Wort dafür heißt „phtomos", das am besten wohl – mit Hans Georg Gadamer – als Grundstimmung der „Konkurrenzsorge" übersetzt wird.[16] Das heißt: Einerseits löst die mögliche Überlegenheit eines Gegenüber Sorge in einem aus (Unlust), andererseits Erleichterung (Lust), da der andere ja nicht wirklich, sondern nur scheinbar überlegen ist. Diese Mischung drückt sich dann in einem maßlosen Gelächter der Schadenfreude aus, einer „komischen Lust", die durchaus etwas Aggressives hat, so daß man schon Platon das Verdienst zuschrieb, „das aggressive Element im Lachen aufgedeckt zu haben"[17], das so richtig erst die Verhaltensforschung im 20. Jahrhundert analysiert hat.

Doch wie immer: Entscheidend zum Verständnis der platonischen Theorie des Lachens ist, daß Platon das Lachen erstens unter zwischenmenschlichem Aspekt diskutiert und zweitens in der „komischen Lust" etwas Minderwertiges erblickt. Schon bei Platon kommt es so zu einer für die europäische Geistesgeschichte folgenreichen Verknüpfung von Lachtheorie und ethischem Urteil. Platon bildet damit den *ersten* Topos künftiger Theorie des Lachens aus: *Lachen und Ethos gehören zusammen.* Die zügellose, maßlose Dynamik des Lachens muß ethisch gebändigt werden. Lachen wird damit erstmals bei Platon unter ein moralisches Urteil gestellt: „Platon verwirft nämlich die ‚komische Lust' insofern, als sie aus einer ungerechten Einstellung heraus auf Kosten von Mitmenschen geht, die in ihrer mißlichen Lage, obwohl sie keine Feinde sind, doch nicht bedauert werden."[18]

Warum also lacht der Philosoph bei Platon nur ungern? Wir können auch aufgrund anderer Schriften Platons jetzt eine doppelte Antwort geben:

(1) Der Philosoph deckt das Lächerliche bei anderen Menschen auf (die Dialoge Platons sind voll davon), ist es doch seine ureigenste Aufgabe, die unphilosophischen Menschen seiner Umwelt über ihre Selbsttäuschungen aufzuklären und ihnen das wahre Sein jenseits allen Scheins bewußt zu machen.

(2) Der Philosoph meidet das Lachen als Reaktion auf das Lächerliche, weil es einer „komischen Lust" entspringt, einer ethisch fragwürdigen „Schadenfreude". Der Philosoph verlöre auf diese Weise gerade das, was ihn auszeichnen soll: das Maß in allen Dingen, die Mitte zwischen den Extremen und damit seine Identität und Integrität. Auch in anderen Schriften hat Platon deshalb vor allem die Maßlosigkeit des Lachens verurteilt und dafür plädiert, in Freude wie in Schmerz ein Übermaß zu vermeiden und die Würde dadurch zu bewahren, daß man überall das rechte Maß einhält.[19]

Der verlachte und lachende Philosoph

Doch auch dies muß man bei Platon sehen: Indem der Philosoph seiner Aufgabe nachkommt, kann er selber zu den Verlachten gehören, so wie er seinerseits auch die Scheinwelt der Menschen gelegentlich in einem Akt des Lachens entlarven kann. Berühmt ist die kleine Anekdote vom Naturphilosophen Thales von Milet, die Platon seinen Sokrates im Dialog „Theaetet" erzählen läßt:

> „So erzählt man sich von Thales, er sei, während er sich mit dem Himmelsgewölbe beschäftigte und nach oben blickte, in einen Brunnen gefallen. Darüber habe ihn eine witzige und hübsche thrakische Dienstmagd ausgelacht und gesagt, er wolle mit aller Leidenschaft die Dinge am Himmel zu wissen bekommen, während ihm doch schon das, was ihm vor der Nase und den Füßen läge, verborgen bleibe."[20]

Die Anekdote zeigt den Philosophen als komische Figur, und das „Lachen der Thrakerin" tönt seither durch die Geschichte der Philosophie; Hans Blumenberg ist seinen Wellen bis hin zu Nietzsche detailverliebt nachgegangen.[21] Ein lohnenswertes Unternehmen, in der Tat, denn in diesem Lachen drückt sich geradezu archetypisch der Widerstand des Nächsten gegen das Fernste aus, der Lebenspraxis gegen die reine Theorie, des gesunden Menschenverstands gegen die philosophische Exzentrizität.

Das wußte auch Platon, dem es deshalb auf den *dialektischen Effekt* seiner Erzählung ankam. Denn der wahre Wissende, der Philosoph, muß den unphilosophischen Menschen notwendigerweise lächerlich vorkommen. Warum? Weil er „mehr" sieht als das Nächste und Alltägliche, weil er durch die Oberfläche des Lebens auf das „Wesen" der Dinge zu blicken versucht. Deshalb fällt das Lachen der Thrakerin und aller, die durch die Jahrhunderte die Philosophen ob ihrer „Weltfremdheit" verlacht haben, auf die Lacher selber zurück, weil sie in ihrem Lachen nur ihre eigene Beschränktheit preisgeben, ihr Verhaftetsein an das Nächstliegende. Der Philosoph aber – auch dies kann man im „Theaetet" nachlesen – kann seinerseits lachen, und zwar in Überlegenheit über diejenigen, die dem Vordergründigen und Aufgeblasenen (Lobreden auf Könige oder große Familiengeschlechter) verhaftet bleiben, ist er doch nun einmal derjenige, der zwischen „doxa" und „aletheia", zwischen Schein und Sein, Unkenntnis und Wahrheit, Einbildung und Weisheit zu trennen vermag.[22]

Man kann deshalb mit Fug und Recht von einem *zweiten* Topos der Lachtheorie bei Platon sprechen: der Einsicht in die *Dialektik von Lachen und Verlachtwerden*, wann immer es einem Menschen um die Wahrheit geht. Wer die Wahrheit kennt, kennt Platon zufolge auch diese Erfahrung: Man wird verlacht von all denen, die diese Wahrheit für skandalös, blödsinnig oder illusionär halten, und zugleich lacht der Wissende selber über die Unwissenheit, Oberflächlichkeit und Ahnungslosigkeit der Lacher. Im Raum des Christlichen wird uns diese Dialektik wieder begegnen ...

Warum das „homerische Gelächter" schädlich ist

Von daher versteht man nun besser, warum für Platon auch die Kunstform des Lachens, die *Komödie*, ob ihres stark affektiven Charakters gegenüber der Philosophie etwas Minderwertiges haben muß. Gerade sie gehört in den Bereich des Unernsten, des Scheins. So überrascht es nicht, wenn Platon im Zusammenhang mit seiner Theorie von Dichtung auch auf das Problem des Lachens eingeht. Und welches Problem das Lachen hierbei aufwirft, versteht man erst, wenn man sich das „Wesen der Dichtung" klarmacht, wie Platon es sieht.

Zwei Aspekte der Dichtung müssen für Platon unterschieden werden: der ontologische und der moralisch-pädagogische. Zunächst zum *ontologischen Aspekt*. In seiner Staatslehre („*Politeia*"), einem Dialog zwischen Sokrates und den Brüdern Adeimantos und Glaukon, erklärt uns Platon im 10. Buch unmißverständlich, welchen Wirklichkeitsgrad und damit welchen *Wahrheitsstatus die Dichtkunst* für ihn hat. Den niedrigsten von allen! Die höchste Wahrheitsstufe kommt bekanntlich nach Platon den ewigen, unvergänglichen, vollkommenen „Ideen" jenseits der vergänglichen, unvollkommenen Erscheinungswelt zu. Diese Welt der „Ideen" ist die Welt des wahren Seins. Alles, was auf Erden existiert, ist bereits zweite und schlechtere Wirklichkeit, gebrochene Erscheinung, unvollendetes Abbild der vollkommenen Ideen.

Beispiel, das Platon selber wählt: ein Schuh. Ein *Handwerker*, der Schuster also, erfindet nicht die „Idee" des Schuhs, sondern findet diese vor und stellt den Schuh nach dieser ewigen „Idee" her, wie es seinem Beruf entspricht, unvollkommen, wie alles gegenüber der vollkommenen Idee und dem wahren Sein unvollkommen und scheinhaft ist. Nun gibt es aber auch Handwerker, die nicht bestimmte Dinge herstellen, sondern bloß nachahmen („mimesis"), das heißt, alles, was schon da ist, noch einmal abbilden. Zu diesen Handwerkern gehören die *Maler*. Ihre Bilder? Was sind sie anderes als Nachahmungen bestimmter, von anderen Handwerkern bereits hergestellter Dinge? Der vom Schuster hergestellte Schuh verhält sich demnach zu dem vom Maler gemalten Schuh wie die „Idee" des Schuhs zum Schuh des Schusters. Der Grad der Vollkommenheit, der Gehalt an Wesenhaftigkeit nimmt dabei von Stufe zu Stufe ab. Der Maler ahmt ja nicht die „Idee" nach (wie der Schuster bei einem Schuh), sondern nur Abbilder von einer Wirklichkeit, die bereits der Handwerker hergestellt hatte. Der Maler muß ja auch handwerklich von einem Schuh nichts verstehen, den er malt. Er macht nicht „wirklich" einen Schuh, er täuscht nur einen vor. Das heißt: Der Maler stellt im Grunde nichts als *Trugbilder von Abbildern* her. Vom Urbild (die „Idee", das Sein) über das Abbild (Werkkunst) bis hin zum Trugbild (Kunst): ein dreistufiger Abfall an Wirklichkeit und somit Wahrheit! Sind die Erzeugnisse der Handwerker gegenüber den „Ideen" schon unvollkommen und scheinhaft, so sind es die Erzeugnisse der Künstler erst recht.

Was von der Malerei gilt, gilt auch von der *Dichtkunst*. Da auch sie nichts anderes ist als Nachahmung im Sinne der Darstellung von Menschen, Ereignissen und Handlungen, fällt auch sie unter die „ontologische Nichtigkeitserklärung"[23] Platons. Denn ontologisch betrachtet hat die Dichtung so wenig Wert wie die Malerei. Das gilt von Homer angefangen bis zu den Dichtern heute. Platon läßt denn auch seinen Sokrates im Staat-Dialog unmißverständlich sagen:

„Also wollen wir festlegen: Von Homer an ahmen alle Dichter nur ein Scheinbild der Vollkommenheit und der übrigen Dinge nach, über die sie dichten, erfassen aber die Wahrheit nicht; sondern sie sind wie der Maler, von dem wir sprachen: dieser malt, ohne selbst etwas von der Schusterei zu verstehen, einen täuschend ähnlichen Schuh, wenigstens für Leute, die auch nichts davon verstehen und nur nach den Farben und Gestalten urteilen ... So malt also – werden wir sagen – auch der Dichter mit seinen Worten und Wendungen nur oberflächlich die Farben jeder einzelnen Kunst, ohne selbst etwas anderes zu verstehen als das Nachahmen, so daß

41

er anderen Leuten dieses Schlages, die auch nur aufgrund von Worten urteilen, sehr gut zu sprechen scheint, wenn er etwas über die Schusterei in Vers und Rhythmus und Ton erzählt oder über die Feldherrenkunst oder sonst etwas. Einen solch starken Zauber bewirkt die äußere Form von Natur aus".[24]

Was folgt daraus für Platon? Daraus folgt: „Der Nachahmer weiß nichts, was der Rede wert wäre, über die Dinge, die er nachahmt, sondern seine Nachahmung ist eine Art Spiel ohne Ernst".[25]

Die Dichtung – ein Spiel, nicht Ernst; Täuschung, nicht Wirklichkeit; Lüge, nicht Wahrheit. Dem ontologischen entspricht das *pädagogisch-moralische Verdammungsurteil*. Es ist ausführlich im 2. und 3. Buch der „Politeia" beschrieben, in deren Zentrum die Frage nach dem Wesen der Gerechtigkeit steht. Diese Frage wird von den Dialogpartnern über das Individuelle und Zwischenmenschliche hinausgehoben und am Modell eines Idealstaats konkret politisch und gesellschaftlich erörtert. Eine der Fragen ist: Wer gehört in diesem Staat zu den tragenden Ständen? Antwort: die „demiurgoi", die „Arbeitenden" (z.B. Bauern und Handwerker), dann die „Wächter" („phylakes") sowie die „Herrscher" („archontes"). Ein *Drei-Stände-Staat* also schwebt Platon vor, von unten nach oben streng hierarchisch gegliedert.

Den untersten Stand, den der Arbeitenden, analysieren die Gesprächspartner nicht weiter im Detail. Man zählt eine Fülle wichtiger, für den Staat unentbehrlicher Berufe auf, ohne sich im einzelnen um deren individuelles Profil zu kümmern. Anders dagegen ist es schon beim nächst höheren Stand, dem der Wächter. Ihm kommt ja bereits eine hohe Verantwortung für das Wohl des gesamten Staates zu. Deshalb muß auch die Frage nach ihrer *rechten Erziehung* („paideia") erörtert werden. Denn Platon zufolge müssen die Wächter neben charakterlichen Anlagen wie Tapferkeit und Wachsamkeit auch eine philosophische Natur mitbringen. Und dazu gehört unter anderem die musische Bildung: gymnastisches Training des Körpers ebenso wie die Schulung durch Musik und Literatur. Die Frage ergibt sich damit von selber: Welche Literatur ist für diesen Stand der Wächter die geeignetste? Welche kann am besten dazu beitragen, die „Haupttugend" der Wächter zu fördern: die Tapferkeit?

Homer? Kommt ein Homer mit all seinen frivolen Göttergeschichten, all seinen Episoden von Leidenschaft, Zorn, Freude, Sinnlichkeit selbst der Götter für diese Aufgabe in Frage? Platon hat große Zweifel. Mag Homer auch zu seiner Zeit noch so beliebt gewesen sein, für einen Staat der Zukunft scheint diese Literatur ungeeignet. Sie sollte nicht vorkommen. Beispiel: *das Lachen*. Sollen etwa die von Homer berichteten Geschichten von den Gefühlen der Götter, dem Leiden und dem Lachen, geeignet sein, die Jugend zu erziehen? Wenn selbst Götter extreme Gefühlsäußerungen an den Tag legen, wie sollen dann die „Wächter" zur Tapferkeit und Gottesfurcht erzogen werden? Wie sollten sie das „rechte Maß" zwischen den Extremen finden, das Platon so wichtig ist, das Ideal der heiterernsten Ruhe und Selbstbeherrschung? Sokrates zu Adeimantos:

„‚Denn wenn, mein Adeimantos, unsere Jungen derartiges ernst nehmen und nicht als eine unwürdige Erzählung *auslachen*, dann würde kaum jemand, zumal er nur ein gewöhnlicher Mensch sei, ein solches Verhalten unter seiner Würde finden noch sich schelten, wenn er sich zu ähnlicher Rede oder Tat verleiten läßt; vielmehr wird er, ohne sich zu schämen oder zu beherrschen, über geringe Schmerzen lautes Klagen erheben und Jammern!' –

,Du hast ganz recht!' antwortete er.

,Er darf es aber nicht, wie es unsere Untersuchung eben gezeigt hat. Ihr müssen wir jedoch folgen, bis uns jemand mit einer anderen, besseren überzeugt.' –

,Nein, er darf es nicht!'

,Aber auch *lachlustig* dürfen unsere Jungen nicht sein! Denn wenn man sich starkem Lachen hingibt, zieht das einen starken Umschwung nach sich! , –

,Ich denke!' –

,Unannehmbar ist es daher, bedeutende Männer vom *Lachen* überwältigt darzustellen, noch viel weniger aber Götter!' –

,Das schon gar nicht!' –

,Also werden wir auch bei Homer folgendes über die Götter nicht hinnehmen: Unauslöschliches Lachen erhob sich unter den Göttern,/als sie im Saale Hephaistos sahn, wie er keuchend umherging. Das darf man also deiner Meinung nach nicht gestatten?' –

,Gib es ruhig als meine Meinung aus: Es ist nicht zu gestatten!'"[26]

Was demgegenüber aber ist wahre Aufgabe der Dichtung? Nicht die Schilderung einer solch verkehrten Welt, die nur die Jugend davon wegführt, das rechte Maß zu finden. Aufgabe der Dichtung ist die *Darstellung von Tugenden* und von großen moralischen Taten. Aufgabe ist vor allem die Anfertigung von Lob- und Preisliedern auf die Götter und die Herrscher! Wahre Dichtung hat allein die Aufgabe, die Menschen zu bessern, und nur solche Dichtung wird im künftigen Staat erlaubt sein! *Weisheit* ist die Kardinaltugend der Herrscher, *Tapferkeit* die der Wächter, besonnenes *Maßhalten* die der Arbeitenden, und volle *Gerechtigkeit* als vierte platonische Kardinaltugend herrscht dann, wenn jeder der Stände „das Seine" tut, d. h. die ihm zukommende Tugend aufs Vollkommenste erfüllt.

Die alte Dichtung à la Homer aber? Sie hat in dieser Staats-Tugend- und -Erziehungslehre keinen Platz. Denn sie wendet sich nur an die niederen Kräfte der Seele, an die Triebe. Solche Dichtung stellt unvernünftig handelnde, von Leidenschaften erfüllte Menschen und selbst Götter dar, die den Leser veranlassen, nach solchen Vorbildern zu klagen und zu jammern und hierbei sogar Vergnügen zu empfinden. Solche Dichtung nährt nur unkontrollierbare Gefühle und zerstört auf diese Weise die Vernunft. Solche Dichter lügen, indem sie falsche Geschichten über die Götter erzählen. Das Göttliche aber? Ist es nicht „völlig frei von Irrtum und Trug"? Wie können dann Dichter über Götter sagen, sie seien „Gaukler", die sich in verschiedene Gestalten verwandelten? Wie kann solche Dichtung „durch Lügen täuschen in Wort und Werk?"[27] Fort mit solchen Produkten – sie gehören aus einem künftigen Idealstaat verbannt!

3 Aristoteles und die erlaubte Funktion des Lachens

Lachen als Ausdruck ungehemmter Triebhaftigkeit, als Verlust des Maßes: Platons lachkritische Theorie des Lachens (nicht zu verwechseln mit einer Ablehnung von Scherz, Humor und Heiterkeit) blieb nicht unwidersprochen, obwohl keiner seiner Schüler ihn direkt zu kritisieren wagte. Und doch dachte *Aristoteles* (384–322) nicht daran, seinem Lehrer Platon bei der so grundsätzlichen moralischen Aburteilung bestimmter Dichtungen und der Entrüstung über das Lachen zu folgen. Gewiß, auch Aristoteles wollte nicht etwa das

Lachen in seinen Extremen rechtfertigen und erlauben; hier blieb er der Schüler Platons, in dessen Akademie er 367, 17jährig, eingetreten war und in der er 20 Jahre bis zum Tode Platons verbringen sollte. Aber Aristoteles sah offensichtlich nicht ein, warum man das Lachen nicht für bestimmte nützliche Funktionen zulassen solle, um es auf diese Weise bändigen zu können.

Was lachen kann, das ist ein Mensch

Ohnehin: Mehr als Platon war Aristoteles bereit, dem Diesseits-Realen, dem konkret Beobachtbaren und Erfahrbaren eine Bedeutung für die Philosophie einzuräumen. Er wollte nicht von vornherein alle Philosophie an die „Transzendenz" knüpfen, sondern vorbehaltlos von der gegebenen Wirklichkeit ausgehen. Naturwissenschaftliche Studien (über Physik, Biologie und Metereologie bis hin zu einer Naturgeschichte und Morphologie der Tiere und einer Psychologie der menschlichen „Seele") spielen deshalb bei Aristoteles eine entscheidende Rolle, die Sammlung und Deutung einer Fülle naturkundlichen Materials, um erst durch die empirischen Fakten hindurch zu allgemeinen Prinzipien vorzustoßen.

Das hatte Folgen auch für die *Einschätzung des Lachens*. In einer seiner naturphilosophischen Schriften, *„Glieder der Geschöpfe"*, hatte Aristoteles auch eine Grundsatzbemerkung über das Lachen eingestreut, galt doch den Alten das Zwerchfell als „Sitz" des Lachens: „Daß das Zwerchfell bei der Erwärmung schnell die Empfindung anzeigt, beweisen auch die Vorgänge beim Lachen. Wenn man nämlich gekitzelt wird, lacht man sofort, weil die Bewegung schnell an diese Stelle gelangt und, obwohl sie nur ganz wenig erwärmt, dennoch die

Gesinnung ans Licht bringt und erregt, und zwar gegen den Willen. Daß nur der Mensch kitzlig ist, liegt an der Feinheit seiner Haut und an dem Umstand, daß nur er von allen Geschöpfen lachen kann."[28]

Aristoteles also dachte nicht daran, das Lachen von vornherein moralisierend abzuwerten. Er war als Naturforscher zunächst einmal an einer konkreten physiologisch-biologischen Bestimmung des Lachens interessiert. Rein empirisch schon war für ihn nicht zu bestreiten: Der *Mensch* unterscheidet sich von allen Lebewesen durch seine *Fähigkeit zu lachen*. Das „proprium hominis", das Eigentümliche des Menschen, das ihn von allen Tieren unterscheidet, besteht in seiner Möglichkeit zu lachen. Was lachen kann, das ist ein Mensch. Und was ein Mensch ist, das kann lachen. Friedrich Nietzsche sollte diese Erkenntnis später mit der Pointe versehen: „Das leidendste Tier auf Erden erfand sich – das Lachen."[29] Kein Wunder somit, daß Aristoteles sich auch in anderen seiner Werke um ein Verständnis des Lachens bemühte, besser um einen richtigen Umgang mit diesem Phänomen, das nun einmal offensichtlich zum Menschen gehörte, ja diesem eigentümlich ist. Lachen wird von ihm im Raum der Ethik, der Rhetorik und der Poetik analysiert.

Die Ironie des freien Mannes: Idealmaß der Mitte

Da ist zunächst das ethische Hauptwerk des Aristoteles, die seinem Sohn Nikomachos gewidmete *„Nikomachische Ethik"*, die zwei Hauptgedanken verfolgt: zum einen die Bestimmung des Zieles (besser: der Tätigkeit) des Guten, das Aristoteles die Eudaimonia, die „Glückseligkeit" nennt, zum zweiten die diese Tätigkeit ermöglichende Fähigkeit, das eigene Handeln durch Vernunft zu bestimmen. Wann aber ist für Aristoteles das eigene Handeln oder Verhalten des Menschen durch Vernunft bestimmt? Wenn es – jeweils im konkreten Einzelfall – die Mitte („mesotes") zwischen zwei möglichen Extremen gefunden hat. Das Maß der Mitte allein ist dem Menschen gemäß!

Diese Suche nach der idealen Mitte gilt auch für das Phänomen des *Lachens*. In seiner Ethik stellt Aristoteles deshalb dem freien Mann den Possenreißer gegenüber, diejenige Person also, die die Mitte nicht gefunden hat: „Wer nun im Komischen übertreibt, wirkt als Possenreißer und als ordinär. Er sucht um jeden Preis das Lächerliche und strebt mehr danach, Lachen zu erregen als etwas Schickliches zu sagen und die ausgelachte Person nicht zu verletzen. Wer aber selbst niemals scherzt und sich über die Scherzenden ärgert, gilt als ungebildet und steif. Wer endlich angemessen scherzt, heißt gewandt als einer, der sich zu wenden weiß."[30]

Wer aber scherzt „angemessen"? Zwischen den extremen Typen (der Humorlose – der Possenreißer) steht für Aristoteles der *Ironiker* – der sein Idealbild in Sokrates gefunden hatte: „Der Ironische, der sich geringer macht, scheint eine feinere Art zu haben; denn er scheint nicht wegen des Gewinnes so zu sein, sondern um die Anmaßung zu meiden. Am liebsten verleugnet er, was große Ehre macht, wie es auch Sokrates zu tun pflegte. Wer sich aber in kleinen und offenkundigen Dingen verstellt, heißt affektiert und ist eher verächtlich. Zuweilen erscheint gerade dies als Prahlerei, wie etwa das Tragen eines lakonischen Kleides. Denn das Übermaß und der allzu krasse Mangel sind beide prahlerisch. Wer aber die Ironie mit Maß anwendet und in nicht gar zu handgreiflichen und bekannten Dingen, erscheint als liebenswürdig."[31] Darum also ging es

Aristoteles in Sachen des Lachens: zwischen Humorlosigkeit und Possenreißerei die richtige Mitte zu finden.

Ein zweites kommt hinzu: Schon in der *„Nikomachischen Ethik"* ist auch ein soziales, *schichtenspezifisches Moment* erkennbar. Schon Aristoteles sieht, daß der Vornehme und Gebildete anders scherzen soll als der gemeine Pöbel: „Der Scherz des vornehmen Menschen unterscheidet sich von demjenigen des sklavischen und der des Gebildeten von demjenigen des Ungebildeten ... Der Liebenswürdige und Vornehme wird sich dementsprechend verhalten und gewissermaßen für sich selbst Gesetz sein. Das ist also der Mittlere, mag man ihn nun korrekt oder gewandt nennen. Der Possenreißer hat eine Schwäche für das Komische und schont weder sich noch andere, wenn er nur Lachen hervorrufen kann, und sagt Dinge, die der Liebenswürdige niemals sagen, ja die er zum Teil nicht einmal anhören würde. Der Ungebildete ist aber für dergleichen Umgang ungeeignet. Denn er trägt nichts bei und ärgert sich über alles. Doch scheinen Erholung und Scherz im Leben notwendig zu sein."[32]

Daß der Gebildete und Vornehme anders reden soll als der ungebildete Pöbel: Das war dem Hoferzieher Aristoteles (wichtigster Schüler: Alexander von Makedonien, später „der Große" genannt) selbstverständlich. Kein Wunder, daß entsprechende Überlegungen deshalb auch in seiner Rede-Lehre, seiner *„Rhetorik"* zu finden sind. Auch hier gilt: Ohne allen moralisierenden Unterton und pädagogischen Zweck analysiert Aristoteles kühl und nüchtern die Funktion der Rede, zu welchem Zweck auch immer man sie benutze. Welche Funktion kann dabei das Lachen haben?

Das Lachen hat eine nützliche Funktion für den Redner zum Beispiel vor den Schranken des Gerichts! „Man müsse den Ernst der Gegner durch Lachen, ihr Lachen durch Ernst zunichte machen"[33] – erklärt Aristoteles und verweist an dieser Stelle für alles Übrige auf seine *„Poetik"*, wo dargelegt worden sei, wieviele Arten des Lächerlichen es gäbe, von denen die eine sich für den freien Mann schicke, die andere dagegen nicht: „Man mag also so auswählen, wie es zu einem jeden paßt. Es steht aber die Ironie dem freien Manne eher zu Kopf als die Possenreißerei; denn (dabei) trägt er das Lächerliche zu seinem eigenen Vergnügen vor, der Possenreißer jedoch tut es zum Vergnügen anderer."[34]

Halten wir uns also an die *„Poetik"*, ein Buch, das historisch gesehen den ersten Versuch darstellt, die Literatur ausschließlich unter den Bedingungen ihrer Konstruktion, ihrer „Machart" zu untersuchen. Auch hier ist der Gegensatz zu Platon unverkennbar. Dichtung wird als „Mimesis", als Nachahmung der Wirklichkeit, begriffen und nicht zunächst in ihrer pädagogischen, moralischen oder politischen Zielsetzung. Überdies war Aristoteles nicht bereit, die dreifache Stufung der Wirklichkeit, die Platon behauptet hatte, einfach zu übernehmen. Er unterzog die *platonische Ontologie*, die Ideenlehre, vielmehr einer *radikalen Umdeutung*. Ideen gibt es für Aristoteles nicht unabhängig von den Dingen; das kam für ihn einer absurden Verdopplung der Wirklichkeit gleich. Die Ideen (Aristoteles spricht von „Form") wohnen vielmehr den Dingen der Erscheinungswelt inne. Es gibt eben keine „Idee" der Dinge jenseits der vielen einzelnen Dinge; vielmehr verwirklicht sich die „Idee" (oder die „Form") der

Dinge nur durch die einzelnen Dinge hindurch. Ohne die vielen einzelnen Dinge existiert auch keine „Idee" (oder „Form") der Dinge.

Dies hatte Folgen auch für die *Einschätzung der Kunst-Werke, der Dichtung*. Denn Aristoteles zufolge bildet das Kunstwerk keineswegs bloß Abbilder ab, sondern die Wirklichkeit. Ein Kunstwerk ist für ihn – im Gegensatz zu Platon – nicht länger die Nachahmung zweiter, sondern eine Nachahmung erster und einziger Stufe, womit auch der Künstler einen anderen Stellenwert bekommt: die Stelle nämlich, die bei Platon der Handwerker innehatte. Damit war klar, daß die neue Seinstheorie „der ontologisch begründeten Deklassierung der Dichtung, die Platon im 10. Buch des ‚Staates' vorgenommen hatte", den Boden entzogen hatte.[35] Die Dichtung muß jetzt nicht von vorneherein in ihrer moralischen Zwiespältigkeit gesehen, sie kann nüchtern in ihrer Funktionalität auch im Blick auf Affekte, Leidenschaften und Emotionen analysiert werden, so wie ein Arzt nüchtern und sachlich gefährliche Stoffe analysiert mit dem Ziel, sie letztlich zur Steigerung der Gesundheit einzusetzen.

Wie funktional und rational Aristoteles denn auch das Lachen und die Komik betrachtet, geht gerade aus der „*Poetik*" hervor. Der Anfang dieses Buches verspricht tiefe Einsichten in das Phänomen des Lachens. Denn Tragödie und Komödie werden gleich zu Anfang der „Poetik" noch mit gleichem Gewicht behandelt. Für beide gelte – so Aristoteles –, daß die Dichtkunst aus zwei Ursachen hervorgegangen sei, naturgegebenen Ursachen: dem *Nachahmungstrieb* des Menschen, der dem Menschen von Kindheit an innewohne, sowie der *Freude an der Nachahmung* von Dingen, die andere Menschen geschaffen hätten. Beide, die Tragödie wie die Komödie, hätten diese Wurzeln. Und ein Mann wie Homer habe Formen beherrscht, die auf beide hinführten: die Epen *„Ilias"* und *„Odyssee"* auf die Tragödie, das homersche Spottgedicht *„Margites"* auf die Komödie.

Worin aber unterscheiden sich Tragödie und Komödie? Antwort: In der Darstellung ihrer Charaktere: „Die Komödie sucht schlechtere, die Tragödie bessere Menschen nachzuahmen, als sie in der Wirklichkeit vorkommen." Das heißt: Die Komödie stellt zwar ungewöhnlich schlechte Menschen dar, doch geht es ihr nur um diejenige Schlechtigkeit, die in den Bereich des Lächerlichen fällt. Aristoteles wörtlich: „Die Komödie ist Nachahmung von schlechteren Menschen, aber nicht im Hinblick auf jede Art von Schlechtigkeit, sondern nur insoweit, als das Lächerliche am Häßlichen teilhat."[36] Denn das Lächerliche ist für Aristoteles zwar ein Fehler, ein Mangel, der aber weder leidvolle noch verderbliche Folgen hat. So folgt nun eine erste *Grundsatzbestimmung des Lächerlichen*: „Das Lächerliche ist nämlich ein mit Häßlichkeit verbundener Fehler, der indes keinen Schmerz und kein Verderben verursacht, wie ja auch die lächerliche Maske häßlich und verzerrt ist, jedoch ohne den Ausdruck von Schmerz."[37] Diese Grundsatzbestimmung läßt weiteres erhoffen, zumal wenn Aristoteles schon bald verspricht: „Von der Komödie wollen wir später reden; jetzt reden wir von der Tragödie."[38]

Und in der Tat: Was in der „Poetik" des Aristoteles im ersten Buch behandelt wird, sind nur die Probleme der Tragödie. Im zweiten Buch hat sich Aristoteles der Komödie und damit der Theorie des Lächerlichen und Komischen zugewandt. Der Nachteil nur: Dieses zweite Buch seiner „Poetik" hat Aristoteles zwar – Zeugen aus der Antike zufolge – geschrieben, aber es ist uns nicht überliefert. Nur die erste Hälfte der „Poetik" hat die Zeit überdauert. Die zweite Hälfte mit der Behandlung der Komödie dagegen ging verloren, und wir müssen uns, was die Komödie betrifft, im wesentlichen mit den spärlichen Andeutungen begnügen, die Aristoteles in den schon erwähnten Schriften gemacht hat.

Deutlich wird: Anders als Platon verurteilt Aristoteles das Lachen nicht so prinzipiell, sondern versucht es gleichsam zu bändigen, indem er es in begrenzten Funktionen für nützlich und deshalb für erlaubt hält:

* *Das Lachen gehört zum Menschen,* ja unterscheidet den Menschen vom Tier.
* Das Lachen ist *nichts grundsätzlich moralisch Verwerfliches,* sondern kann zur Erholung, Auflockerung, Entspannung dienen.
* Das Lachen ist nichts Minderwertiges, sondern ein *erlaubter Kunstgriff* etwa zur Bekämpfung von Gegnern bei Gericht. Doch nicht jede Form des Lächerlichen ist für den „freien Mann" geeignet. Dieser muß die ideale Mitte zwischen Humorlosigkeit und Possenreißerei anstreben.
* Das Lachen hat eine *eigene Kunstform,* die Komödie, und kann in ihr gebändigt werden.
* Das Lächerliche in einer Komödie ist das fehlerhaft Häßliche, ohne daß dies Schmerz oder Verderben verursacht.

Soweit die Fakten. Was aber wäre, wenn ...?

4 Aristoteles, Umberto Eco und der „Name der Rose"

Was aber wäre, wenn es in Oberitalien an den Hängen des Apennin zu Beginn des 14. Jahrhunderts ein Benediktiner-Kloster gegeben hätte, berühmt in der ganzen Christenheit wegen seiner einzigartigen Bibliothek, die als riesiger Turm das ganze Klostergelände beherrscht? Was wäre, wenn es in eben diesem Benediktiner-Kloster kluge Mönche gegeben hätte, versiert in der Kunst des Kopierens, Illustrierens und Restaurierens von Büchern, denen es gelungen wäre, einem *Geheimnis* auf die Spur zu kommen, das vom Leiter der Bibliothek, dem uralt und blind gewordenen Spanier Jorge von Burgos, listig und verschlagen bis dahin gehütet worden wäre? Von einem Mann, der sich trotz seiner Blindheit als einziger noch in den mysteriösen, labyrinthischen Untiefen dieses Bibliothek-Turms auskennt, er und einige seiner Gehilfen ...?

Ein Kloster, eine Bibliothek und ein Geheimnis

Stellen wir uns vor: In diesem Kloster trifft zur Jahreswende 1327/28 ein englischer Franziskanermönch ein. Er ist – vor dem Hintergrund des großen politischen Spiels zwischen dem deutschen Kaiser (Ludwig, dem Bayer) und dem Papst (Johannes XXII. in Avignon) – in heikler politischer Mission unterwegs. Vordergründig soll er seinen Orden vor dem Tribunal der päpstlichen Inquisition verteidigen, das in diesem Kloster angesetzt ist. Streitpunkt: Wie soll das Ideal der Armut Christi in der Papstkirche gelebt werden? Hintergründig ist William eine Schachfigur im Spiel des deutschen Kaisers, der den Armutskonflikt in der Kirche nutzen will, um die Autorität des Papstes zu schwächen.

Doch kaum eingetroffen, wird der Besucher, William aus der Familie der Baskerville, mit unerhörten Todesfällen konfrontiert. Ein Mönch ist aus bisher ungeklärter Ursache aus dem Fenster gesprungen, ein anderer wird am nächsten Tag in einem Bottich mit Schweineblut entdeckt, ein dritter tags darauf im Badehaus gefunden. Vom Abt des Klosters beauftragt, noch vor dem Eintreffen der Inquisitoren diese mysteriösen Todesfälle aufzuklären, gerät William nun selber immer mehr in die labyrinthischen Untiefen dieses Klosters: Steht hinter sämtlichen Todesfällen der geniale Plan eines kriminellen Supergehirns? Oder verwirklicht sich in dieser Kette von mysteriösen Ereignissen ein apokalyptisches Gericht: jeden Tag ein Verbrechen mit spezifischen „Zeichen" (Hagel, Blut, Wasser usw.), die man aus der Geheimen Offenbarung des Johannes zu kennen scheint? Ist die Ordnung, die die Binnenerzählung vorgibt (sieben Tage, jeder Tag geordnet nach dem mönchischen Stundengebet), eine wirkliche? Oder wird alles vom blinden Zufall regiert, von Chaos und Willkür?

Das ist die Ausgangskonstellation eines 1980 erschienenen Buches, das beim Publikum ob seiner spannenden Fabel, seiner raffinierten Vielbezüglichkeit und seiner geistreichen Anspielungen auf historische Figuren sowie Werke der Philosophie-, Theologie- und Literaturgeschichte ein Welterfolg wurde: *„Der Name der Rose"*, geschrieben von dem 1932 in der piemontesischen Stadt Alessandria geborenen *Umberto Eco*, der sich zuvor als Universitätsprofessor für „Semiotik", die Kunst und die Lehre von den „Zeichensystemen", einen Namen gemacht hatte.[39]

Die Vielbezüglichkeit, ja Vielschichtigkeit der Zeichen in diesem Roman wird schon durch seine Erzähltechnik deutlich. Er ist bewußt verschachtelt erzählt, versteckt sein Autor sich doch mit sichtlichem Vergnügen am literarischen Spiel und den fiktiven Maskeraden gleich mehrfach, den Leser mit immer neuen abenteuerlichen Verpuppungen absichtlich verwirrend. Das geschieht schon dadurch, daß der Roman eigentlich drei Anfänge hat und der Autor schon mit dem ersten Anfang unter dem Titel „Natürlich, eine alte Handschrift" sein eigenes Unternehmen selbstironisch zu karikieren scheint. Das wird dadurch fortgesetzt, daß Eco im selben Anfangskapitel eine vierfache Manuskript-Fiktion kreiert: Seine Leser läßt er nämlich wissen, sein hier vorgelegtes Manuskript (1) gebe die von ihm überarbeitete, „aus schierer Lust am Fabulieren" nacherzählte Rohübersetzung eines – mittlerweile auch noch verschwundenden und damit nicht mehr nachkontrollierbaren – französischen Buches (2) aus dem 19. Jahrhundert wieder (von einem gewissen Abbé Vallet, veröffentlicht Paris 1842), das seinerseits behauptet, hier werde die französische Ausgabe eines Historikers namens Dom J. Mabillon aus dem 17. Jahrhundert (3) wiedergegeben. Mabillons Buch präsentiert sich seinerseits als getreue Wiedergabe einer Handschrift aus dem 14. Jahrhundert (4), die von einem gewissen Pater Adson aus dem berühmten österreichischen Donaukloster Melk stamme. Adson von Melk erzählt hier die Geschichte, die er während seiner Novizenjahre zu Beginn des 14. Jahrhunderts erlebt hat, und zwar in eben jenem Kloster an den Hängen des Apennin als Schüler des William von Baskerville.

Was also haben wir hier vor uns: Wirklichkeit oder pure Phantasie, Fakten oder reine Fiktion, Wahrheit oder Täuschung? Wer „verbürgt" eigentlich die Authentizität all dieser Ereignisse? Wer so fragt, ist schon in der Falle dieses Kunst-Werks. Denn der Schwebezustand zwischen „Wahrheit" und „Erfindung", Wirklichkeit und Täuschung gehört – wir werden es sehen – gerade zum „Wesen" dieses Romans. Was Wirklichkeit „wirklich" ist, wie die „Wahrheit" für den Menschen zu erkennen oder nicht zu erkennen ist, das alles steht in diesem Buch gerade auf dem Spiel. Die „Verpuppungen" durch den Erzähler des 20. Jahrhunderts sind somit Ausdruck der philosophischen Grundprämisse des Romans, daß die Wirklichkeit sich stets entzieht, wenn man sie zu „begreifen" versucht. Doch der Leser ist mittlerweile viel zu neugierig geworden auf die angeblich so schrecklichen Ereignisse und Geheimnisse in diesem Kloster, als daß er lange über der Frage grübelt, was denn nun „wahr" an dieser Geschichte sei und wer dessen Authentizität eigentlich verbürge. Mysteriös ja schon dies: ein Blinder als Hüter einer Bibliothek, ein Leseunfähiger als Herr über die Bücher! Was hat das alles auf sich?

Kurz gesagt: Äußerlich geht es in diesem Roman um die Aufklärung von Verbrechen, die vor und während der Anwesenheit der beiden Hauptfiguren in diesem Kloster geschehen sind: dem Berichterstatter Adson von Melk und dem Aufklärer, eben jenem englischen Franziskanerpater *William von Baskerville*. Gerade bei der Figur des William erweist sich Eco als besonders „verspielter" Erzähler. Denn mit sichtlicher Lust am durchschaubaren Versteckspiel hat Eco in diese Figur drei Traditionen hineinverschmolzen:

(1) die *franziskanische Tradition* und deren Opposition gegen eine Macht- und Prunkkirche, die die Nachfolge des armen und machtlosen Christus völlig verraten zu haben scheint und welche die Wahrheit nur

noch mit Hilfe der Macht (Inquisition) durchzusetzen vermag (Gegenfigur: der Inquisitor Bernhard Gui als Vertreter des Papstes);

(2) die *philosophische Tradition*, verbirgt sich hinter dem englischen Roman-Franziskaner doch der franziskanische Philosoph aus dem englischen Oxford, William von Ockham (ca. 1285–1347), und dessen als Nominalismus bekannte Erkenntniskritik (die Allgemeinbegriffe sind nichts als „Zeichen", die außerhalb der menschlichen Seele keine Realität haben) sowie dessen Konfliktgeschichte mit dem Avignonenser Papst Johannes XXII.: 1324 Anklage wegen Häresie in Avignon; 1328 Flucht mit dem Ordensgeneral Michael von Cesena aus Avignon zu Kaiser Ludwig nach Pisa, später nach München; intellektuelle Speerspitze gegen den Papst;

(3) die *detektivisch-kriminalistische Tradition*, ist „Baskerville" doch die Anspielung auf einen Kriminalroman des Engländers Arthur Conan Doyle (1859–1930) unter dem Titel „The Hound of Baskerville" (1902) sowie dessen Detektivfigur Sherlock Holmes und damit auf die Tradition der Wahrheitsfindung mittels rational-deduktiver Schlußfolgerung aus gegebenen „Zeichen", kriminalistisch „Indizien" genannt. William von Baskerville stellt sich denn auch gleich zu Beginn des Romans in dieser Tradition vor, indem er durch scharfe Beobachtung der „Zeichen" und ihrer richtigen Zuordnung (d. h. Deutung) sowie mit Hilfe schlußfolgernden Denkens die Wahrheit vom Irrtum, die Wirklichkeit vom Wahn zu trennen vermag. Doch William wird im Verlauf des Romans der souveräne Erkenntnisheld nicht bleiben …

„Christus hat nie gelacht"

Und welche Rolle spielt bei alldem das *Lachen*? Merkwürdig: Schon bei der ersten Begegnung Williams mit dem greisen Jorge im Skriptorium der Bibliothek, wo die Mönche die kostbaren Handschriften illustrieren oder kopieren, kommt es zu einem heftigen Tadel des alten Spaniers über alle, die das Lachen nicht unterdrücken können. Denn bestimmte Mönche hatten sich einen Spaß daraus gemacht, Manuskripte mit Zeichnungen einer „verkehrten Welt" zu verzieren, mit wundersamen Rätseln, Vexierbildern, Umkehreffekten:

„Kleine Köpfchen mit Vogelfüßen" waren das, „Tiere mit Menschenhänden auf dem Rücken, haarige Häupter, aus denen Füße wuchsen, zebragestreifte Drachen, Vierbeiner mit Schlangenköpfen, die Hälse verschlungen zu tausend unentwirrbaren Knoten, Affen mit Boxhörnern, Sirenen mit Vogelleibern und Libellenflügeln auf dem Rücken, Menschen ohne Arme, denen andere Menschengestalten buckelförmig aus den Schultern wuchsen, Wesen mit Mäulern voller Zähne am Bauch, Menschenleiber mit Pferdeköpfen und Pferdeleiber mit Menschenbeinen, Fische mit Vogelschwingen und Vögel mit Fischschwänzen, Mißwüchsige mit einem Leib und zwei Köpfen oder mit einem Kopf und zwei Leibern, Kühe mit Hahnenschwänzen und Schmetterlingsflügeln, Frauen mit Fischschuppen auf dem Kopf, zweiköpfige Schimären, verschlungen mit eidechsenköpfigen Wasserjungfern, Zentauren, Lindwürmer, Elefanten, Mantikoren mit drei Zahnreihen im Maul, einbeinige Scinopoden, die sich auf Baumästen wanden, Greife mit Schwänzen in Form von gerüsteten Bogenschützen, teuflische Kreaturen mit endlosen Hälsen und ähnliche Monster in großer Zahl."[40]

Wahrhaftig: Dies waren Figuren einer verkehrten Welt, Figuren zum Lachen, die da die heiligen Texte „kommentieren" sollten.

Der Alte aber hat dieses Lachen durchschaut und gerät in Zorn über die Laxheit seiner Mönche. Auf den beschwichtigenden Einwand Williams: „Die Bilder an den Rändern der Manuskripte reizen uns häufig zum Lachen, aber sie tun es nur zu erbaulichen Zwecken", höhnt der Alte: „Oh, gewiß doch! Jedes Bildnis ist gut, um die Menschen zur Tugend anzuhalten, damit am Ende die Krone der Schöpfung, auf den Kopf gestellt und mit den Beinen nach oben, zum Anlaß groben Gelächters wird! So offenbart sich das Wort des Herrn im Esel, der auf der Leier spielt, im Tölpel, der mit dem Schilde pflügt, im Ochsen, der sich von allein vor den Pflug spannt, in Flüssen, die den Berg hinauffließen, in Meeren, die sich entzünden, im Wolf, der zum frommen Einsiedler wird ... Was sollen all diese Possen? Eine verkehrte Welt, erfunden als Gegenteil der von Gott geschaffenen unter dem Vorwand, Gottes Gebote zu lehren!"[41] Und als letzten Trumpf spielt der Alte schließlich aus: „Unser Herr Jesus bedurfte nicht solcher Narreteien, um uns den rechten Weg zu zeigen. Nichts in seinen Gleichnissen reizt uns zum Lachen oder zum Schaudern."[42] Und später noch einmal: „Wie Johann Chrysostomos sagte: Christus hat nie gelacht!"[43]

Und so geht es weiter in diesem Buch, steigert sich der Kampf des Alten gegen das Lachen zur fanatischen Raserei, die ihn um Gottes willen zum Mörder macht. Einige der mysteriösen Todesfälle gehen denn auch auf das Konto dieses Alten. Warum? Weil dieser Mönch die Entdeckung eben jenes Buches verhindern wollte, von dem wir im vorigen Abschnitt selber ausführlich geredet haben: das *zweite Buch der "Poetik" des Aristoteles* über die Komödie, das bis dahin in der Christenheit als verschollen galt.

Wunder über Wunder: In dieser Bibliothek war das einzig noch vorhandene Exemplar des Abendlandes aufbewahrt! Und der einzige, der davon wußte, war Jorge, dem freilich seine eigenen Gehilfen auf die Schliche gekommen waren. Um nun zu verhindern, daß diese das Buch läsen, hatte Jorge dessen Seiten mit Gift präparieren lassen, so daß die neugierigen Mönche die Vergiftung ihres Geistes zugleich mit der Vergiftung ihres Körpers zu bezahlen hatten. Und verschiedene Todesfälle hatten denn auch hier ihre Ursache.

Warum aber soviel kriminelle Energie wegen eines Buches über das Lachen? Weil Aristoteles zu dieser Zeit nicht irgend jemand war! Er ist zu Beginn des 14. Jahrhunderts (Thomas von Aquin, der größte abendländische Aristoteles-Rezipient, ist schon über 50 Jahre tot[44]) bereits die philosophische Autorität der Christenheit schlechthin. Und wenn diese Autorität dem Lachen ein ganzes Buch gewidmet hat, kann Lachen dann noch etwas moralisch Verwerfliches sein? Wäre damit nicht jeder kirchlichen Denunziation des Lachens der Boden entzogen?

In der Tat: Genau das fürchtete der greise Schurke im Mönchsgewand, der Hüter der Bibliothek, dessen Blindheit nur das Realsymbol der Tatsache ist, daß die Wahrheit der Kirche für diesen Mönch ein für allemal feststeht und weiterer Bücher nicht bedarf, vor allem nicht solcher, die dieser Wahrheit gefährlich werden könnten. Deshalb hatte Jorge sich gegen Aristoteles lieber auf einen Kirchenvater wie Johannes Chrysostomos berufen ("Christus hat nie gelacht"). Deshalb hatte er so leidenschaftlich insistiert: "Unser Herr Jesus hat weder Komödien noch Fabeln erzählt, ausschließlich klare Gleichnisse, die uns allegorisch lehren, wie wir ins Paradies gelangen, und so soll es bleiben!"[45]

Lachen als Zweifel an der Wahrheit

Es waren also *nicht nur ästhetische Gründe*, die diesen Mönch zur Bekämpfung des Lachens verleitet hatten: „Das Lachen schüttelt den Körper, entstellt die Gesichtszüge und macht die Menschen den Affen gleich."[46] Es waren auch *nicht nur psychologisch-moralische Gründe*, die ihm das Lachen verdächtig machten: „Das Lachen ist ein Zeichen der Dummheit. Wer lacht, glaubt nicht an das, worüber er lacht, aber er haßt es auch nicht. Wer also über das Böse lacht, zeigt damit, daß er nicht bereit ist, das Böse zu bekämpfen, und wer über das Gute lacht, zeigt damit, daß er die Kraft verkennt, dank welcher das Gute sich wie von selbst verbreitet".[47]

Der *tiefste Grund*, warum dieser Mönch das Lachen haßte, lag in der *Angst vor dem Zweifel*: „Die Seele ist heiter nur, wenn sie die Wahrheit schaut und sich am vollendeten Schönen ergötzt, und über die Wahrheit und Schönheit lacht man nicht. Eben darum hat Christus niemals gelacht. Das Lachen schürt nur den Zweifel"[48], einen Zweifel notabene, der Gut und Böse vergleichgültigt und letztlich die Existenz Gottes selber in Frage stellt!

Was also wäre gewesen, wenn das zweite Buch der „Poetik" des Aristoteles bekannt geworden wäre? Dann wäre das Lachen eine wichtige Sache! Dann wäre das Lachen nichts moralisch Zweideutiges mehr, dann könnte es (horribile dictu) der Wahrheit als Vehikel dienen – durch Witze und Wortspiele etwa. Hatte nicht Aristoteles genau dies geschrieben in seinem Teil über

die Komödie? In der Tat: Eco läßt es sich nicht nehmen, so zu tun, als habe nicht nur sein Jorge, sondern
auch sein William das verschollene Buch tatsächlich in
die Hand bekommen. Und wir respektvoll ergriffenen
Leser werden dank Eco Zeugen einer einzigartigen
Szene: der Welturlesung eines bisher verschollenen
Buches von Aristoteles!

Das kommt so: Am Ende des Romans ist William dem
Alten auf die Schliche gekommen. Sie treffen sich zu
einem letzten großen Disput, und zwar in jener verbo-
tenen Bibliothek, in der William das Todes-Buch letztlich doch aufgespürt hat. Noch glaubt der Alte, auch
William sei in die Gift-Falle gegangen. Dieser aber
hatte sich wohlweislich mit Handschuhen geschützt.
Und so kann er nun – das griechische Original simul-
tan ins Lateinische übersetzend – lesen:

> „Im ersten Buch haben wir die Tragödie behandelt und
> dargelegt, wie sie durch Erweckung von Mitleid und
> Furcht eine Reinigung von ebendiesen Gefühlen be-
> wirkt. Hier wollen wir nun, wie versprochen, die
> Komödie behandeln (nebst der Satire und dem Mimus)
> und darlegen, wie sie durch Erweckung von Vergnügen
> am Lächerlichen zu einer Reinigung von ebendieser
> Leidenschaft führt. Inwiefern diese Leidenschaft der
> Beachtung wert ist, haben wir schon im Buch über die
> Seele gezeigt, insofern nämlich der Mensch als einzi-
> ges aller Lebewesen zum Lachen fähig ist. Wir werden
> im folgenden also bestimmen, von welcher Art Hand-
> lung die Komödie eine Nachahmung ist. Dann werden
> wir untersuchen, wie und wodurch die Komödie zum
> Lachen reizt, nämlich durch die dargestellte Ge-
> schichte und durch die Redeweise. Wir werden zeigen,
> wie das Lächerliche der Geschichte entsteht aus der
> Angleichung des Besseren an das Schlechtere und um-
> gekehrt, aus der Überraschung durch Täuschung, aus

dem Unmöglichen und aus der Verletzung der Naturge-
setze, aus dem Belanglosen und aus dem Widersinni-
gen, aus der Herabsetzung der Personen, aus dem Gebrauch der komischen und vulgären Pantomime, aus
der Disharmonie, aus dem Rückgriff auf die weniger
edlen Dinge. Anschließend werden wir darlegen, wie
das Lächerliche der Redeweise entsteht aus den
Mißverständnissen durch ähnliche Wörter für verschiedene Dinge und verschiedene Wörter für ähnliche
Dinge, aus der Weitschweifigkeit und aus der Wieder-
holung, aus Wortspielen, aus Verkleinerungen, Aus-
sprachefehlern und Barbarismen ...“[49]

Damit bricht die Lektüre ab, und Aristoteles tritt wieder ins Schweigen zurück. Wir Leser des 20. Jahrhunderts aber sind ein für allemal mit zwei Weisen konfrontiert, das Lachen zu sehen, zwei Weisen, die in
Ecos Roman tödlich aufeinanderprallen. Tödlich, weil
es beim Lachen nicht um eine Harmlosigkeit, sondern
buchstäblich ums Ganze geht, um Sein oder Nicht-
sein, Wahrheit oder Lüge, Gottes Ordnung oder des
Teufels Chaos. Da ist auf der einen Seite die Weise des
Aristoteles, die Weise der funktionalen Bejahung des
Lachens, wie sie William von Baskerville aufgreift und
verstärkt. *Lachen im Interesse der Wahrheitserkennt-
nis*: „Aristoteles sieht in der Anlage und Bereitschaft
zum Lachen eine Gutes bewirkende Kraft, die auch Er-
kenntniswert haben kann, wenn die Komödie durch
witzige oder geistreiche Rätsel und überraschende Me-
taphern, in welchen die Dinge anders dargestellt werden, als sie sind, also gleichsam durch Lügen uns
zwingt, genauer hinzuschauen, bis wir auf einmal
sagen: Sieh da, so ist das also, das hatten wir nicht ge-
wußt! Die Wahrheit, erreicht durch Darstellung der
Menschen und der Welt in entstellender Form, schlechter, als sie sind, oder als wir glauben, daß sie es seien,

schlechter jedenfalls, als die Tragödien, Heldenepen und Viten der Heiligen sie uns darstellen."[50]

Und da ist auf der anderen Seite die Angst des christlichen Mönchs, daß durch die das Lachen auslösenden Verdrehungen, Täuschungen und Lügen die Wahrheit von der Lüge nicht mehr zu unterscheiden sei, die Gewißheit nicht mehr von der Täuschung, das Gute nicht vom Bösen, Gott nicht vom Teufel. Lachen nicht als Instrument der Wahrheitsfindung, sondern als *Ausdruck des Wahrheitsverlustes, der Wahrheitsleugnung.* Lachen nicht als Teil einer letztlich geordneten, sondern als Ausdruck einer verkehrten, pervertierten Welt, einer Welt, in der nicht nur das Religiöse und Moralische von oben nach unten gekehrt ist, sondern auch das Politische und Soziale. Denn geht mit der moralischen Ordnung nicht auch die soziale verloren? Führt religiöser Wahrheitsverlust nicht letztlich zum moralischen und politischen Ordnungsverlust?

Lachen als Umsturz und Befreiung von Angst

Weil all das auf dem Spiel steht, die moralische und politische Ordnung, kann den greisen Mönch das Lachen nicht gleichgültig lassen. Und so schleudert er denn im Turm der Bibliothek seinem Widersacher William auf dem Höhepunkt der Auseinandersetzung seine ganze Verachtung entgegen. Diese große Schlüsselpassage müssen wir in voller Länge dokumentieren und heben zur besseren Orientierung die wichtigsten Gesichtspunkte kursiv gestellt hervor:

> „Das Lachen ist die Schwäche, die Hinfälligkeit und Verderbtheit unseres Fleisches. Es ist die Kurzweil des Bauern, die Ausschweifung des Betrunkenen, auch die Kirche in ihrer Weisheit hat den Moment des Festes

gestattet, den Karneval und die Jahrmarktsbelustigung, jene zeitlich begrenzte Verunreinigung zur Abfuhr der schlechten Säfte und zur Ablenkung von anderen Begierden, anderem Trachten ... Aber so bleibt das *Lachen etwas Niedriges und Gemeines*, ein Schutz für das einfache Volk, ein entweihtes Mysterium für die Plebs. Sagte nicht auch der Apostel: Es ist besser zu freien denn Brunst zu leiden? Statt euch aufzulehnen gegen die gottgewollte Ordnung, lacht lieber und ergötzt euch an euren unflätigen Parodien auf die Ordnung, am Ende des Mahles, wenn ihr die Krüge und Flaschen geleert, wählt euch einen König der Narren, verliert euch in der Liturgie des Esels und der Sau, spielt eure verkehrten Saturnalien!

Aber hier, *hier* ... [gemeint ist das Buch des Aristoteles], hier wird die Funktion des Lachens umgestülpt und *zur Kunst erhoben*, hier werden ihm die Tore zur Welt der Gebildeten aufgetan, hier wird das Lachen zum Thema der Philosophie gemacht, zum Gegenstand einer perfiden Theologie ... Das Lachen befreit den Bauern von seiner Angst vor dem Teufel, denn auf dem Fest der Narren erscheint auch der Teufel als närrisch und dumm, mithin kontrollierbar. Doch dieses Buch könnte lehren, daß die *Befreiung von der Angst* vor dem Teufel eine Wissenschaft ist! Der lachende Bauer, dem der Wein durch die Gurgel fließt, fühlt sich als Herr, denn er hat die Herrschaftsverhältnisse umgestürzt. Doch dieses Buch könnte die Wissenden lehren, mit welchen Kunstgriffen, mit welchen schlagfertigen und von diesem Moment an auch geistreichen Argumenten sich der *Umsturz rechtfertigen* ließe! Und dann würde sich in ein Werk des Verstandes wandeln, was in der unüberlegten Pose des Bauern einstweilen noch und zum Glück nur ein Werk des Bauches ist. Gewiß ist das Lachen dem Menschen eigentümlich, es ist das Zeichen unserer Beschränktheit als Sünder. Aus diesem Buch aber könnten verderbte Köpfe wie deiner den äußersten Schluß ziehen, daß *im Lachen die höch-*

ste Vollendung des Menschen liege! Das Lachen vertreibt dem Bauern für ein paar Momente die Angst. Doch das Gesetz verschafft sich Geltung mit Hilfe der Angst, deren wahrer Name Gottesfurcht ist. Und aus diesem Buch könnte leicht der *luziferische Funke* aufspringen, der die ganze Welt in einen neuen Brand stecken würde, und dann würde das Lachen zu einer neuen Kunst, die selbst dem Prometheus noch unbekannt war: zur Kunst der Vernichtung von Angst! Der lachende Bauer fürchtet sich nicht vor dem Tod, solange er lacht, doch sobald die Ausschweifung vorüber ist, auferlegt ihm die Liturgie wieder nach dem göttlichen Plan die Angst vor dem Tod. Aus diesem Buch aber könnte das neue und destruktive Trachten nach *Überwindung des Todes durch Befreiung von Angst* entstehen. Und was wären wir sündigen Kreaturen dann ohne die Angst, diese vielleicht wohltätigste und gnädigste aller Gaben Gottes? ... Einst sagte ein griechischer Philosoph (den dein Aristoteles hier zitiert als Komplizen und lügnerische Auctoritas), man müsse die Ernsthaftigkeit der Gegner durch Lachen zersetzen und dem Lachen mit Ernst begegnen. Wohlan, die Weisheit unserer Väter hat ihre Wahl getroffen: Wenn das Lachen die *Kurzweil des niederen Volkes* ist, so muß die Freiheit des niederen Volkes in engen Grenzen gehalten, muß erniedrigt und eingeschüchtert werden durch Ernst. Denn das Volk besitzt keine Mittel, um sein Lachen zu verfeinern und es zur scharfen Waffe zu schmieden gegen den Ernst der Hirten, die es zum ewigen Leben führen sollen und daher bewahren müssen vor den Verlockungen des Bauches, der Scham, der Tafelfreuden und all seiner schmutzigen Begierden. Würde jedoch eines Tages jemand, die Worte des PHILOSOPHEN schwenkend und folglich selbst auftretend als Philosoph, die Kunst des Lachens zur schneidenden Waffe schmieden, würde alsdann die Rhetorik des Überzeugens ersetzt durch eine Rhetorik des Spottes, würde die Topik des geduldigen Aufbauens und Zusammenfügens von Heilsbildern der Erlösung verdrängt durch eine *Topik des ungeduldigen Niederreißens und Auf-den-Kopf-Stellens* aller heiligsten und verehrungswürdigsten Bilder, oh, wahrlich, ich sage dir, dann würdest auch du, William von Baskerville, mitsamt deiner ganzen Weisheit in den Strudel gerissen!"[51]

Es handelt sich hier in der Tat um die Schlüsselpassage für unsere Frage schlechthin. Denn Eco hat seiner mittelalterlichen Kunstfigur die wesentlichen Erkenntnisse heutiger Psychologie und Soziologie des Lachens in den Mund gelegt:

(1) Lachen ist *Aggressionsabfuhr.* Es kann als solches von den Herrschenden „gestattet" werden zur psychologischen (reinigenden und ablenkenden) sowie zur sozialen Entlastung (Lachen als Revolutionsprophylaxe). Diese Funktion des Lachens kann selbst von der Kirche benutzt werden, da Lachen in diesem Sinn das „kleinere Übel" ist – nach der Devise: Lieber eine Zeitlang die gottgewollte Ordnung verlachen, als sie ändern zu wollen. Feste, Karneval, Jahrmärkte haben – so gesehen – durchaus eine sozial stabilisierende Funktion. Sie sind ein temporär erlaubtes und nützliches *Psychoventil.* Eine Anspielung auf das berühmte Buch des russischen Literaturwissenschaftlers Michail Bachtin über die subversive Kraft der mittelalterlichen Lachkultur des Volkes (gewendet gegen die Feudalherren und die kirchliche Hierarchie) unter dem Titel: „Literatur und Karneval" (1969) ist nicht zu übersehen.

(2) Lachen ist eine neue Kunstform, die höchste Vollendung des Menschen: *Freisetzung des luziferischen Funkens.* Bei einem solchen Lachen wird der Mensch zum Herrn über sein eigenes Schicksal. Er beginnt, sich selbst zu bestimmen. Bestimmt der Mensch aber über sein Schicksal selbst, löst er sich aus Herrschafts-

verhältnissen: Er lehnt sich auf, probiert den Umsturz, reißt die Klassenschranken ein. Der Knecht bleibt nicht länger Knecht!

(3) Der politischen Befreiung entspricht die psychische. Ist doch die Kunst des Lachens zugleich die *Kunst der Vernichtung von Angst*. Wozu führt die Vernichtung von Angst? Sie führt zur Vernichtung des Todes! Wohin führt die Vernichtung des Todes? Sie führt zur Preisgabe des Erlösungsglaubens, zur Abschaffung einer verbindlichen Wahrheit. Das Lachen des Menschen, die „Rhetorik des Spottes" – in letzter Konsequenz führen sie zur Funktionslosigkeit der Kirche, ja zur *Abschaffung Gottes*.

Wie ist dies alles zu verstehen? In welch größeren Zusammenhang ist es einzuordnen? Bei der Interpretation von Ecos Werk fällt oft das Stichwort „Postmoderne"! Was hat es damit auf sich? Gibt es einen Zusammenhang zwischen der Thematik „Lachen" und der Diagnose „Postmoderne"? Wenn ja, welchen?

5 Lachen als Signatur der „Postmoderne"?

„Postmoderne" ist heute in der Tat das am meisten in intellektuellen Kreisen gebrauchte Stichwort von Zeit- und Kulturkritik. Es ist so beliebt wie umstritten.

Was ist „Postmoderne"?

Überschaut man die weitverzweigte Diskussion, so bilden sich – idealtypisch gesprochen – drei Denkrichtungen heraus, die mit diesem Wort ihre je eigenen Interessen verfolgen:

(1) Die einen, vor allem im Raum *deutscher und amerikanischer Theologie* (H. Küng, D. R. Griffin[52]), verbinden mit „Postmoderne" eine Beschreibung *zukunftsweisender neuer Grundeinstellungen* des Menschen zu den Krisensymptomen unserer Zeit (zu Ökologie, Partnerschaft, Weltfrieden, Weltökumene). Die destruktiven Kräfte der Moderne („Dialektik der Aufklärung") sind durchschaut und werden zu überwinden getrachtet. Das „Projekt Moderne" wird dabei in seinen humanen und aufklärerischen Potentialen nicht verworfen, wohl aber dialektisch weiterentwickelt. Die „Postmoderne" versteht sich nach diesem Konzept als „Aufhebung" der Moderne im dreifachen Hegelschen Sinn: Affirmation ihres humanen Gehalts, Negation ihrer inhumanen Grenzen und Transzendierung der Moderne in eine neue, differenzierte, pluralistisch-holistische Synthese hinein.

(2) Andere, vor allem im Raum *deutscher Philosophie und Theologie* (J. Habermas, J. B. Metz[53]), verbinden mit „Postmoderne" eine *reaktionäre Antimoderne* oder einen alle verbindlichen Werte negierenden *radi-*

kalen Pluralismus, der im erkenntnistheoretischen Bereich eine einheitliche Wahrheit und im ethischen Bereich universale, allgemeinverbindliche Maßstäbe und Werte radikal verneint. So schwankt nach der neuesten Diagnose von Johann Baptist Metz das moralische Klima in Europa „zwischen dem erklärten Willen zur moralischen Suspension überhaupt und der ‚Kleinen Moral' postmoderner Spielart". Was macht das „Postmoderne" dieser Moral aus? Die Antwort von Metz: Es ist „die Moral mit den verkleinerten und beweglichen Maßstäben: mit dem Verzicht auf allzu langfristige, gar lebenslange Loyalitäten, mit dem Selbstverwirklichungsvorbehalt bei jedem Risiko, mit dem Insistieren auf Umtauschrecht bei jeglichem Engagement, aber eben auch ganz allgemein die Moral mit der Individualisierung aller Konflikte, mit der Vergleichgültigung gegenüber dem großen Konsens, mit der Verdächtigung aller universalistischen Begriffe."[54]

(3) Was bestimmte Philosophen und Theologen an der „Postmoderne" abstoßend finden, empfinden philosophische Theoretiker insbesondere in *Frankreich* (R. Barthes, J. F. Lyotard[55]) oder Kulturkritiker in den *Vereinigten Staaten* (L. Fiedler[56]) gerade besonders faszinierend: die Auflösung aller bisherigen Denk-, Schreib- und Lebensmuster und die wiedergewonnene *größtmögliche Pluralität* der Inhalte, Stile, Kulturen und Sprachen – synchron (Bewußtsein einer globalen Gleichzeitigkeit) und diachron (Bewußtsein von geschichtlicher Gleichzeitigkeit). Daß „postmodern" alles verfügbar ist, nichts tabuisiert (weder moralisch noch kulturell, weder sozial noch intellektuell), setzt gerade im Raum der Kunst einen Freiheitsschub in Gang. Kunst wird zum vergnüglichen Spiel aller mit allen, einschließlich bewußt inszenierter Mehrdeutigkeiten und künstlich kreierter Sinnlabyrinthe.

Ein „postmodernes" Kunstwerk? Es ist die Collage beliebig vieler Themen, Formen, Verfahren und Sprachen, von bewußt kalkulierter Offenheit und Freiheit (Zitate von der Weltliteratur bis zur Trivialliteratur). Der „postmoderne" Autor? Er ist der geistreiche Arrangeur von Wirklichkeiten, der Täuscher und Enttäuscher zugleich, der Meister der Tarnung und deren Aufhebung, der Spieler mit Faktizität und Fiktion, Ernst und Parodie, Setzung und ironischer Aufhebung, ja Lüge und Wahrheit. Die „postmodernen" literarischen Texte? Sie sind Ergebnisse von Intertextualität, d.h. eines arrangierten Zusammenspiels von alten und neuen, vertrauten und erfundenen Texten von der „Divina Commedia" bis zum Comicstrip ...

„Postmoderne" Ästhetik: Spiel – Ironie – Maskerade

Ein Vertreter dieser dritten Interessensrichtung im Raum der Ästhetik ist der Professor für „Semiotik" *Umberto Eco*, der seine „Zeichentheorie" einmal selber „eine Theorie der Lüge" genannt hat.[57] Denn für Eco ist „Postmodernität" erklärtermaßen kein Epochenbegriff und keine politisch-moralische Geistesverfassung, sondern rein artistisch „eine Vorgehensweise, ein Kunstwollen".[58] So wie jede Epoche ihren Manierismus gehabt habe, so habe jede auch ihre eigene Postmoderne, entstanden aus Krisenmomenten heraus. Warum? Für Eco gilt: Wenn die Vergangenheit zu stark werde, alles belaste und erpresse, dann entstehe das Bedürfnis nach Freiheit: nach Zerstörung und Überwindung des Alten genauso wie nach neuen Erfahrungen und Ausdrucksformen. Im Raum der Kunst entsteht auf diese Weise die Avantgarde, so wie am Ende des vorigen Jahrhunderts die Avantgarde der Modernen:

„Die Avantgarde zerstört, entstellt die Vergangenheit: Picassos ‚Demoiselles d'Avignon' sind die typische Auftrittsgebärde der Avantgarde; dann geht die Avantgarde weiter, zerstört die Figur, annuliert sie, gelangt zum Abstrakten, zum Informellen, zur weißen Leinwand, zur zerrissenen Leinwand, zur verbrannten Leinwand; in der Architektur ist das Ende die Minimalbedingung des ‚Curtain Wall', das Bauwerk als glatte Stele, das reine Parallelepiped, in der Literatur die Zerstörung des Redeflusses bis hin zur Collage à la Burroughs, bis hin zum Verstummen oder zur leeren Seite, in der Musik der Übergang von der Atonalität zum Lärm, zum bloßen Geräusch oder zum totalen Schweigen (in diesem Sinne ist der frühe Cage ein Moderner)."[59]

Und heute? Heute ist es nach Eco wieder Zeit für einen neuen Schub. Die Avantgarde der Moderne hat sich verbraucht, ist ihrerseits „klassisch" geworden, ihre Codes sind leer. Hier kommt die *Postmoderne* ins Spiel: „Die postmoderne Antwort auf die Moderne besteht in der Einsicht und Anerkennung, daß die Vergangenheit, nachdem sie nun einmal nicht zerstört werden kann, da ihre Zerstörung zum Schweigen führt, auf neue Weise ins Auge gefaßt werden muß: mit Ironie, ohne Unschuld ... Ironie, metasprachliches Spiel, Maskerade hoch zwei."[60]

In seinem Roman „*Der Name der Rose*" hat Eco die praktische Probe aufs theoretische Exempel gemacht. Denn was ist dieser Roman anderes als Ausdruck von Ironie, metasprachlichem Spiel und Maskerade „hoch zwei"? Ironisch ist ja schon das Spiel mit den Namen, Personen und Ereignissen; ironisch ist das Spiel mit dem Genre Kriminalroman; ironisch ist die gleich zu Anfang kreierte vierfache Manuskriptfiktion; ironisch ist der dreifache Anfang des Romans: der Bericht des

Autors Eco über seinen angeblichen Handschriften-
fund; der Bericht des alten Adson über die Voraussetz-
zungen seiner Geschichte („Prolog") sowie die eigent-
lichen Erlebnisse des jungen Adson in dem unheim-
lichen Kloster. Das ist ironische Intertextualität in
Vollendung, greift doch jeder dieser Anfänge literarische Traditionen auf, mit denen hier gespielt wird: die
literarisch-historische (die Identifizierung der „Handschrift"), die theologisch-philosophische (Klosterwesen,
Kirchengeschichte, theologische Dispute) sowie die tri-
vialliterarische: „Es war ein klarer spätherbstlicher
Morgen gegen Ende November" – so beginnt bekanntlich unser Roman. Die Naturwissenschaftlerin Teresa
de Lauretis, die Ecos Werk schon früh als „postmodernen Roman" interpretierte, hat deshalb recht mit der
Feststellung: „Es handelt sich um einen Text, der fast
vollständig aus anderen Texten gemacht ist, aus
Geschichten, die schon einmal erzählt wurden, aus
Namen die entweder bekannt sind oder so klingen, als
müßten sie uns aus der Literatur- und Kulturge-
schichte eigentlich bekannt sein. Es ist ein Text, der
ein Potpourri aus berühmten Passagen und obskuren
Zitaten vorstellt und der ein Fachvokabular, viele Sub-
codes (narrative, ikonographische, literarische, archi-
tektonische, bibliographische, pharmazeutische etc.)
und schließlich Figuren versammelt, die wirken, als ob
sie einer Universalenzyklopädie entnommen worden
wären."[61]

All dies freilich ist für Eco nur konsequent, entspricht es doch der philosophischen Grundprämisse
seiner eigenen Wissenschaft: der „Semiotik". Denn die
Semiotik untersucht und formuliert ja die Entstehung
und den Gebrauch von „Zeichen", wobei alles in der
Welt zum „Zeichen" werden kann, ein Ding genauso
wie ein Ausdruck, ein Schall genauso wie eine Spur

oder eine Idee. Zwar kann der Sinn dieser Zeichen oder die Beziehung zwischen den Zeichen nach Interpretationsregeln festgelegt werden, prinzipiell aber ist der Zusammenhang zwischen den Zeichen völlig offen. Ja, die Fülle der Zeichen erlaubt gerade eine unendliche Vielfalt von Zuordnungen und Interpretationen. Radikal wird hier mit der Einsicht ernstgemacht, Erkenntnis, auch wissenschaftliche Erkenntnis, ist nie absolut, stets fehlbar, treibt in ein Kontinuum von Ungewißheit und Unbestimmtheit. Deshalb gilt: „Vor der Semiotik als der Wissenschaft, die den Zeichengebrauch formal beschreibt, sind alle Kulturen, Weltanschauungen, Texte und Kunstwerke so gleich wie der Bürger vor dem Gesetz. Die Semiotik als Metawissenschaft stellt eine universale, überhistorische Anschlußfähigkeit aller Kulturphänomene her. Historische Differenzen sind hier keine unübersteigbaren Grenzen mehr, sondern Bedeutungen unter anderen. So kann man das neuzeitliche Genre des Kriminalromans ins Mittelalter verlegen oder die Geschichte der Vernunftkritik als Schauerroman erzählen."[62]

Semiotik aber ist nicht nur die Wissenschaft über allen Wissenschaften; sie ist von ihrem geistigen Zuschnitt her auch der kongeniale Ausdruck dessen, was man im dritten, kulturkritischen Sinn die „Postmoderne" nennen kann. Denn die Zeichen-Lehre lebt ja von der Einsicht in das prinzipielle Nichteinsehen-Können; ihr Sinn ist die Bewußtmachung einer letzten Sinnlosigkeit aller Zeichen; ihre Wahrheit die Beschreibung des Umstandes, daß es keine absolute Wahrheit für den Menschen geben kann.

Und weil das so ist, weil die Semiotik eine „Theorie der Lüge" ist, weil das Kunstwerk ein Akt bewußter Täuschung seines Betrachters oder Lesers sein will, der Künstler ein Falschmünzer, weil die Ordnung der

Dinge immer nur eine scheinbare, vorläufige, noch nicht aufgegebene ist, kann man die *Poetik der Postmoderne* auch als eine *Poetik der bewußten Unverbindlichkeit* beschreiben, des kalkulierten schönen Scheins, der sich selbst als Schein zu erkennen gibt. Kurz: Weil das so ist, ist die Poetik der Postmoderne die Poetik des „als ob", des Augenzwinkerns und des Einverstandenseins mit dem Grad der Täuschung, auf den man sich einläßt.

Zum Lachen ist es von hier nicht mehr weit. Denn wenn die Poetik der Postmoderne eine Poetik des Spiels, der Maskerade und Ironie „hoch zwei" ist, des Vergnügens und des Amüsements, dann entspricht dieser Poetik eine *Ästhetik des Lachens*: des Lachens darüber, daß man frei ist von allen Verbindlichkeiten, Werten und Normen, daß man „über" allem steht und die Welt als das eigene Spielmaterial betrachtet. Wenn nichts mehr verbindlich ist, alles in der Schwebe verbleibt, wenn das „als ob" regiert, dann kann in der Tat das Gelächter kongenialer Ausdruck dieser Poetik sein. Das Lachen – es ist das objektive Korrelat des Geistes oder Ungeistes der so bestimmten „Postmoderne".[63]

Was übrigbleibt: Lachen oder Schweigen

Und genau darauf steuert ja auch Ecos Rosen-Roman zu. Denn seine Hauptfigur, William von Baskerville, macht ja eine bemerkenswerte Kehre durch: eine Kehre von der „modernen" Gewißheit (sichere Erkenntnis der Wahrheit mit Hilfe rationaler Deduktion) zur „postmodernen" Ungewißheit. Paradoxerweise hatte sich gerade darin der blinde Fanatiker Jorge als hellsichtig

erwiesen. Denn Jorge hatte ja im letzten großen Rede-
duell der beiden William gerade das auf den Kopf zu-
gesagt: Wenn er das Lachen toleriere, werde er am Ende
selber in den Strudel gerissen. Aus Aristoteles werde
er folgern, daß „im Lachen die höchste Vollendung
des Menschen liege"! Lachen – die „neue Kunst", die
„Kunst der Vernichtung von Angst"! Lachen als Ausdruck der Leugnung einer verbindlichen Ordnung und
Wahrheit, als Leugnung der Existenz Gottes! Und genau das passiert denn auch: William, der Vertreter von
Rationalität und Intellekt, von Empirie und Aufklärung, sieht sich trotz seines Erfolges am Ende als Ge-
täuschten!

Gewiß: Die Wahrheit über die Morde hatte William
herausgefunden, aber gewissermaßen nur „zufällig".
Alle entdeckten Spuren, in denen er den großen Plan
eines kriminellen Supergehirns meinte entdeckt zu
haben, hatten sich als trügerisch erwiesen; nicht alle
Morde hatten dieselbe Ursache; viele Ereignisse waren
nur über eine komplizierte Ursachenkette miteinander
verknüpft. Auch alle „Zeichen", die auf ein apokalyptisches Gottesgericht schließen ließen, hatte William
falsch verstanden; sie waren später zum Teil von Jorge
bewußt „inszeniert" worden. Die Wahrheit hatte William zwar gefunden, aber nicht durch eigene rationale
Deduktion, wie er meinte und hoffte; sie war ihm „zu-
gefallen". Seine Rekonstruktion der Wirklichkeit mit
Hilfe angeblich zweifelsfreier Zeichen, sein Glaube an
eine dem rationalen Denken zugängliche letzte Ordnung und Wahrheit, erwies sich als Selbsttäuschung.
Die Wahrheit – sie offenbarte sich als Produkt des Zufalls; sie wurde „aus Versehen" erkannt ... Raffinierter
Umkehreffekt im Roman also auch hier: Der Aufklärer
ist am Ende der Getäuschte, der Blinde am Ende wieder einmal der Seher.

Wie aber reagiert William von Baskerville nun auf die Erschütterung seiner Erkenntnisfähigkeit? Gegenüber seinem Schüler gesteht er: „Vielleicht gibt es am Ende nur eines zu tun, wenn man die Menschen liebt: sie über die Wahrheit zum Lachen bringen, *die Wahrheit zum Lachen bringen*, denn die einzige Wahrheit heißt: Lernen, sich von der krankhaften Leidenschaft für die Wahrheit zu befreien."[64]

Wie ist diese Stelle zu verstehen? Ob ihrer grundsätzlichen Bedeutung für die *Gesamtaussage der Romankonstruktion* müssen wir den folgenden Text (die Schlußseiten der Binnenhandlung) Satz für Satz interpretieren. Was also meint William mit seiner Erkenntnis, die „einzige Wahrheit" heiße, sich von der „krankhaften Leidenschaft" für die Wahrheit zu „befreien"? Meint er damit die Befreiung nur von der krankhaften Form der Wahrheitsgewißheit, wie Jorge und der Inquisitor sie in diesem Roman verkörpern? Will William also auf Entfanatisierung hinaus? Oder auf mehr? Auf die Einsicht, daß *jede* Wahrheitsgewißheit etwas Krankhaftes habe und nur das Lachen „über" die angebliche Wahrheit den Menschen das einzig Gemäße sei? Der weitere Verlauf der Gespräche läßt die zweite, die radikalere Option als die wahrscheinlichere erscheinen. Denn William macht im folgenden Gespräch mit seinem Schüler *Einwände gegen die Gesamtordnung der Welt* überhaupt:

(1) William bestreitet nicht, daß es „Zeichen der Wahrheit" gibt, wahre Dinge, unumstößliche Fakten (Jorge ist ein Mörder; Aristoteles ist der Verfasser des gesuchten Buches). Der Unterschied nur zu früher: William zweifelt daran, die „*Wechselbeziehung zwischen den Zeichen*" jemals zu verstehen. So hatte er einen einzigen Urheber aller Verbrechen gesucht, am Ende aber entdecken müssen, daß im Grunde jedes

Verbrechen einen anderen Urheber hatte oder – im Falle eines Selbstmords – auch gar keinen fremden Urheber.

(2) Aus dieser Unmöglichkeit, die Wechselwirkung zwischen den Zeichen zu erkennen, folgert William nun, „daß es in der Welt keine Ordnung gibt".[65] Es gäbe nur die Ordnung, die der menschliche Geist sich vorstelle. Und diese Ordnung sei – so William – „wie ein Netz oder eine Leiter", die man sich zusammenbastle, „um irgendwo hinaufzugelangen". Aber wenn man dann „hinaufgelangt" sei, müsse man sie „wegwerfen", denn es zeige sich, daß sie zwar nützlich, aber unsinnig gewesen sei: „‚Er muoz gelîchesame die leiter abewerfen, sô er an ir ufgestigen'".[66] Dieses anscheinend mittelhochdeutsche Zitat (angeblich von einem „Mystiker" aus Adsons österreichischer Heimat) erweist sich beim näheren Zusehen als raffiniert getarntes Zitat aus der Philosophiegeschichte des 20. Jahrhunderts. Es stammt in der Tat von einem „Mystiker" aus Adsons österreichischer Heimat, von Ludwig Wittgenstein nämlich, der am Ende seines berühmten „Tractatus logico-philosophicus" (erschienen 1921) das Leiter-Bild gebraucht hatte: „Meine Sätze erläutern dadurch, daß sie der, welcher mich versteht, am Ende als unsinnig erkennt, wenn er durch sie – auf ihnen – über sie hinausgestiegen ist. (Er muß sozusagen die Leiter wegwerfen, nachdem er auf ihr hinaufgestiegen ist.) Er muß diese Sätze überwinden, dann sieht er die Welt richtig. Wovon man nicht sprechen kann, darüber muß man schweigen."[67]

(3) Daß es aber in der Welt keine Ordnung gibt, hat für William auf einmal einen tiefen theologischen Grund, d. h. hängt mit seinem *Verständnis Gottes* zusammen: mit Gottes freiem Willen und Gottes Allmacht, ein Schlüsselgedanke des Philosophen und

Theologen William von Ockham, als dessen „Verpuppung" ja William von Baskerville konzipiert ist. Gottes Allmacht und freier Wille verhindert also eine Ordnung in der Welt, denn eine solche Ordnung würde ja „den freien Willen Gottes und seine Allmacht einschränken". Daraus folgt: „So gesehen ist die Freiheit Gottes unsere Verdammnis". Doch William fügt noch einen Satz hinzu: „Oder jedenfalls ist sie die Verdammnis unserer Hoffart."[68]

Mit diesem letzten Satz freilich gibt William seiner Argumentation noch einmal einen Doppelsinn. Worauf will er hinaus? Mit dem Hinweis auf den freien Willen Gottes und dessen Allmacht auf eine Demütigung des Menschen – nach der Devise: Gottes Ordnung existiert, aber den Menschen ist es nicht gegeben, sie zu begreifen? Oder auf mehr? Ist die angebliche Ordnung Gottes gar keine Ordnung, sondern von vornherein Chaos, weil Ausdruck einer willkürlichen Allmacht Gottes, so daß Gottes Freiheit in der Tat „unsere Verdammnis" wäre?

In diese Richtung zielt denn auch die Nachfrage Adsons, Zeuge dieser letzten Einsichten des Meisters: „Aber wie kann ein notwendiges Wesen existieren, das ganz aus Möglichkeiten besteht? Was ist dann der Unterschied zwischen Gott und dem ursprünglichen Chaos? Zu behaupten, daß Gott absolut allmächtig ist und seinen eigenen Entscheidungen gegenüber absolut frei, heißt das nicht zu beweisen, daß Gott nicht existiert?"[69] Doch wiederum antwortet William nur kryptisch, eher ausweichend, als wolle er selber die letzten Konsequenzen nicht ziehen. Nur dies sagt er: „Wie könnte ein Wissender sein Wissen weiterhin mitteilen, wenn er deine Frage mit einem Ja beantworten würde?"[70] William scheint also noch immer am Zusammenhang zwischen Gottes Existenz und dem Vertrauen auf die Mitteilbarkeit von Wissen festzuhalten. Um aber letzte Klarheit zu gewinnen, fragt Adson noch einmal nach: „Wollt Ihr damit sagen, daß kein mitteilbares Wissen mehr möglich wäre, wenn das Grundkriterium der Wahrheit entfiele, oder daß Ihr nicht mehr mitteilen könntet, was Ihr wißt, weil die anderen es Euch nicht gestatten würden?"[71]

Diese letzte Frage Adsons freilich bleibt ein für allemal unbeantwortet, denn das Kloster stürzt in diesem Augenblick in einem Brandinferno zusammen. William kann nur noch vor sich hinmurmeln: „Zu viel Durcheinander hier", und so eine negative Abgrenzung vollziehen: „Non in commotione Dominus", was soviel heißt wie: „Nicht im Durcheinander, nicht im Aufruhr ist der Herr." Aber dies ist das letzte Wort Williams, denn Adson trennt sich kurze Zeit später endgültig von seinem Meister. Doch diese Schlußworte entsprechen durchaus der *philosophischen Grundprämisse der Binnenhandlung* des Romans: In den letzten Fragen gibt es keine Antwort, jedenfalls keine Antwort, welche die Fragen nach Wahrheit, Gott, Ordnung, Erkenntnisfähigkeit zum Verschwinden brächte. Die letzten Fragen bleiben unbeantwortet stehen, und die wahrhaft letzte Frage ist die Frage nach dem „Grundkriterium der Wahrheit" und nach der Bürgschaft dafür, daß das, was der Mensch erkennt, der Wahrheit auch entspricht. Nur die vage Hoffnung bleibt, daß Gott, der Herr, nicht im „Aufruhr", nicht im „Chaos" sein möge ...

Diese philosophische Prämisse der Binnenhandlung wird freilich durch die der *Außenhandlung* noch einmal modifiziert. Denn die Position der Binnenhandlung (William) ist keineswegs identisch mit der der Außenhandlung (Adson). Alt geworden, zieht Adson nämlich diejenigen Konsequenzen, denen William offensichtlich noch ausweichen wollte. Als Greis seine Geschichte immer wieder überdenkend, kommt Adson zu der noch radikaleren wahrheitskritischen Grundüberzeugung, die so gerade nicht bei William zu finden ist: Die Ereignisse im Kloster seien nichts als „ein Produkt des Zufalls" und enthielten „keine Botschaft".[72] Die Welt? Sie sei zu einem Totentanz geworden, zu einem Haus der Narren: „Wo ist der Schnee vom vorigen Jahr? Die Welt tanzt den schaurigen Tanz des Macabré, mich dünkt zuweilen, die Donau sei voller Narrenschiffe auf der Fahrt in ein dunkles Land."[73]

Was bleibt? Es bleibt für Adson gerade nicht das Lachen wie bei William, sondern das *mystische Schweigen*:

> „Mir bleibt nur zu schweigen. Bald schon werde ich wiedervereint sein mit meinem Ursprung, und ich glaube nicht mehr, daß es der Gott der Herrlichkeit ist, von welchem mir die Äbte meines Ordens erzählten, auch nicht der Gott der Freude, wie einst die Minderen Brüder glaubten, vielleicht nicht einmal der Gott der Barmherzigkeit. Gott ist ein lauter Nichts, ihn rührt kein Nun noch Hier ... Ich werde rasch vordringen in jene allerweiteste, allerebenste und unermeßliche Einöde, in welcher der wahrhaft fromme Geist so selig vergehet. Ich werde versinken in der göttlichen Finsternis, in ein Stillschweigen und unaussprechliches Einswerden, und in diesem Versinken wird verloren sein alles Gleich und Ungleich, in diesem Abgrund wird auch mein Geist sich verlieren und nichts mehr wissen von Gott noch von sich selbst noch von Gleich und Ungleich noch von nichts gar nichts. Und ausgelöscht sein werden alle Unterschiede, ich werde eingehen in den einfältigen Grund, in die stille Wüste, in jenes Innerste, da niemand heimisch ist. Ich werde eintauchen in die wüste und öde Gottheit, darinnen ist weder Werk noch Bild ..."[74]

Damit ist klar: William und Adson verkörpern zwei unterschiedliche Konsequenzen aus den gleichen Erfahrungen mit der Chaotik der „Zeichen" der Welt. Eco selber hat diese Unterschiede so beschrieben: „Adson war mir sehr wichtig. Von Anfang an wollte ich die gesamte Geschichte (samt ihren mysteriösen Vorfällen, ihren politischen und theologischen Ereignissen, ihren Ambiguitäten) mit der Stimme eines Chronisten erzählen, der durch das Geschehen wandert und alles mit der fotografischen Treue eines Heranwachsenden registriert, aber nichts begreift (und auch als Greis noch nicht voll begriffen hat, so daß er am Ende eine Flucht ins göttliche Nichts antritt, die *nicht* das ist, was ihn sein Meister gelehrt hatte). Alles Begreiflichmachen durch einen, der nichts begreift."[75]

Heißt dies, daß Eco als Autor auf Seiten des „Meisters" zu finden ist? Ist seine Botschaft für die Leser des 20. Jahrhunderts nicht doch identisch mit der Williams? Gibt es also eine Botschaft des Autors in allen Botschaften des Romans, eine Position in allen Positionen? Nein! Auch dieses Spiel mit den Sympathien gegenüber einer fiktiven Kreatur gehört mit zum ästhetischen Programm. Es bleibt dabei: Durch seine raffinierte Vielschichtigkeit und Vielbezüglichkeit hat der Autor seine Leser mit Optionen konfrontiert, ohne Entscheidungen vorwegzunehmen, Ausgänge zu schließen. Er bleibt versteckt hinter allen Figuren, so sehr er mit der einen oder anderen sympathisieren mag. Er tut damit das, was Aufgabe eines großen Kunstwerks ist: den Leser hineinzuziehen in Grundentscheidungen über den Zustand der Welt, den Leser zu verwickeln in komplexe Diskurse über die Zeichen der Wirklichkeit, ohne auf der Romanebene selber „Sinn" festzulegen oder gar die Wahrheitsfrage zu beantworten. Ecos Roman: Er ist ein bewußt kalkuliertes Sinn-Labyrinth, und der Leser sehe zu, wie er in diesem Labyrinth zurechtkomme!⁷⁶

Wer könnte nach all dem noch länger übersehen, daß dieses Buch eine *theologische Provokation* von tiefgreifender Radikalität enthält: Hat der Mensch es zu lernen, im Zeichen der „Postmoderne" sich von der Wahrheit zu befreien, weil die „Zeichen" nun einmal undeutbar sind und jeder Wahrheitsanspruch von daher etwas Krankhaftes hat? Ist Lachen „über" die Wahrheit die einzige dem Menschen gemäße Möglichkeit, in der Welt der „Postmoderne" leben zu können? Bleibt also am Ende nichts als das postmoderne Lektürevergnügen, die selbstverliebte und sich zugleich ironisierende Poetik des Unverbindlichen und des kalkulierten Scheins? So die Herausforderung der Binnenhandlung. Die Herausforderung der Außenhandlung ist noch radikaler: Schweigen, mystisches Dunkel als letzte Fluchtmöglichkeit des an der Ordnung seiner Welt irre gewordenen Menschen!

Nur wenige Theologen – soviel ich sehe – haben sich bisher die Mühe gemacht, die philosophisch-theologischen Grundprämissen dieses Romans wirklich ernst zu nehmen – erstaunlich bei der enormen weltweiten Wirkung dieses Buches.⁷⁷ Eco aber nimmt man nur ernst, wenn man die Frage nach Wahrheit, Erkenntnis und Gewißheit, nach Offenbarung und Gott ernst nimmt, kurz: alles das, was sich hinter dem Komplex „Lachen" verbirgt. Wir werden deshalb – zunächst belehrt durch die folgenden Kapitel – auf diese Herausforderung Ecos am Ende unserer „Kleinen Theologie des Lachens" noch einmal zurückkommen.

II

Vom Lachen der Menschen und vom Lachen Gottes – ein biblisches Tableau

1 Die christliche Verurteilung des Lachens

„Christus hat nie gelacht"! Der fiktive Disput in Ecos Mittelalter-Roman ist mehr als Fiktion. Er reflektiert eine von Johannes Chrysostomos über Augustin bis hin zu Bernhard von Clairvaux und Hugo von St. Victor real existierende Traditionslinie *christlicher Denunziation des Lachens*, vor allem in monastischen Kreisen des Mittelalters.

Das verachtete Lachen: Kirchenväter und Mönche

Selbstverständlich hat das christliche Mittelalter auch eine *Kultur des Lachens* gekannt. Der schon genannte russische Literaturwissenschaftler Michail Bachtin hat von einem „karnevalistischen Weltempfinden" gerade im Mittelalter gesprochen. Darunter ist die Bereitschaft zu verstehen, jeglichen Sinn auch immer wieder in Frage zu stellen, spirituelle Weltlosigkeit mit der Betonung des Materiell-Sinnlichen und Derb-Körperlichen auch immer wieder zu konterkarieren. Im Karnevalistisch-Grotesken habe das Volk sich Freiräume geschaffen gegen politische und kirchliche Vergesetzlichung. Karnevalistisches Weltempfinden als Gegenentwurf zu strengen religiösen Ordnungskonzeptionen der Zeit, als Opposition gegen die reglementierende, auf Ernst und damit Unveränderbarkeit pochende Herrschaft geistlicher und weltlicher Mächte, als Aufstand gegen die einschüchternden Rituale der Kirche, als Überwindung der kosmischen Angst.[1]

Gewiß: Man wird diese bestechende These Bachtins heute weitgehend relativieren müssen, weil sich sein marxistisch-soziologisch geprägtes Schema (hier die humorlosen Feudalherren und Hierarchen – dort das spott- und lachlustige Volk) nicht aufrechterhalten läßt; gibt es doch bei näherer Betrachtung viele Lobreden des Lachens und viele Präsentationen von Komik in der „Herrschaftssprache" Latein und hatten die oberen Schichten ohnehin mehr Freiheit, Komik zu genießen als das vielfach zu stumpfem Ernst verurteilte Volk.[2] Aber zweifellos gab es im Mittelalter die von Bachtin beschriebene Weltsicht, „die alles, aber auch alles Geordnete, Geglättete, ja Geheiligte in Frage stellte, indem sie an die chaotische, die materiell-leibliche Seite des Lebens erinnerte, in grotesken Körperbildern mit überzeichneten Signalen der Fruchtbarkeit, in den durch alle Zivilisierung höchstens zeitweilig zu verdrängenden vitalen Substanzen des Sexuellen, im Grobianismus der Worte und Taten, im gärenden Schmutz."[3]

Umgekehrt aber darf man ebenfalls nicht übersehen, daß in Kreisen des mittelalterlichen Mönchtums die Tendenz gerade umgekehrt war. Folgt man den Studien des Tübinger Historikers *Gerhard Schmitz*, so gilt, daß jedenfalls im mittelalterlichen Mönchtum Lachen „kein positiver Wert war, im Gegenteil, es war geradezu ein Unwert. Wertvoll war das Weinen, verachtenswert das Lachen".[4] Lachen galt demnach prinzipiell als anstößig und unstatthaft, da es zur Selbstbeherrschung des Mönchs gehörte, daß er niemals lache. Das geht vor allem aus der weitverbreiteten *Mönchsregel des Heiligen Benedikt* (gest. ca. 547) hervor, wird doch in ihr jedes belanglose und zum Lachen geeignete Geschwätz den Mönchen verboten. Häufiges und lautes Lachen, Scherze sowie müßige und zum Lachen verleitende Worte sollten unterdrückt werden. Als ein Grad der Demut galt, daß man nicht leichtfertig und plötzlich lache, was mit dem Sprichwort begründet wird, nur der Narr lasse im Lachen seine Stimme erschallen!

Ähnlich schon der älteste uns erhaltene *Kommentar zur „Regula Benedicti"*. Auch hier kann man erfahren, daß es für den Mönch angemessener sei, zu weinen als zu lachen, lebten Menschen doch „in einem Tal der Tränen". Deshalb dürften die Mönche nicht lachen, sondern müßten trauern: „Tränen müssen wir vergießen für unsere Sünden, Tränen wegen der Schwäche des Körpers, Tränen aus Sehnsucht nach unserem Schöpfer und der Gemeinschaft mit den Engeln und Heiligen, Tränen, damit wir vor den Strafen der Hölle und den Fallstricken des Teufels bewahrt bleiben." Theologische Begründung für all dies? Neben Schriftzitaten, die dem Lachen allesamt nicht günstig sind (Sprüche 14,13; Kohelet 7,4; Sirach 21,15.20), wird vor allem auf das Vorbild Christi verwiesen. Von diesem wisse man ja, daß er zwar mehrfach geweint, nie aber gelacht habe.

Das mittelalterliche Mönchtum konnte sich dabei auf Grundüberzeugungen bei zahlreichen *Kirchenvätern* berufen. Hier fanden sie bereits ein weltpessimistisches Klima vor, das ihren eigenen Erfahrungen kongruent war: Die Welt ist vergänglich, der Mensch sterblich, die Schöpfung ein „valis lacrimarum", ein

Tal der Tränen. Lachen ist bestenfalls für das Jenseits reserviert. So kann *Hieronymus* (ca. 347–419/20) schreiben: „Solange wir im Tal der Tränen sind, dürfen wir nicht lachen, sondern müssen weinen. Deshalb sagt auch der Herr: Selig die Weinenden, denn sie werden lachen. Wir sind im Tal der Tränen, und dieses saeculum gehört den Tränen, nicht der Freude."[5] Auch für den größten Theologen der lateinischen Kirche, *Aurelius Augustinus* (354–430), ist das Leben des Menschen voll Elend, Arbeit, Schmerz, Gefahr, Trübsal und Versuchung. Zwar weiß auch Augustin, daß der Mensch die Fähigkeit zum Lachen habe, die ihn vom Tier unterscheide, aber er wertet diesen Unterschied völlig ab: „Die Menschen lachen und weinen, und daß sie lachen, ist zum Weinen!"[6]

Die Theologie der Tränen

Werfen wir einen kurzen Blick in diese Welt, und suchen wir die Stelle auf, die schon Ecos fromm-fanatischer Schurke Jorge von Burgos ständig im Munde führte, die Stelle aus einer Schrift des *Johannes Chrysostomos* (344/54–407), der ein gefeierter Prediger zunächst in Antiochia war, bevor er Bischof in der damaligen Reichshauptstadt Konstantinopel wurde. Den Ehrennamen „Chrysostomos", „Goldmund", hatte er sich ob seiner rhetorischen Brillanz und tiefen pastoralen Wirkung erworben. Zu seinen Hauptwerken zählen denn auch nicht nur Abhandlungen asketischen Charakters über monastisches Leben und Kommentare zur Schrift, sondern auch zahlreiche Predigten und Reden. Selber eine Zeitlang der mönchischen Askese freiwillig unterworfen (was er übertrieb, so daß er dieses Leben wegen gesundheitlicher Zerrüttung abbrechen mußte), predigte Chrysostomos mit Vorliebe über praktische, moralisch-asketische Themen. Und einen schönen Einblick in diese Denkweise vermittelt uns seine *6. Homilie* in seinem *Kommentar zum Matthäus-Evangelium*. Sehen wir genauer hin.

Eine Stelle aus der Geburtsgeschichte des Matthäus-Evangeliums nimmt Chrysostomos zum Anlaß einer streng ethisch ausgerichteten Mahnpredigt. Die Stelle lautet: „Als aber Herodes dies gehört hatte, erschrak er und ganz Jerusalem mit ihm" (Mt 2,3). Auf dieses „Erschrecken" von „ganz Jerusalem" kommt es Johannes hier an. Er will, daß seine Zuhörer heute dieses Erschrecken ebenso spüren wie einst Herodes. Denn bei seinen Adressaten vermutet Johannes allerlei „Laster", Gleichgültigkeit, Trägheit, mangelndes geistiges Feuer. Er hat es offensichtlich mit einem verbürgerlichten, bequem gewordenen Gewohnheitschristentum zu tun, das nichts mehr von den ursprünglichen großen christlichen Idealen verrät.

Die *Alternative*? Man müsse sich – meint Johannes – von der „Liebe" erfassen lassen, dann könne man selbst sein ganzes Vermögen preisgeben, Reichtum und Ehrenstellen verachten, ja selbst sein Leben zum Opfer bringen: „Die Glut dieses Feuers dringt in die Seele ein, verdrängt daraus alle Trägheit und macht leichter als eine Feder, wen sie einmal ergriffen. Ein solcher schaut über alles Irdische hinweg und verharrt in innerer Zerknirschung, vergießt unaufhörliche Ströme von Tränen und schöpft aus all dem eine mächtige innere Freude. Denn nichts verbindet und einigt so sehr mit Gott als solche Tränen."[7]

Damit hatte Chrysostomos einen entscheidenden Punkt erreicht: seine *Theologie der Tränen*. Und in diesem Zusammenhang taucht nun das uns interessierende Wort auf:

„Wenn auch du solche Tränen weinst, dann bist du dem Herrn ähnlich geworden. Denn auch er hat geweint über Lazarus und Jerusalem, und über das Schicksal des Judas ward er erschüttert. Und weinen sehen kann man ihn oft, lachen niemals, nicht einmal stille lächeln; wenigstens hat kein Evangelist etwas davon berichtet. Deshalb sagt auch der hl. Paulus selbst von sich, und andere sagen es von ihm, daß er geweint habe, drei Nächte und drei Tage lang geweint; daß er aber gelacht hätte, das hat er nirgends gesagt, weder er noch andere; aber auch kein anderer Heiliger hat dies weder von sich noch von einem anderen Heiligen erzählt. Nur von Sara allein wird dies berichtet, nämlich damals, als sie getadelt wurde, und ebenso vom Sohne Noës, da er aus einem Freigeborenen zum Sklaven wurde.

Das alles sage ich aber, nicht um das Lachen zu verpönen, sondern nur, um die Ausgelassenheit zu verhindern. Denn sage mir doch: Welchen Grund hast du denn, eingebildet und ausgelassen zu sein, der du noch für so viele Sünden verantwortlich bist, vor dem furchtbaren zukünftigen Richterstuhl erscheinen mußt, und über alles, was du hienieden getan, genaue Rechenschaft abzulegen hast? Ja, wir werden für unsere freiwilligen und unfreiwilligen Sünden Rede und Antwort stehen müssen. ...

Während du also über so vieles wirst Rechenschaft ablegen müssen, sitzest du da und lachst, redest läppische Dinge und gibst dich eitler Lebenslust hin. Ja du sagst: Wenn ich das nicht tue, sondern immer in Trauer lebe, was habe ich davon? Ungemein viel, sogar so viel, daß man es mit Worten gar nicht auszusprechen vermag. Bei weltlichen Gerichten entgehst du nach gefälltem Urteil der Strafe nicht, und wenn du noch so viel weinst. Hier aber brauchst du nur zu bereuen und das Urteil ist aufgehoben, es wird dir verziehen.

Darum redet Christus so oft von der Reue zu uns,

preist die Bußfertigen glücklich und ruft wehe über die, die lachen. Diese Welt ist eben kein Theater zum Lachen; nicht dazu sind wir beisammen, um schallendes Gelächter anzuschlagen, sondern um (über unsere Sünden) zu seufzen, und mit diesem Seufzen werden wir uns den Himmel erwerben."[8]

Es braucht keiner langen Erklärungen, um zu verstehen, daß das mittelalterliche Mönchtum seine eigene Spiritualität hier vorgeformt sah. Gewiß: Chrysostomos sagt ausdrücklich, er wolle das Lachen nicht einfach verpönen, sondern nur die „Ausgelassenheit" verhindern. Um die Verurteilung nur der extremen Form des Lachens also scheint es Chrysostomos zu gehen – ganz wie den antiken Tugendethikern Platon und Aristoteles. Der Literaturwissenschaftler Ernst Robert Curtius, in dessen bahnbrechender Studie „Europäische Literatur und lateinisches Mittelalter" (1948) auch ein Kapitelchen „Die Kirche und das Lachen" zu finden ist, dürfte deshalb recht haben mit seiner Beobachtung: „Das antike Würde-Ideal wurde vom altchristlichen Mönchtum übernommen."[9]

Der Lachende als der Gottferne

Und doch würde man die Dialektik der Theologie der Tränen völlig verkennen, wenn man bei Johannes Chrysostomos nur eine Bekämpfung der extremen Auswüchse des Lachens vermutete. Denn entscheidend ist ja bei ihm: Nicht das Lachen, sondern allein das *Weinen verbindet mit Gott*. Die Dialektik der Theologie der Tränen besteht ja für Johannes offensichtlich darin, daß es eine Freude des Weinens, eine Genugtuung der Tränen, eine Zufriedenheit der Trauer gibt: Die Bußfertigen sind die Glücklichen, die Reumütigen die Gottgefälligen, die Seufzenden werden den Himmel erwerben!

Der Grund? Er ist unzweideutig: Das Weinen allein einigt mit Gott, das Lachen dagegen führt von Gott weg, entfremdet die Christen von ihrem Schöpfer. Vorbild: Christus selber, den man zwar oft weinen, aber niemals lachen sah. Vorbild: der Apostel Paulus und die Heiligen. Was zählt da eine Frau wie Sara ... Ein guter Christ hat also überhaupt keinen Grund, ausgelassen zu sein, Gelächter anzustimmen, läppische Dinge zu reden und sich eitler Lebenslust hinzugeben, da er noch genug Sünden zu bereuen und sich vor dem Richterstuhl Gottes zu verantworten hat. Wir haben es somit bei Johannes Chrysostomos mit einer dann wirkungsgeschichtlich mächtigen *Identifikation von Lachen und Eitelkeit, Lachen und Sündenvergessenheit, ja Lachen und Gottferne* zu tun.

Der Lachende ist der Gottferne: Dieser christliche Archetyp des Denkens hat tiefe Wurzeln in der hellenistisch geprägten Alten Kirche. Er hat auch das Mittelalter, vor allem das Mönchtum, tief geprägt. Deshalb kann man das *Fazit des Historikers* über diese christliche Traditionslinie nun um so besser verstehen: „Das Lachen hat in der kirchlichen Lehre des Mittelalters keinen positiven Beigeschmack, es ist und bleibt suspekt und bekämpfenswert. ... Lachen, das war, wenn nicht von vornherein Sünde, so doch wenigstens ein entschiedener Irrtum ... Nicht Genuß und Freude, sondern Verachtung und Überwindung dieser Welt war das Thema, das die mittelalterliche Kirche immer und immer wieder angeschlagen hat, und von England bis Italien, von Spanien bis Deutschland sind ganze Bibliotheken vollgeschrieben worden mit Traktaten, in denen der contemptus mundi (die Verachtung der Welt)

als die dem Menschen seiner hohen Bestimmung wegen einzig adäquate Haltung gepriesen und begründet
wird."[10] In der Tat: *Im Mittelalter gab es keine Theologie des Lachens, wohl aber eine Theologie der Tränen.*

Wie also? Stehen Überlegungen zu einer Theologie
des Lachens von vornherein unter dem Verdikt der Un-
ernsthaftigkeit, Zweifelssucht, ja letztlich Gottlosig-
keit? Scheitern theologische Reflexionen über das Lachen am moralischen Ernst, mit dem man sich als
Christ das Lachen austreiben muß? Es ist an der Zeit,
der Sache des Lachens theologisch endlich auf den
Grund zu gehen, und dies tut man am besten, indem
man hinter die Aussagen der „Kirchenväter" zurückgeht und die Ur-Kunden des Christentums selber untersucht, die Schrift, auf die sich ja auch Johannes
Chrysostomos ausdrücklich beruft. Wir fragen deshalb:
Was sagen die biblischen Zeugnisse über das Lachen,
wenn man sie nicht gleich mit den Augen des Asketen
und Moralisten aus Konstantinopel liest?

2 Menschen verlachen Gott:
Sara und Abraham

Wenden wir uns zunächst dem Alten, besser Ersten Testament[11] zu, so fallen drei Grundmotive des Lachens
ins Auge, von denen jetzt im folgenden die Rede sein
muß: (1) der Gott verlachende Mensch; (2) der die Herrscher und die Frevler verlachende Gott sowie (3) der
Lachende als „Narr", dessen Lachen nur die Widerspie-
gelung der fatalen Selbsttäuschung über seine Lage ist.

Sara wird man so rasch nicht los, wie Johannes Chrysostomos meinte. Denn wenn es eine Geschichte des
Ersten Testamentes gibt, in der das Lachen des Menschen im Zentrum steht, dann ist es die Geschichte
von *Abrahams Frau Sara* im Buche Genesis. Vergegenwärtigen wir uns – unter Verzicht auf alle für unseren
Zusammenhang unnötigen literarkritischen Fragen –
die Situation, so wie der Text in seiner Endgestalt sie
uns übriglassen wollte: Gott, der Herr, erscheint dem
fast hundertjährigen Abraham im Eichenhain von
Mamre, freilich verborgen unter der Gestalt von drei
Männern. Abraham erfährt, daß seine ebenfalls uralt
gewordene und bisher kinderlos gebliebene Frau einen
Sohn binnen eines Jahres zur Welt bringen werde. Sara
hört dieses Gespräch mit und reagiert auf psycholo-
gisch durchaus plausible Weise: Sie lacht „still in sich
hinein" und denkt: „Ich bin doch schon alt und verbraucht und soll noch das Glück der Liebe erfahren?
Auch ist mein Herr doch schon ein alter Mann!" (18,12).
Gott aber bemerkt dieses stille Lachen und fragt ta-
delnd: „Warum lacht Sara und sagt: Soll ich wirklich
noch Kinder bekommen, obwohl ich so alt bin? Ist
beim Herrn etwas unmöglich? Nächstes Jahr um diese
Zeit werde ich wieder zu dir kommen; dann wird Sara
einen Sohn haben" (18,13f). So getadelt, verleugnet Sara
plötzlich ihr Lachen: „Ich habe nicht gelacht" – und als
Begründung wird vom Erzähler nachgeschoben: „Sie
hatte nämlich Angst" (18,15).

Was ist der *Grund* dieses Lachens der Sara, und mit
welcher Form des Lachens haben wir es hier zu tun?
Viele Töne und Zwischentöne mögen in diesem Lachen hörbar sein: „ein wenig Koketterie", „ein bißchen
kichernde Erinnerung an die Lust", „ein wenig Trauer,

ungläubige Hoffnung".[12] Dies alles mag man hier heraushören. Aber entscheidend scheint mir dies: Sara vernimmt eine Zukunftsverheißung, vergleicht sie mit ihrer Wirklichkeit und muß eine Diskrepanz konstatieren, die in ihrer Größe komisch wirkt. Die Wahrscheinlichkeit der verheißenen Möglichkeit ist so gering, daß sie lachhaft wirkt. Der *Grund* ihres Lachens ist also die *Kontrasterfahrung* von Wirklichkeit und Möglichkeit, so daß der Charakter des Lachens nicht der der Verlegenheit oder Verzweiflung, sondern der des *Zweifels* ist.

Das Gelächter der Sara muß man somit – bei aller Stille des In-sich-hinein-Lachens – als Zweifel an der künftigen Möglichkeit interpretieren, als Ausdruck einer lachhaften Diskrepanz von menschlicher und göttlicher Potentialität. Saras Lachen ist ein „Lachen der Ungläubigkeit"[13], ohne die Verheißungen zu konterkarieren. In ihrem Lachen meldet sich vielmehr ein menschlicher Realismus, der den irreal erscheinenden Zukunftsverheißungen zu mißtrauen und sich den unmöglich scheinenden Glücksversprechungen zu verweigern vermag: „Ihr Lachen ist vielleicht die einzig angemessene Reaktion auf die Verheißung. Deshalb darf sie sich und dürfen wir uns ruhig überführen und gegen das Leugnen festlegen lassen: ‚Nein, du hast doch gelacht!'"[14]

Und doch sollte man bei der Konzentration auf das Lachen der Sara nicht übersehen, daß schon im Kapitel zuvor, in Genesis 17, auch von einem *Lachen Abrahams* die Rede ist, einem Lachen, das theologisch noch weitere Perspektiven eröffnet. Denn das eine gilt es ja zu beachten: Als Sara lacht, weiß sie noch nicht, über wen sie lacht. Sara verlacht also nicht eigentlich Gott, sondern Menschen, Gäste im Zelt ihres Mannes. Denn orientalischer Sitte gemäß nahm Sara als Frau am Gastmahl der Männer nicht teil. Sie hörte nur, was gesprochen wurde. Und erst, als ihr aufgeht, wem ihr Lachen gegolten hat, kommt es bei ihr zu einer ganz natürlichen Reaktion: Angst kriecht in ihr Herz, die prompt dazu führt, daß sie ihr eigenes Lachen bestreitet. Niemand darf doch *Gott* ungestraft verlachen ...

Die *Abrahams-Geschichte* dagegen ist theologisch radikaler. Denn Abraham wußte von Anfang an, mit wem er es zu tun hatte. Gott hatte ja Abraham seinen Namen direkt zu erkennen gegeben: El-Schaddai, der Allmächtige, was ja – dieser Pentateuch-Quelle zufolge – seit der Schöpfung so einem Menschen gegenüber noch nie vorgekommen war. Ja mehr noch: In derselben Erscheinung hatte Gott dem Abraham angekündigt, was künftig Grundlage einer ganz neuen Beziehung zwischen ihm und den Menschen sein würde: den „ewigen Bund" (17,13), geschlossen zwischen ihm und Abrahams Nachkommen. Und diese Nachkommen hatte Gott sogar der bisher unfruchtbaren Frau Abrahams konkret in Aussicht gestellt. Wir befinden uns hier somit an einer *Schlüsselstelle für die gesamte Theologie des Ersten Testamentes*, ja für die gesamte Geschichte Israels schlechthin: Gottes Bundesverheißung an Abraham, die im Bundeszeichen der Beschneidung ihren sichtbaren Ausdruck findet (17,11–14).

Und was tut Abraham, als er hört, er werde als Hundertjähriger noch zur Zeugung und Sara werde als Neunzigjährige noch zur Geburt eines Kindes fähig sein? Abraham wirft sich auf sein Gesicht nieder – und lacht (17,17). Äußerlich vollzieht er also Gott gegenüber die schuldige Demutsgeste. Aber seine Demut paart sich sogleich mit Lachen. Kein Lachen der Freude, sondern von Abrahams Rückfragen an Gott her völlig eindeutig: ebenfalls ein *Lachen der Ungläubigkeit*. Abraham lacht Gott aus, und zwar nicht wie Sara in aller Stille und ahnungslos, sondern hörbar und direkt. Eine unerhörte Szene, deren theologische Brisanz die traditionelle alttestamentliche Exegese denn auch herunterzuspielen suchte, die man aber mit dem Tübinger Alttestamentler Walter Gross doch wohl so interpretieren muß: „Der vor Gott anbetend niedergestreckte und zugleich lachende Abraham – das ist eines der abgründigsten Bilder der Hl. Schrift"[15] – abgründig, weil sich „Glauben" hier offensichtlich im Gewande des lachenden Zweifels an Gott präsentiert.

Wie abgründig man in der Tat dieses Bild empfunden haben muß, läßt auch die weitere Auslegungstradition dieser Abrahamsgeschichte erkennen. Denn was etwa der Jude *Paulus* im 1. Jahrhundert über Abraham zu sagen hat, wird man nur als „gewaltsame Umdeutung" (so nochmals W. Gross) bezeichnen können. Denn von einem Zweifel und einem ungläubigen Lachen bei Abraham ist bei Paulus nichts mehr übriggeblieben: „Ohne im Glauben schwach zu werden" – schreibt der Apostel im Römerbrief – „war er, der fast Hundertjährige, sich bewußt, daß sein Leib und auch Saras Mutterschoß erstorben waren. Er zweifelte nicht im Unglauben an der Verheißung Gottes, sondern wurde stark im Glauben, und er erwies Gott Ehre" (4,19f). Das ist in der Tat das genaue Gegenteil von dem, was in Genesis 17 tatsächlich steht: „Da fiel Abraham auf sein Gesicht nieder und lachte." Denn von einem Glauben ohne Schwachheit und ohne Zweifel kann an dieser entscheidenden Stelle nicht die Rede sein, so stark Abrahams Glaube an Gott später auch gewesen sein mag. Im Gegenteil: Die *anthropologische Pointe* dieser Geschichte liegt gerade darin, daß das Lachen den zweifelnden Unglauben des Menschen an den Verheißungen Gottes zum Ausdruck bringt.

Gott lacht mit den Zweiflern

Die Geschichte um Abraham und Sara aber enthält auch eine *theologische Pointe*. Denn auffällig ist ja, daß wir es bei Abraham und Sara mit Menschen zu tun haben, die Gott offenbar ungestraft verlachen können. Beide verkörpern somit eine Theologie des Lachens, in der der Mensch auch in seiner Ungläubigkeit von Gott ernstgenommen wird. Selbst die Erwähnung eines Tadels Gottes in der Sara-Geschichte kann dieses Bild nicht trüben, geht doch auch diese Geschichte nicht katastrophal, sondern glücklich aus. Der Mensch wird für sein Lachen nicht bestraft, sondern bekommt von Gott das geschenkt, was er in seinem zweifelnden Lachen gerade für unmöglich erklärte.

Darauf also läuft die Sara-Abraham-Geschichte hinaus: *Gott setzt sich und seine Absichten durch trotz des ungläubigen Lachens des Menschen.* Wäre es nach Abraham gegangen, wäre Isaak, derjenige Sohn, den Sara schließlich zur Welt bringen wird, gar nicht geboren worden, und das Volk Israel, das auf Isaak und dann auf Jakob zurückgeht, wäre damit gar nicht existent! Denn Abraham wollte sich anfangs mit seinem Sohn Ismael begnügen, mit Ismael, der später der Stammvater ebenfalls eines großen Volkes (17,20) werden wird. Gott aber setzt sich über dies alles hinweg, er ignoriert den im Lachen sich Ausdruck verschaffenden Unglauben des Menschen und erneuert sein Geburtsversprechen an Sara und die Bundesverheißung an Isaak und dessen Nachkommen (17,18f). Und so kann Sara nach der Geburt ihres Sohnes Isaak denn auch überglücklich sagen: „Gott ließ mich lachen; jeder, der davon hört, wird mit mir lachen" (21,6). Ihr Sohn heißt denn auch nicht zufällig Isaak, was wörtlich übersetzt heißt: „Gott lacht"! Will sagen: In Isaak lacht Gott über die menschliche Kleingläubigkeit. Isaak und damit Israel sind (nach der Ursprungsabsicht Gottes) das Geschenk eines glücklich lachenden Gottes an die Menschheit!

Eine Kehre ist also in dieser Geschichte um Abraham und Sara erkennbar: vom skeptischen Verlachen Gottes zum befreienden Lachen aller mit Gott. Die *theologische Pointe* dieser Geschichte besteht in der Erkenntnis: Das Lachen des Menschen auch über Gott ist von Gott zugelassen. Es muß nicht – wie in der Geschichte des christlichen Mönchtums später – unterdrückt oder moralisch verurteilt werden. Die Schrift selber schließt aus dem Bereich des Heiligen das Komische, das Lachhafte und den Zweifel nicht aus. Im Gegenteil: Hier ist von einem Gott die Rede, der selbst den lachenden Zweifel des Menschen aushält und ihn am Ende in ein glückliches Lachen der Freude verwandelt. Die göttliche Erfüllung der dem Menschen unerwarteten Möglichkeit führt zu einem befreienden Lachen des Menschen mit seinem Gott.

3 Gott verlacht die Herrscher: Psalm 2

Von Angst war in der Geschichte der Sara die Rede, einer Angst freilich, die durch ein Lachen aller mit Gott am Ende glückhaft aufgelöst wurde. Doch nicht jede Geschichte findet im Ersten Testament dieses Ende, im Gegenteil.

Das drohende Lachen

Zieht man andere Texte heran, so kann die Perspektive Gottes durchgängig eine angstmachende, bedrohliche und gefährliche sein. Wir haben uns einem zweiten Grundmotiv zuzuwenden, und dies kommt in *Psalm 2* eindrücklich zur Sprache:

> „Warum toben die Völker, / warum machen die Nationen vergebliche Pläne?
>
> Die Könige der Erde stehen auf, / die Großen haben sich verbündet gegen den Herrn und seinen Gesalbten.
>
> ‚Laßt uns ihre Fesseln zerreißen / und von uns werfen ihre Stricke!‘
>
> Doch er, der im Himmel thront, lacht, der Herr verspottet sie.
>
> Dann aber spricht er zu ihnen im Zorn, / in seinem Grimm wird er sie erschrecken:
>
> ‚Ich selber habe meinen König eingesetzt / auf Zion, meinem heiligen Berg.‘
>
> Den Beschluß des Herrn will ich kundtun. / Er sprach zu mir: ‚Mein Sohn bist du. / Heute habe ich dich gezeugt.
>
> Fordere von mir, und ich gebe dir die Völker zum Erbe, / die Enden der Erde zum Eigentum.
>
> Du wirst sie zerschlagen mit eiserner Keule, / wie Krüge aus Ton wirst du sie zertrümmern.‘
>
> Nun denn, ihr Könige, kommt zur Einsicht, / laßt euch warnen, ihr Gebieter der Erde!“

Wann immer dieser Text entstanden sein mag (vorexilisch oder nachexilisch), welche Bearbeitungen auch immer er durchlaufen, welche Funktionen auch immer er gehabt haben mag (Ausdruck einer vorexilischen Königsideologie oder der messianischen Hoffnung einer bedrängten nachexilischen Gemeinde), und wer auch immer der Sprecher dieses Textes gewesen sein mag (der reale König der Vergangenheit oder ein erwarteter Messias-König[16]): In seiner nun einmal in den Psalter aufgenommenen Endgestalt geht es diesem Text um die Vermittlung folgender Erfahrungen: Die Fremdvölker sind aufgestanden, die Nationen haben sich verschworen gegen Gott, den Herrn, sowie dessen „Gesalbten". Der „Gesalbte"? Er ist – so erfahren wir – der von Gott selbst eingesetzte König, der in „Zion", in Jerusalem also, herrscht. Ihm wird in diesem Psalm eine unerhörte Autorität zugesprochen. Denn der in Jerusalem herrschende König wird als Gottessohn verstanden. Und als Sohn bekommt dieser Herrscher denn auch ein Erbe, ein Eigentum: die Völker der Welt, ja die gesamte Erde! Dem Hörer des Psalms soll sich damit im Rückschluß die Folgerung aufdrängen: Der eigentliche Herr, dem die Welt samt allen Nationen und Völkern gehört, ist Jahwe, der Gott des auserwählten Volkes. Ihm gehört die Geschichte; er ist der eigentliche Akteur des Geschehens

Ob man diesen Text nun also als Preislied für den israelitischen König bei der Thronbesteigung liest, der sich als König eines kleinen Volkes eine ungeheure Welt-Autorität anmaßt, oder als Hoffnung eines unterdrückten Volkes auf einen erwarteten Messiaskönig: Im Zentrum steht nicht so sehr dieser König selber, sondern die machtvolle Überlegenheit Gottes. Symbol dafür ist der Thron *im Himmel*, der hier bewußt abgesetzt ist gegen die Könige *auf der Erde*, die auch dann nicht Gottes Macht antasten können, wenn sie sich zusammenrotten. Die *theologische Pointe*, die dieser Psalm seinen Betern klarmachen will, ist also offensichtlich: Kein Volk, keine Nation der Erde kann die Macht des Gottes Israels und seines Gesalbten erschüttern, kein Herrscher eine Herrschaft durchsetzen, die diesem Gott und seinem Sohn widerstreitet. Psalm 2 hat also den Charakter eines *Droh- und Warngedichts*. Es geht um den Appell an die Großen der Erde, von ihren Plänen abzulassen und sich dem Gott Israels und dessen Stellvertreter (weiterhin oder künftig) zu unterwerfen bei Strafe des Zornes Gottes und der Zerstörung durch sein Instrument, den König von „Zion".

Das Lachen der Überlegenheit

Sichtbarster Ausdruck dieser unantastbaren Herrschermacht Gottes ist sein Lachen, ein Lachen der Überlegenheit und Souveränität, ein wissendes, spottendes Lachen durch einen Gott, der die Verhältnisse auf Erden durchschaut und deshalb die Vergeblichkeit menschlicher Herrschaftsgelüste nur spöttisch verlachen kann. Mit Recht schreibt Hans-Joachim Kraus in seinem Psalmen-Kommentar: „Der König von Jerusalem weiß Jahwe als den weltüberlegenen, im Himmel thronenden Gott, der über das Ansinnen der Rebellen lacht. Etwas von diesem Lachen klingt schon in Vers 1, in der verwunderten Frage des Sängers, an. Der schrille Anthropomorphismus bezeugt Jahwe als den lebendig-reagierenden, am irdischen Treiben leidenschaftlich teilnehmenden Gott. Einer Vermenschlichung tritt die Vorstellung vom weltüberlegen-himmlischen Thronen entgegen. Hinter dem König von Jerusalem steht nicht irgendeine mythische Macht, sondern der gebietende Herr, der alles in seinen Händen hat und der über den wahnwitzigen Machtaufwand der Empörer ,spottet'. Diese Vision vom lachenden und spottenden himmlischen Herrn ist eine Botschaft von unerhörter prophetischer Wucht."[17]

Zieht man die Geschichte von Abraham und Sara zum Vergleich heran, so haben wir es hier mit einem radikalen Perspektivenwechsel zu tun. Hier ist nicht mehr von Menschen die Rede, die Gott verlachen; auch nicht von einem Gott, der glücklich mit den Menschen lacht. Hier ist von einem *Gott* die Rede, *der die Menschen und Völker verlacht* und anschließend in Zorn gerät. Will sagen: Gott macht sich lustig über die Pläne von Potentaten, seine Herrschaft in Gestalt seines „Sohnes", des Königs von Zion, anzutasten. Mit seinem Lachen verweist Gott solche Versuche in die Schranken. Mit seinem Lachen offenbart sich *Gottes spöttischer Zweifel* an allen Versuchen der Menschen, ihre Herrschaft gegen seinen Willen durchzusetzen.

4 Gott verspottet die Frevler: Problematische Psalmen

Wie wenig harmlos das Gottesbild dieses Warn-Psalms ist (immerhin gibt Gott dem israelitischen König von sich aus zu verstehen, er könne – wenn es sein müsse – „die Völker zerschlagen mit eiserner Keule"!), geht aus weiteren Psalmen hervor, *Kampf-Psalmen* gewissermaßen. Sie sind nicht nach außen gegen die Herrscher der Völker, sondern nach innen gegen die „Frevler" gerichtet. Und mit Frevlern sind diejenigen Menschen gemeint, die sich gegen Gott versündigen, sein Gesetz mißachten, seiner Gebote spotten.

Der Sünder als Spötter

Gerade die Psalmen Israels sind voll von massiver Polemik gegen solche „Frevler", gegen Gottlose aller Art,

Menschen also, die so tun, als müsse man auf Gott und dessen Gebote keine Rücksicht nehmen. Schon der allererste Psalm stellt ja kontrastiv *zwei archetypische Figuren* einander gegenüber – den Frevler und den Gerechten:

> „Wohl dem Mann, der nicht dem Rat der Frevler folgt, / nicht auf dem Wege der Sünder geht, / nicht im Kreis der Spötter sitzt,
> sondern Freude hat an der Weisung des Herrn, / über seine Weisung nachsinnt bei Tag und bei Nacht.
> Er ist wie ein Baum, / der an Wasserbächen gepflanzt ist,
> der zur rechten Zeit seine Frucht bringt / und dessen Blätter nicht welken.
> Alles, was er tut, / wird ihm gut gelingen.
> Nicht so die Frevler: / Sie sind wie Spreu, die der Wind verweht.
> Darum werden die Frevler im Gericht nicht bestehen / noch die Sünder in der Gemeinde der Gerechten.
> Denn der Herr kennt den Weg der Gerechten, / der Weg der Frevler aber führt in den Abgrund."

Bemerkenswert an diesem – wie eine Warntafel das Buch der Psalmen eröffnenden – Text ist für uns: Der Frevler wird hier portraitiert als Spötter, als Lachender. Der Frevler lacht nicht zweifelnd über Gott wie Abraham und Sara, erst recht nicht befreiend mit Gott, sondern *spöttisch gegen Gott*. Ihm wird kontrastiv die wahre Freude an Gott und dessen Geboten gegenübergestellt. Aus diesem Psalm spricht denn auch eine bemerkenswerte Heilsgewißheit, die sich aus einer Gottesgewißheit speist. Und diese Heilsgewißheit ist um so merkwürdiger, als sie sich mit einer Gerichtsgewißheit im Blick auf die Frevler paart: Der spöttisch lachende Frevler wird im Gericht nicht bestehen und im Abgrund enden.

Wir treffen schon hier auf einen Dualismus (Frevler, Sünder, Spötter auf der einen – die „Gemeinde der Gerechten" auf der anderen Seite), wie er gerade für viele Psalmen charakteristisch und problematisch zugleich ist. Psalm 1 schreibt ein Stereotyp des „Sünders" ein für allemal fest, das sich tief in die Seelen von Millionen von Menschen seither eingegraben hat und das zu einem Haß auf alles Sündhafte führen mußte. Insbesondere die *Identifikation von Spott und Sünde* ist hier bereits vollzogen und wird in der Geschichte auch des Christentums verheerende Folgen haben, als gäbe es keinen legitimen Spott im Interesse des Glaubens, als sei der Spötter automatisch schon der Gottfremde.

Das spöttische Lachen Gottes

Andere Psalmen sprechen hier eine noch drastischere Sprache. Deren Beter grenzen nicht nur die Gemeinde der Frommen vom „Kreis der Spötter" ab, sie nehmen sogar Gott selbst gegen die Frevler in Anspruch. Sie wissen offenbar, daß Gott ein Gott ist, der die Frevler und Spötter seinerseits verlacht. Die theologische Strategie solcher Psalmen besteht demnach darin, die spöttisch lachenden Frevler mit dem Gegenbild eines spöttisch lachenden Gottes zu übertrumpfen. Der „Teufel" soll auf diese Weise gewissermaßen mit „Beelzebub" ausgetrieben werden! Beispiel: *Psalm 37*, in dem der Sänger wie selbstverständlich die Einstellung Gottes gegenüber den Frevlern zu kennen scheint:

> „Der Frevler sinnt auf Ränke gegen den Gerechten /
> und knirscht gegen ihn mit den Zähnen.
> Der Herr verlacht ihn, / denn er sieht, daß sein Tag
> kommt.

Die Frevler zücken das Schwert / und spannen ihren Bogen;
sie wollen den Schwachen und Armen fällen / und alle hinschlachten, die den rechten Weg gehn.
Ihr Schwert dringe in ihr eigenes Herz, / und ihre Bogen sollen zerbrechen." (37,12–15)

Ähnlich *Psalm 59*, in dem ebenfalls Gott gegen die Gottlosen angerufen wird. Ja, in diesem Psalm scheut der Sänger selbst davor nicht zurück, Gott zu beschwören, „keinem treulosen Frevler gnädig" zu sein. Was im Klartext heißt: Menschen beschwören ihren Gott, den Frevlern die Gnade zu verweigern, ihnen keine Chance mehr zu geben:

„Abend für Abend kommen sie wieder, / sie kläffen wie Hunde, durchstreifen die Stadt.
Ja, sie geifern mit ihrem Maul. / Die Schwerter zwischen ihren Lippen, wer nimmt sie wahr?
Du aber, Herr, verlachst sie; du spottest über alle Völker." (59,7–9)

Der Perspektivenwechsel zur Geschichte von Sara und Abraham könnte nicht größer sein. Wir sind hier von einem befreienden Lachen des Menschen mit Gott ebenso weit entfernt wie von einem Lachen der Skepsis und der Ungläubigkeit. Wir haben es hier mit einer Theologie zu tun, die bereits eine dualistische Erlösungsvorstellung ausgebildet hat: Die Menschheit ist geschieden in die Gemeinde der Gerechten sowie in die Kreise der Frevler, Spötter und Sünder. Im Lichte dieser dualistischen Erlösungslehre wirkt das Gottesbild nicht mehr versöhnend, sondern spaltend. Die Gerechten machen Gott zum Parteigänger ihrer selbst und scheuen sich nicht, auch noch an die Grenze von Gottes Gnade zu apellieren. Gott wird so zum Bestätiger ihres gespaltenen Weltbildes funktionalisiert. Der *lachende Gott* ist in diesen Kreisen der Lachende über die jeweils anderen, deren Vernichtung das Wunschziel ist. Das Lachen Gottes hat nichts Versöhnendes und Friedenstiftendes mehr, sondern etwas Ausgrenzendes und Spaltendes. Es wird zur Waffe im Kampf der Partei der Gerechten gegen die Partei der Frevler.

Deutlich ist schon jetzt, wie rätselhaft-vieldeutig solches Lachen Gottes ist. Mit einem freudigen, beglückenden Lachen hat dieses Gottesgelächter jedenfalls nichts zu tun. Es ist Welten entfernt auch von jenem Gelächter, das Homer seinen Göttern zugeschrieben hat. Denn das „homerische Gelächter" der Götter zielte ja nicht – wie wir sahen – auf die Vernichtung von Gottlosen wie das Lachen Jahwes in den Psalmen. Das Lachen der olympischen Götter war kein angstmachendes und todbringendes Lachen, kein Kampflachen gegen irgend jemanden zugunsten einer bestimmten Partei, eines bestimmten Volkes oder Herrschers. Das Lachen der griechischen Götter galt vor allem ihresgleichen, und der Charakter ihres Lachens war der der Schadenfreude oder Frivolität. Ein unmäßiges und rücksichtsloses Lachen jenseits aller Menschenvernunft und Menschenethik, ein Lachen „jenseits von Gut und Böse".

Nicht zufällig hat deshalb *Friedrich Nietzsche* dem „olympischen Laster" in seiner Schrift „Jenseits von Gut und Böse" einen Abschnitt gewidmet: „Jenem Philosophen zum Trotz, der als echter Engländer dem Lachen bei allen denkenden Köpfen eine üble Nachrede zu schaffen suchte – ,das Lachen ist ein arges Gebreste der menschlichen Natur, welches jeder denkende Kopf zu überwinden bestrebt sein wird' (Hobbes) – würde ich mir sogar eine Rangordnung der Philosophen erlauben, je nach dem Range ihres Lachens – bis hinauf zu denen, die des *goldnen* Geläch-

107

ters fähig sind. Und gesetzt, daß auch Götter philosophieren, wozu mich mancher Schluß schon gedrängt hat –, so zweifle ich nicht, daß sie dabei auch auf eine übermenschliche und neue Weise zu lachen wissen – und auf Unkosten aller ernsten Dinge! Götter sind spottlustig: es scheint, sie können selbst bei heiligen Handlungen das Lachen nicht lassen."[18]

Ganz anders ist das Gelächter Gottes in bestimmten Psalmen des Ersten Testamentes. Deren Sänger verstehen nicht den geringsten Spaß. Ihr Gott ist zwar ebenfalls spottlustig, aber schwerlich in dem von Nietzsche genannten Sinn „jenseits von Gut und Böse", jenseits von Heilig und Unheilig. Undenkbar, daß der Gott dieser Psalmen „selbst bei heiligen Handlungen das Lachen nicht lassen" könne! Denn der Gott dieser Psalmen-Sänger ist gerade der Garant des Guten gegen das Böse, des Heiligen gegen das Unheilige. Sein Lachen ist das ausgrenzende Gelächter eines Parteigottes, dem die Frommen am liebsten noch die freie Gnade gegenüber allen Unfrommen beschneiden würden ...

5 Das abgründige Lachen Gottes

Deshalb gilt: Das Lachen Gottes, das die Sänger bestimmter Psalmen beschwören, hat nichts Befreiendes mehr. Es hat sich vielmehr mit Spott gepaart, der bis an die Grenze zum Sarkasmus reichen kann. Ähnlich wie in der Abrahams-Geschichte das Bild vom Menschen, so droht bei solchen Aussagen das Bild von Gott doppelbödig, ja unheimlich zu werden. Und in der Tat gibt es Dimensionen im Gottesbild der Hebräischen Bibel, wo diese Doppelbödigkeit und Unheimlichkeit Gottes durch sein Lachen unterstrichen wird: ein undurchschaubar-rätselhaftes Lachen.

Das Lachen als Entschädigung am Ende

Beispiel: das biblische *Buch Hiob*. Vom Lachen ist in diesem Buch im doppelten Sinn die Rede, d.h. von zwei Weisen des Lachens, die gegensätzlicher nicht sein könnten. Die eine Weise ist die der Vertröstung auf die Zukunft: *Lachen als eschatologische, endzeitliche Wirklichkeit.* Es ist Sache der Freunde Hiobs. Denn schon im fünften Kapitel hatte einer der Freunde, Elifas, Hiob mit der Auskunft zu trösten versucht: „Wohl dem Mann, den Gott zurechtweist. Die Zucht des Allmächtigen verschmähe nicht" (5,17). Dieser „Freund" will damit sagen: Gerade der Geschlagene ist der Gottesfreund! Warum? Weil Gott – allen Erfahrungen zufolge – den Gezüchtigten eines Tages entschädigen wird. Für den Leidenden ist die Gottesnähe damit gewissermaßen schon „garantiert". Dieser wird wieder lachen:

> „Denn er (Gott) verwundet, und er verbindet,
> er schlägt, doch seine Hände heilen auch.
> In sechs Drangsalen wird er dich retten,
> in sieben rührt kein Leid dich an.
> In Hungerzeiten rettet er dich vom Tod,
> im Krieg aus der Gewalt des Schwertes.
> Du bist geborgen vor der Geißel der Zunge,
> brauchst nicht zu bangen, daß Verwüstung kommt.
> Über Verwüstung und Hunger kannst du lachen,
> von wilden Tieren hast du nichts zu fürchten."
> (5,18–22)

Ein ähnlicher Gedanke folgt bei einem weiteren Freund, Bildad von Schuach:

> „Mit Lachen wird er deinen Mund füllen,
> deine Lippen mit Jubel." (8,21)

Vertröstungsrhetorik – seit Jahrtausenden in der Geschichte der Religionen variiert: das *Lachen als Entschädigung* für den gequälten Menschen, als Hoffnung für die Zukunft, als Trost in aller Verzweiflung. Auch die *Psalmen* kennen dieses Motiv:

> „Als der Herr das Los der Gefangenschaft
> Zions wendete,
> da waren wir alle wie Träumende.
> Da war unser Mund voll Lachen
> und unsere Zunge voll Jubel.
> Da sagte man unter den andern Völkern:
> ‚Der Herr hat an ihnen Großes getan.'
> Ja, Großes hat der Herr an uns getan.
> Da waren wir fröhlich.
> Wende doch, Herr, unser Geschick,
> wie du versiegte Bäche wieder füllst im Südland.
> Die mit Tränen säen,
> werden mit Jubel ernten.
> Sie gehen hin unter Tränen
> und tragen den Samen zur Aussaat.
> Sie kommen wieder mit Jubel
> und bringen ihre Garben ein." (Ps 126)

Gott lacht über die Schuldlosen: Hiobs Erfahrung

Trost in aller Verzweiflung: All dies entspricht den Erfahrungen Hiobs gerade nicht. Mit Entschädigungsrhetorik läßt sich seine Sache mit Gott nicht in Ordnung bringen. Alle gutgemeinten Versuche der Freunde in diese Richtung lehnt er ab. Warum? Weil sich Gott –

in Hiobs Sicht – viel zu sehr in Selbstwidersprüche verwickelt hat, dunkel und rätselhaft geworden ist. Hiobs Erfahrung ist ja gerade die, daß Gott Menschen offensichtlich quälen kann, ohne ersichtlichen Anlaß dafür zu haben, daß Gott Menschen mit Leiden bestrafen kann, obwohl diese bisher – wie Hiob – „untadelig und rechtschaffen" (1,8) vor Gott gelebt hatten. Was ist das also für ein Gott, der Unschuldige so um ihr Lebensglück bringt? Wird der Allmächtige damit nicht zu einem Willkürgott, vor dem der Mensch keine Chance hat, weil er mit der Größe Gottes ohnehin nicht konkurrieren kann? Und wer ist denn der Mensch, daß er gegen einen solchen Gott auftreten könnte?

> „Wie sollte denn ich ihm entgegnen, / wie meine Worte gegen ihn wählen?
> Und wär' ich im Recht, ich könnte nicht entgegnen, / um Gnade müßte ich bei meinem Richter flehen.
> Wollte ich rufen, würde er mir Antwort geben? / Ich glaube nicht, daß er auf meine Stimme hört." (9,14–16)

Das also ist die Erfahrung Hiobs: Gott hört nicht! Gott steht nicht auf Seiten des Rechts! Im Gegenteil: Auch der Gerechte entkommt ihm nicht. „Ohne Grund" nährt dieser Gott dessen „Wunden", läßt ihn „nicht zu Atem kommen", sättigt ihn „mit Bitternis" (9,17f). Zwar fühlt sich Hiob selber ganz und gar „schuldlos" (9,21). Doch was nützt ihm diese Schuldlosigkeit vor einem solchen Gott, der Schuldige wie Unschuldige offenbar gleichermaßen verfolgt:

> „Schuldlos bin ich, doch achte ich nicht auf mich, / mein Leben werfe ich hin.
> Einerlei; so sag ich es denn: / Schuldlos wie schuldig bringt er um.
> Wenn die Geißel plötzlich tötet, spottet er über der Schuldlosen Angst." (9,21–23)

Gott lacht über die Angst der Schuldlosen! Mit dieser Gotteserfahrung des Mannes aus Uz, beschrieben in Kapitel 9 des Buches Hiob, einem der kühnsten Kapitel alttestamentlicher Theologie überhaupt, wird das Gottesbild in der Hebräischen Bibel vollends unheimlich. Denn wir haben es ja bei Hiob mit einem Menschen zu tun, der sich weder als Herrscher gegen Gott erhoben, noch als Frevler gegen Gott gesündigt, der vielmehr ein Leben lang Gott gefürchtet und das Böse gemieden hat (1,8). Mit Hiob steht ein Mensch vor uns, der sich keiner Schuld bewußt ist und doch die Geißelschläge Gottes auf einmal am eigenen Leibe spürte, Geißelschläge, die er als Ausdruck des Lachens Gottes über seine eigene Angst, die Angst des Schuldlosen, interpretieren muß. Gott scheint es Spaß zu machen, den Schuldlosen in seiner Angst auch noch zu quälen. Keine Frage: In einem solchen Lachen Gottes droht alles Vertrauen auf Gott verloren zu gehen; Gott wird rätselhaft-abgründig, willkürlich-unheimlich.

Kein Wunder auch, daß die theologischen Endredaktoren des Hiob-Buches alles getan haben, um diese Gotteserfahrung von Kapitel 9 theologisch aufzufangen. Ja, man kann – etwas zugespitzt – sagen, daß die theologische Gesamttendenz des Hiob-Buches ein einziger Versuch ist, diese Gotteserfahrung zu widerlegen. Das gesamte Hiob-Buch scheint gegen Kapitel 9 geschrieben. Denn „Hiob" hat in seiner uns jetzt vorliegenden Endgestalt seine theologische Pointe gerade darin, daß Gott letztlich doch nicht der rätselhafte Willkürgott ist, wie er Hiob zunächst erschien. Gegen Ende steht die Doppelerkenntnis:

(1) Gewiß: Die Schöpfung ist für den Menschen in ihrem Sinn- und Ordnungsgefüge oft nicht durchschaubar – darin hatte Hiob recht. Deshalb gilt: „Den All-

mächtigen ergründen wir nicht" (37,23). Doch zugleich gilt:

(2) Diese Erkenntnis ist kein Grund, auf die totale Sinn- und Ordnungslosigkeit der Welt oder gar auf die Willkürlichkeit Gottes zu schließen. Gott ist gerade kein zynischer Spieler „im Himmel", der sich sogar über die Angst unschuldiger Menschen lustig machte. Gott frevelt nicht am Menschen. Er ist trotz allem „reich an Gerechtigkeit; Recht beugt er nicht" (37,23).[19]

So steht am Ende des Hiob-Buches ganz bewußt nicht der sich von Gott verlacht glaubende, sondern der von Gott ins Recht gesetzte Mensch. Die Grundtendenz des „Hiob" zielt also darauf, die durch abgründige Erfahrungen zerstörte Vertrauensbeziehung zwischen Gott und Mensch wiederherzustellen – trotz aller Restfragen, die dem Menschen noch bleiben mögen. Doch seit Menschen das Hiob-Buch kritisch lesen, zweifeln sie an dieser theologischen Auskunft durch die Endredaktoren dieses Buches. Die Gotteserfahrung von Kapitel 9 ist für viele Menschen zwar relativiert, widerlegt aber nicht.[20]

Lachen als Sünde: Biblische Weisheit

Was immer zum Phänomen des Lachens im Ersten Testament bisher zu sagen war: Eine Abwertung, gar Verteufelung des Lachens haben wir in den bisherigen Texten nicht kennengelernt, so sehr eine Texttradition die nicht unproblematische Gleichsetzung von Spott und Sünde erkennen ließ. Erst in den späten Schriften des Ersten Testamentes, in den Schriften der sogenannten *Weisheitsliteratur*, in „Kohelet", in „Jesus Sirach", im „Buch der Sprüche" und im „Buch der Weisheit", kommt es zu dem, was schon der greise und blinde

Mönch in Ecos Rosen-Roman fanatisch zu betreiben suchte: zu einer ausgesprochenen *Denunziation des menschlichen Lachens*. Und das mittelalterliche Mönchtum hatte sich denn auch – wie wir hörten – vor allem auf Stellen aus solchen Schriften berufen, wenn es den „Unwert" des Lachens herausstellen wollte.

Was hier in der Weisheitsliteratur über das Lachen gesagt wird, geht über die pessimistische Grundhaltung eines *Kohelet* weit hinaus, für den das Weinen ebenso „seine Zeit" hatte wie das Lachen (3, 4) und der sich vor lauter Weltmüdigkeit und Sinnpessimismus zu dem Satz verstieg: „Über das Lachen sagte ich: Wie verblendet!" (2, 2; vgl. auch Sprüche 14, 13). In den Erziehungs- und Mahnschriften aus den Weisheitsschulen des alten Palästina wird vielmehr ganz konkret dem Idealbild des Weisen das *Schreckbild des Toren* entgegengehalten. Was aber charakterisiert den Toren? Unter anderem die Tatsache, daß er lacht. Sein *Lachen* ist *Zeichen seiner Leichtfertigkeit* und Unbedachtheit:

> „Das Herz des Toren ist wie eine geborstene Zisterne: / Es hält keine Weisheit fest.
> Hört der Verständige ein weises Wort, / lobt er es und fügt andere hinzu.
> Hört es der Leichtfertige, lacht er darüber, / er wirft es weit hinter sich." (Sirach 21, 14 f)

Mehr noch: Das Lachen des Toren ist für die Weisheitslehrer Palästinas nicht nur Ausdruck seiner Leichtfertigkeit und Unbedachtheit, sondern auch Ausdruck seiner *sündhaften Lust*:

> „Im Kreis von Toren schau auf die Zeit, / im Kreis von Verständigen aber verweile!
> Die Rede der Toren ist abscheulich, / ihr Lachen schwelgt in sündhafter Lust." (Sirach 27, 12 f)

114

Nein, von Menschen wie Abraham und Sara, die über Gott lachen konnten, ohne daß Gott sich frevelhaft herausgefordert fühlte, ist hier nun nicht mehr die Rede. Im Gegenteil. Das Motiv des *Lachens Gottes über die Frevler*, das wir in den Psalmen schon beschrieben haben, ist gerade in der Weisheitsliteratur dominant. Auch hier ist es Gott selbst, der über die Frevler lacht und sie damit ihrer völligen Vernichtung anheimgibt. Auch hier ist das *Lachen Gottes* letztlich ein *gewalttätiges Vernichtungslachen*. Den Frevlern soll ihr Lachen gewissermaßen im Halse steckenbleiben, übertönt durch das Lachen Gottes, der sie in den Abgrund stürzt:

> „Die Frevler sehen das Ende des Weisen, / verstehen aber nicht, was der Herr mit ihm wollte / und warum er ihn in Sicherheit brachte.
>
> Sie sehen es und gehen darüber hinweg; / doch der Herr lacht über sie.
>
> Dann werden sie verachtete Leichen sein, / ewiger Spott bei den Toten.
>
> Sie werden verstummen, wenn er sie kopfüber hinabstürzt / und aus ihren Grundfesten reißt.
>
> Sie werden völlig vernichtet und erleiden Qualen; / die Erinnerung an sie verschwindet."　(Weisheit 4, 17–19)

In summa: Wir haben es im Ersten Testament mit einer breiten Palette vieldeutigen Lachens zu tun – ein Lachen der Menschen und ein Lachen Gottes.

Was den *Menschen* betrifft:

* da ist das *skeptische, ungläubige Lachen* des Menschen über Gott, das sich in ein *befreiendes, freudiges Lachen* mit Gott verwandeln kann;

* und da ist das *unbedachte, ja sündhafte Lachen* des Toren, das ausgemerzt werden soll, indem dem lachenden Tor die Ernsthaftigkeit des Weisen entgegengestellt wird.

Was *Gott* betrifft:

* da ist das *freudige, befreiende Lachen* Gottes mit den Zweiflern und Skeptikern;
* da ist das *überlegen-spöttische Lachen* Gottes, der die nichtisraelitischen Herrscher sowie alle Frevler und Sünder in die Schranken weist und auf diese Weise ausgrenzend und spaltend wirkt;
* und da ist das *unheimliche, rätselhafte, abgründige Lachen* Gottes über unschuldige Menschen, das in seiner offensichtlichen Willkür vertrauenszerstörend ist.

Das Lachen des Christen – neutestamentliche Grundlagen

1 Das Lachen des Gnostikers

Wir fragen weiter: Was ist von all diesen Motiven ins Neue, d. h. ins Zweite Testament eingewandert? Hatte Johannes Chrysostomos nicht recht mit seiner Beobachtung: Christus hat nie gelacht?

Christus lacht über Jesus am Kreuz

Was aber ist dann mit folgender Szene? In der Woche vor Ostern empfängt Petrus im Tempel zu Jerusalem von Jesus die notwendigen Enthüllungen über das Leiden und Sterben des Meisters. Er soll verstehen und so den Tod des Christus besser bewältigen lernen. Richtige Einsicht soll Stärkung und Tröstung vermitteln. Christus klagt dabei über den Irrtum und die Blindheit, denen die Menschen verfallen seien, und beschwört die Notwendigkeit der wahren Erkenntnis. Und plötzlich sieht Petrus in einer Vision die Szene von der Gefangennahme und Kreuzigung Jesu und fragt:

„Was sehe ich, Herr: Bist Du es, nach dem sie greifen, und bin ich es, nach dem Du greifst? Oder wer ist der, der neben dem Holz (stehend) heiter ist und lacht? Und einem anderen schlagen sie auf die Füße und auf die Hände!

Der Erlöser sagte zu mir:

Der, den Du neben dem Holz (stehend) heiter sein und lachen siehst, das ist der lebendige Jesus. Der aber, in dessen Hände und Füße sie die Nägel schlagen, das ist sein fleischliches (Abbild), nämlich das ,Lösegeld', welches (allein) sie zuschanden machen (können). Das ist nach seinem Bild entstanden. Sieh ihn und mich doch (genau) an!

Als ich aber (genug) gesehen hatte, sagte ich: Herr, niemand sieht Dich, laß uns von hier fliehen!

Er aber sagte zu mir: Ich habe Dir gesagt, daß sie blind (sind). Laß sie gewähren! Du aber sieh doch, wie wenig sie wissen, was sie reden."[1]

Welch eine Szene: Der lebendige Christus, der auferstandene Erlöser, steht neben dem ihm zugedachten Kreuz und sieht mit an, wie ein anderer Mensch an seiner Stelle ans Holz geschlagen wird. Er lacht, und sein Lachen ist offensichtlich um so begründeter, als die Henker nicht wissen, daß sich der wahre Christus längst von seinem irdischen Leib getrennt hat und sie nur ein leibliches Abbild ans Kreuz schlagen: einen Schein-Jesus. Die Henker gehören ja zu den Ahnungslosen, Unwissenden. Der Erlöser allein verkörpert das wahre Wissen. Und wahres Wissen heißt mit einem griechischen Wort: Gnosis!

Namen und Schauplätze der geschilderte Szene klingen wie dem Neuen Testament entnommen, und zugleich ist dieser meilenweit vom Neuen Testament entfernt. Ein Christus, der nach seiner Entrückung in den Himmel lachend mit ansehen könnte, wie jemand anderer an seiner Stelle blutig ans Kreuz geschlagen würde? Ein Christus, der sich ob der Blindheit und Torheit der Menschen gelassen amüsieren, eine billige Täuschung inszenieren könnte? Undenkbar für das Neue Testament. Ein solcher Text setzt denn auch ein bestimmtes Gottes- und Erlöserbild voraus: eben das der Gnosis, einer spätantiken religiösen Bewegung, die zur größten geistigen Konkurrentin für das frühe Christentum ab dem 2. Jahrhundert werden sollte.[2] Und die geschilderte Szene stammt denn auch aus der „Apokalypse des Petrus", die um die Wende vom 2. zum 3. Jahrhundert n. Chr. in gnostischen Kreisen entstanden sein dürfte. Durch den Fund einer gnostischen Bibliothek in der mittelägyptischen Stadt Nag Hammadi sind wir über die Gnosis mittlerweile aus erster und nicht nur wie bisher aus zweiter Hand (Zitate aus antignostischen Schriften der Kirchenväter) informiert.

Der lachende Erlöser

Aber auch schon die Kirchenväter hatten uns präzise darüber berichtet, daß die Gnostiker ein bestimmtes Christusbild besaßen – so z. B. der Ketzerbekämpfer *Irenäus von Lyon*. Und dieses Bild stand ganz im Zeichen des Erlösers Christus, einer himmlischen Figur, die von Gott auf die Erde herabgesandt worden war. Der Göttlichkeit dieses Erlösers widersprach es nun, einen ganz und gar menschlichen Tod zu sterben. Dieser Christus mußte vorher von der Erde in die himmlische Glorie entrückt werden; ein Stellvertreter mußte an seiner Stelle den schändlichen Tod erleiden. Schon Irenäus also hatte die gnostische Lehre von der Leidenslosigkeit des Erlösers so zusammengefaßt:

„Wie aber der ungezeugte und unnennbare Vater ihre (der Menschen) Verderbtheit sah, sandte er seinen eingeborenen Nous, der Christus genannt wird, um die, welche an ihn glauben würden, von der Herrschaft jener zu befreien, die die Welt gemacht haben. Er erschien auch ihren Völkern auf Erden als Mensch und vollendete die Kräfte. Aber er hat nicht gelitten, sondern ein gewisser Simon von Cyrene, den man zwang, für ihn das Kreuz zu tragen. Dieser wurde irrtümlich und unwissentlich gekreuzigt, nachdem er von ihm verwandelt war, so daß er für Jesus gehalten wurde. Jesus aber nahm die Gestalt des Simon an und lachte sie aus, indem er dabei stand."[3]

Irenäus hatte damit einen für zahlreiche christliche Gnostiker in der Tat entscheidenden Punkt getroffen: Christus kann das Menschsein nicht mit allen Konsequenzen durchlebt haben, sonst wäre er nicht der göttliche Erlöser. Texte aus der Nag-Hammadi-Bibliothek bestätigen diesen Gedanken, wobei auch hier die Figur des Simon von Cyrene die entscheidende Ersatz-Rolle spielt. So wird im Traktat *„Zweite Lehre des großen Seth"* Christus die Aussage in den Mund gelegt:

„Mein Tod, von dem sie nur dachten, daß er passiert sei, passierte ihnen in ihrem Irrtum und ihrer Blindheit, da sie ihren Mann ans Kreuz nagelten bis zu ihrem Tod. Denn ihre Einsicht (Ennoias) hat mich nicht erkannt, denn sie waren taub und blind. Aber indem sie diese Dinge taten, verurteilten sie sich selbst. Ja, sie erkannten mich; sie bestraften mich. Es war aber ein anderer, ihr Vater, der die Galle und den Weinessig trank; es war nicht ich. Sie schlugen mich mit dem Schilfrohr; es war aber ein anderer, Simon, der das Kreuz auf seiner Schulter trug. Es war ein anderer, dem sie die Dornenkrone auf den Kopf gesetzt haben. Ich aber freute mich in der Höhe ... ich lachte über ihre Ignoranz."[4]

Die Gnosis kennt also den *lachenden Erlöser*, den „laughing saviour"[5], ganz anders als das Neue Testa-

120

ment. Wir haben es dabei mit einer paradoxen Fronten-
vertauschung zu tun. Denn dem Lachen des gnostischen Erlösers wohnt ja die grundsätzliche Möglichkeit inne, den Erlöser zu vermenschlichen. Auffällig ist
aber: Sein Lachen macht den gnostischen Erlöser gerade nicht menschlicher. Er bleibt – trotz seines Lachens – der himmlisch Überlegene, göttlich Erhabene,
der eben nicht die volle Tiefe des Menschseins (einschließlich des Leidens) ausschöpfen darf. Das Lachen
des gnostischen Erlösers ist denn auch strenggenom-
men kein Lachen eines Menschen, sondern das Lachen
eines Erhöhten, eines Himmlischen, ein Lachen der
göttlichen Überlegenheit und des Spottes, das in der
Traditionslinie steht, wie wir sie aus Psalm 2 und
Psalm 59 kennen. Das Lachen des gnostischen Erlösers
ist dem Lachen Gottes vergleichbar, der seiner Feinde
spottet. Sein Lachen vermenschlicht den Erlöser also
nicht, sondern verstärkt seinen „doketischen" Charakter (Scheinleib), der es verhindert, daß der Erlöser als
Mensch das Menschsein wirklich bis in alle Konsequenzen hinein teilen darf.

Hier ist der Jesus Christus des Neuen Testamentes
ganz anders. Und die Frage drängt sich nun förmlich
auf: Wie verhält es sich mit dem geschichtlichen Jesus
selber? Anders als die Gnostiker lassen ja die Autoren
des Neuen Testamentes keinen Zweifel daran, daß Jesus von Nazaret im Vollsinn des Wortes Mensch war.
Vere homo! Und doch ist ausgerechnet ein Lachen vom
Jesus des Neuen Testamentes nicht bezeugt. Johannes
Chrysostomos hatte zumindest statistisch gesehen
recht! Was also? Wir tun gut daran, uns zunächst der
Gestalt des geschichtlichen Jesus zuzuwenden, um
dann vom Glauben an Jesus als dem Christus her (wie
Paulus ihn verkündete) zur theologischen Grundlegung
einer christlichen Theologie des Lachens vorzustoßen.

2 Neue Schöpfung – Neue Zeit

Es bedarf keiner langen Begründung: Nach allem, was wir aus den Evangelien entnehmen können, ist der Satz „Christus hat nie gelacht" zwar statistisch korrekt, aber jede weitere theologische Schlußfolgerung daraus ist eine ebenso abwegige Fehldeutung der Gestalt des geschichtlichen Jesus wie der andere Satz von einem Jesus, der lachend mit ansieht, wie ein anderer Mensch an seiner Stelle gekreuzigt wird.

Man muß dafür keine exegetischen Klimmzüge machen und krampfhaft nachzuweisen versuchen, daß selbst Jesus zu Scherzen aufgelegt, daß manches seiner Worte „witzig" gewesen sei, daß auch Jesus über Ironie und Humor verfügt habe. Das klingt oft genug nach verkrampfter christlicher Apologetik und theologischer Trittbrettfahrerei nach der Devise: Unser Jesus auch! Dabei hat man oft genug in die Texte hineingelegt, was man – zur Verblüffung einer staunenden Leserschaft – später wieder herausholte.[6] Und was besagt es schon, wenn man mit viel exegetischem Scharfsinn den spaßigen Charakter einiger Jesus-Sprüche herausgefunden hätte, das Komische einiger seiner Wunder: Die Schafherde ist verhext; der Krüppel läuft wieder herum; Wasser verwandelt sich in Wein, der noch besser ist als zuvor ...? Das Umgekehrte freilich ist ebenso unbefriedigend. Denn dann müßte man – unter Anwendung einer „Hermeneutik des Verdachts" – den Evangelisten unterstellen, sie hätten aus Vorurteilen gegen das Lachen, aus moralischen oder politischen Gründen ein Lachen Jesu bewußt unterschlagen, tendenziös ausgemerzt. Vielleicht. Aber Beweise gibt es dafür nirgendwo.

Weiter kommt man – so denke ich – mit einem Blick für die „Gestalt" des Nazareners als ganze, für das Profil seiner Botschaft, das Eigentümliche seines Verhaltens. Man muß ihn schon von seinem geheimnisvollen, letztlich unauslotbaren „Wesen" her zu begreifen suchen, um auch für unsere Frage verantwortliche Aussagen machen zu können. Und das Wesentliche scheint mir dies: Im Neuen Testament wird uns zwar kein „lachender Erlöser" im Sinne der Gnosis geschildert, aber erst recht auch kein Jesus, der ein Denunziant von Lachen und Freude gewesen wäre. Die Evangelien durchzieht vielmehr der *Wärmestrom einer von Jesus ausgehenden Freude* über die Schöpfung und den Menschen.

Schon die *Geburtsgeschichten*, insbesondere die des Lukas, sprechen hier eine deutliche Sprache. Denn gerade der *Evangelist Lukas* legt mehr als andere nicht nur allen Wert darauf, daß mit dem Erscheinen Jesu eine *messianische Zeitenwende* angebrochen ist. Lukas deutet diese Zeitenwende vielmehr auffälligerweise als eine *Zeit der Freude*. Und eine Zeit der Freude ohne Lachen verdiente diesen Namen nicht. Auffällig: Schon in den ersten beiden Kapiteln seines Evangeliums fällt als Charakteristikum für den messianischen Neuanfang das Wort „große Freude". Denn schon Elisabeth, der Mutter des Vorläufers Jesu, der Mutter Johannes des Täufers also, wird durch einen Engel angekündigt: „Große Freude wird dich erfüllen, und auch viele andere werden sich über seine Geburt freuen" (1,14). Und damit nicht genug: Als Elisabeth der Mutter Jesu begegnet, empfindet sie über ihr Kind: „In dem Augenblick, als ich deinen Gruß hörte, hüpfte das Kind vor Freude in meinem Leib" (1,44). Es ist die Vor-Freude des Vor-Läufers.

Diese in der Gestalt des Vorläufers angebrochene Freude verstärkt sich selbstverständlich mit der *Geburt des Messias* selber. Lukas legt deshalb Maria gleich im Anschluß an die Begegnung mit Elisabeth – ganz und gar symbolisch in Aufnahme und Überbietung – einen *Jubelgesang* in den Mund: „Meine Seele preist die Größe des Herrn,/und mein Geist jubelt über Gott meinen Retter./Denn auf die Niedrigkeit seiner Magd hat er geschaut./Siehe, von nun an preisen mich selig alle Geschlechter" (1, 46–48). Im apokryphen Kindheitsevangelium des Jakobus ist dieses Motiv noch verstärkt, wird doch hier die noch schwangere Maria als weinende, aber auch als *lachende Mutter* geschildert. Unter Anspielung auf die Polarisierung, die mit dem Auftreten des Messias unter den Völkern geschehen wird (vgl. Genesis 25, 23; Lukas 2, 34), berichtet dieses Evangelium von Josef und Maria:

> „Da wandte Josef sich um und sah sie traurig und sprach bei sich selbst: ,Vielleicht bedrängt sie das, was in ihr ist.' Und wiederum wandte Josef sich um und sah sie lachen. Und er sprach zu ihr: ,Maria, was ist das mit dir, daß ich dein Angesicht bald lachend, bald traurig sehe?' Und sie sprach zu ihm: ,Josef, ich sehe zwei Völker mit meinen Augen, ein weinendes und klagendes und ein fröhliches und jauchzendes.' Und sie kamen halbwegs, und Maria sprach zu ihm: ,Josef, hebe mich vom Esel herab, denn das Kind in mir bedrängt mich und will herauskommen.'"[7]

Messianischer Jubel – messianische Freude: Davon ist auch im Evangelium des Lukas die Rede. Dabei beschreibt der Evangelist die Geburt des neuen Retters nicht nur als ein privates, sondern vor allem als ein kosmisches Ereignis, treten doch in Betlehem plötzlich Engel auf und verkünden den Hirten eine „große Freude". Diese sollen ihre Freude nicht für sich behalten, sondern dem „ganzen Volke" mitteilen (2,10). Und was ist mit dieser Freude anderes gemeint als die mit Jesus angebrochene messianische Zeit, eine Zeit des „Reiches Gottes", das mit Jesu Erscheinen als Kontrast-wirklichkeit in die Welt traditioneller Frömmigkeit und Religion einbricht.

Lachen aus Lust am Leben: ein mythischer Topos

Lukas hat damit – ob bewußt oder unbewußt – einen mythisch-poetischen Topos variiert. Denn im Mythos und in der Poesie ist die Zeit der Erneuerung, der Fruchtbarkeit, der Geburt und Wiedergeburt zugleich eine Zeit des Lachens. So ist in der berühmten *4. Ekloge* des römischen Dichters *Vergil* (70–19 v. Chr.) – ein Jahrhundert vor Lukas – von einem Gotteskind die Rede, dessen Geburt ebenfalls ein neues Zeitalter ankündigt. Und dieses Neugeborene lacht und verrät gerade dadurch „seine übernatürliche Abstammung: es ist aus Helios', des lachenden (Sonnen-)Gottes Ge-schlecht".[8] Dieser Sprachgebrauch hat sich bis heute gehalten, wenn wir von der „lachenden Sonne" spre-chen. Er verweist auf mythischen Ursprung und verbin-det mit der Sonne neues Leben, neue Schöpfung, neue Zeit.

Lachen und neues Leben: Wir kennen diesen Zusam-menhang wiederum aus apokryphen Schriften der frühen Christenheit. Denn hier wird nicht nur von einer lachenden Mutter erzählt, hier wird auch vom neugeborenen Jesus berichtet, er habe nicht nur wie an-dere Kinder geweint, sondern auch „gelacht", und zwar „mit dem lieblichsten Lächeln".[9] Ein Gedanke, der dann Eingang in eines der berühmtesten Weihnachtslie-der des deutschsprachigen Raums gefunden hat:

„Stille Nacht, heilige Nacht!
Gottes Sohn, o wie *lacht*
Lieb aus deinem göttlichen Mund,
da uns schlägt die rettende Stund,
Christ in deiner Geburt!"

Lachen und Gebären: Wir kennen diesen Zusammenhang auch vom persischen Religionsstifter *Zoroaster*, von dem berichtet wird, er sei der einzige Mensch gewesen, der am Tag seiner Geburt gelacht habe. Denn die Sonne steht im Zentrum des zoroastrischen Kultes und bedeutet auch hier: Ende der Dunkelheit, Neuanfang, Neuschöpfung. Wir kennen ihn auch aus *griechisch-ägyptischen Quellen*, wo es in einem Schöpfungstraktat heißt: „Siebenmal lachte Gott, und auf sein Lachen wurden die sieben weltumfassenden Götter geboren ... Beim siebten Male lachte er Freudentränen, und geboren wurde Psyche".[10] Und ebenfalls aus Ägypten stammt ein großer Nilhymnus, wo vom Lachen die Rede ist, wenn nach Zeiten voller Entbehrung und Hunger die Nilüberschwemmung wieder in der richtigen Höhe auftritt: „Wenn der Nil steigt, dann ist das Land in Jubel, dann ist jedermann in Freude. Jeder Kiefer bricht in Lachen aus, jeder Zahn ist entblößt."[11]

Parallelen dazu gibt es auch in *Märchen und Volksliedern*: Lachen als Ausdruck der Fruchtbarkeit, der Fülle des Lebens, des Widerstandes gegen den Tod. Der Tübinger Germanist Walter Haug hat darauf aufmerksam gemacht und den Befund zusammengetragen: „Im Märchen muß man die traurige Prinzessin zum Lachen bringen, wenn man sie gewinnen will, d.h. wenn die Hochzeit zustande kommen soll. Es gibt mythische Entsprechungen: Der Regengott muß zum Lachen gebracht werden, damit er sein Wasser fahren läßt; Lachen und Regen, d.h. Fruchtbarkeit, gehören zusammen. Das ist auch der Sinn des rituellen Lachens im orientalischen Kultdrama. Es gibt Heilbringer, bei deren Lachen die Erde zu blühen beginnt oder die Rosen lachen usw. Das Lachen aus der Fülle des Lebens heraus kann zugleich verstanden werden als Lachen gegen alles Lebenswidrige ... z.B. Volkslieder aus Serbien: die Mutter erweckt ihren verstorbenen Sohn durch Lachen wieder zum Leben; oder der Vater schlachtet auf göttlichen Befehl sein Kind, da kommt Jesus und lacht mit aller Kraft, und so wird es wieder lebendig. Oder Brauchtümliches: Eltern lachen, wenn ein Kind stirbt, um die übrigen vor dem Tod zu schützen".[12]

3 Der Wärmestrom jesuanischer Freude

Der Wärmestrom messianischer Freude hält sich in Jesu Leben durch, als er beginnt, in der Öffentlichkeit zu reden und seine Zeichen zu setzen. Lukas dürfte auch hier Jesus richtig verstanden haben, als er ihm – wiederum ganz und gar symbolisch – zu *Beginn seines öffentlichen Wirkens* ein Wort aus dem Buch Jesaja in den Mund legt. Schauplatz: die Synagoge von Jesu Heimatstadt Nazaret:

> „Der Geist des Herrn ruht auf mir;
> denn der Herr hat mich gesalbt.
> Er hat mich gesandt,
> damit ich den Armen eine gute Nachricht bringe;
> damit ich den Gefangenen die Entlassung verkünde
> und den Blinden das Augenlicht;
> damit ich die Zerschlagenen in Freiheit setze
> und ein Gnadenjahr des Herrn ausrufe."   (4,18f)

Die Pointe dieser Symbolszene dürfte für jeden Kenner der Schrift offenkundig sein: Mit Jesu Person hat sich die hier noch einmal beschworene Vision des Propheten Jesaja von einem „Gesalbten Gottes" erfüllt. Mit dem Auftreten dieses Gesalbten bricht ein „Gnadenjahr" des Herrn an, und alle, die ihren Jesaja kannten, wissen, daß dieses Wort des Jesaja weitergeht:

> „Er hat mich gesandt …
> damit ich alle Trauernden tröste,
> die Trauernden Zions erfreue,
> ihnen Schmuck bringe anstelle von Schmutz,
> Freudenöl statt Trauergewand,
> Jubel statt der Verzweiflung." (61, 2 f)

Freude und Jubel also sind es, die Jesu Auftreten begleiten. Messianischer Enthusiasmus bricht aus. Seinen Höhepunkt erreicht dieser beim *Einzug Jesu in Jerusalem*, der von Lukas so konzipiert ist, daß er die Engelverkündigung vor den Hirten Betlehems wieder aufnimmt und nun als „erfüllt" schildert: „Als er an die Stelle kam, wo der Weg vom Ölberg hinabführt, begannen alle Jünger freudig und mit lauter Stimme Gott zu loben wegen all der Wundertaten, die sie erlebt hatten. Sie riefen: Gesegnet sei der König, der kommt im Namen des Herrn. Im Himmel Friede und Herrlichkeit in der Höhe!" (19, 37 f).

Gewiß: Derselbe Lukas legt im Rahmen seiner „Feldpredigt" Jesus eine weisheitlich geprägte *Warnung vor dem Lachen* in den Mund: „Weh euch, die ihr jetzt lacht; denn ihr werdet klagen und weinen" (6, 25). Und warum sollte dieser Satz nicht authentisch sein? Warum sollte Jesus nicht ein oberflächliches Lachen kritisiert haben, das sich über die Gefährdung des

Lebens Selbsttäuschungen hingab? Daraus aber einen humorlosen Lebensernst Jesu zu folgern, wie Kirchenväter und Mönche dies taten, ist verfehlt. Denn derselbe Jesus stellt in derselben Predigt all denen, die weinen, das Lachen in Aussicht: „Selig, die ihr jetzt weint, denn ihr werdet lachen" (6,21). Und kein Grund liegt vor, dieses Lachen rein auf den Jüngsten Tag zu verschieben, wenn man Jesus und seine Grundeinstellung zum Leben richtig verstanden hat.

Im Gegenteil: Von der Person des Nazareners ging offenbar eine Kraft aus, die fähig machte, die Herzen der Menschen zu verwandeln und die Angst von ihnen zu nehmen (Lukas 19,37; 24,41). Wieder haben die apokryphen Schriften hier weniger Hemmungen, von Jesus als dem lachenden zu reden. In der „Kindheitserzählung des Thomas" etwa wird von Jesus berichtet, er habe als Knabe bereits einen alten Lehrer namens Zachäus übertrumpft, so daß dieser schließlich in Verzweiflung geraten sei. Darauf heißt es:

> „Als nun die Juden den Zachäus trösten wollten, da lachte der Knabe laut und sagte: ,Jetzt soll das Deine Frucht tragen, und die Herzensblinden sollen sehen. Ich bin von oben her da, damit ich sie verfluche und nach oben rufe, wie mir der aufgetragen hat, der mich um euretwillen gesandt hat.' Und als der Knabe mit seiner Rede aufgehört hatte, wurden sofort alle geheilt, die unter seinen Fluch gefallen waren."[13]

Das alles will sagen: Jesu Auftreten, Jesu Botschaft, Jesu Wirken – und das Lachen: Sie gehören zusammen. Ein Lachen der Freude, ein Lachen der Heilung, ein Lachen der Umwandlung der Herzen, ein Lachen wider die kosmische und psychische Dunkelheit. Absurd ist von daher jede moralische Denunziation des Lachens mit Verweis auf ein angebliches Vorbild Christi. Denn er, der in Wandergemeinschaft mit seinen Anhängern durch die Lande gezogen war, ungezählte Tischgemeinschaften mit ihnen gehalten, Sünder und Ausgestoßene in diese Tischgemeinschaften einbezogen hat, an Festen und Gastmählern teilnahm, ihm sollte das Lachen fremd gewesen sein? Er, von dem seine Gegner behaupteten, er sei ein „Fresser und Säufer" gewesen, ein „Freund der Zöllner und Sünder" (Lukas 7,34), er sollte ausgerechnet das Lachen verpönt haben? Undenkbar. Charakteristisch für Jesus ist vielmehr die Veranschaulichung des Reiches Gottes mit Bildern wie *Hochzeit und Gastmahl* und ein Bewußtsein, daß dieses Reich mit seinem eigenen Auftreten angebrochen ist. Alle, die in der Nachfolge Christi stehen, können sich als Gäste eines Hochzeitsfestes fühlen: „Die Pharisäer und Schriftgelehrten sagten zu ihm: Die Jünger des Johannes fasten und beten viel, ebenso die Jünger der Pharisäer; deine Jünger aber essen und trinken. Jesus erwiderte ihnen: Könnt ihr denn die Hochzeitsgäste fasten lassen, solange der Bräutigam bei ihnen ist?" (Lukas 5,33f).

Die Freude Gottes gerade über die Sünder

Der tiefste Grund dieser Freude Jesu aber dürfte seine Gotteserfahrung gewesen sein. Denn der Gott, von dem Jesus in seinen Gleichnissen erzählt, ist kein vieldeutig lachender Gott, kein Gott, dessen Lachen über die Herrscher, Frevler oder gar unschuldige Menschen spöttisch und unheimlich sein würde. Kein Gott, dessen Lachen spaltet, ausgrenzt und verurteilt. Im Gegenteil: Jesu Bild von Gott entbehrt auffälligerweise dieser abgründigen oder polarisierenden Züge. Jesu Freude an Menschen (gerade auch an Kindern) ist vielmehr gegründet

130

* in seiner *eigenen Gottesfreude*, von der der Evangelist Lukas berichtet, als er Jesus in einem Augenblick enthusiastischer Begeisterung „voll Freude"
ausrufen läßt: „Ich preise dich Vater, Herr des Him-
mels und der Erde" (10, 21);
* in der *Freude Gottes* selber, gerade über die Sünder,
die Verlorenen und die Schuldig-Gewordenen. Nach
dem Gleichnis vom verlorenen Schaf herrscht im
Himmel mehr „Freude" über einen einzigen Sünder,
der umkehrt, als über neunundneunzig Gerechte, die
es nicht nötig haben umzukehren (Lukas 15, 7). Dasselbe gilt gemäß dem Gleichnis von der verlorenen
Drachme (Lukas 15, 8–10). Und nach dem Gleichnis
vom verlorenen Sohn ist Gott wie ein Vater, der nach
der unerwarteten Rückkehr des Sohnes ein „fröhli-
ches Fest" (Lukas 15, 24) zu feiern beginnt. Nein, ein
Gott, der die Menschen verlachte, die Frevler verspottete, die Sünder ausgrenzte, das ist nicht der
Gott Jesu. Statt eines vieldeutigen Gottesgelächters
kennt das Neue Testament die Freude Gottes, eine
Freude, die sich nicht notwendigerweise im Lachen
ausdrücken muß, der das Lachen aber nicht fremd
ist. Eu-angelion, Frohbotschaft, heißt deshalb nicht
zufällig die Basisformel für Jesu Sache, nicht Dys-an-
gelion, Drohbotschaft.

Wir bekommen hier ein kleines Stück jenes Geheim-
nisses zu Gesicht, das den Nazarener bis heute umgibt:
das *Geheimnis seiner inneren Freiheit*, die mit seiner
Gotteserfahrung engstens verbunden ist und ihn fähig
machte, sich über religiöse Tabus, gesellschaftliche
Konventionen, traditonelle Rituale im Einzelfall hin-
wegzusetzen. Diese seine innere Freiheit von allem
Zwanghaften, Verkrampften, Vergesetzlichten in der
Religion (nicht zu verwechseln mit einem pauschalen

Antinomismus, gar einer Anti-Tora-Einstellung) fand seine Entsprechung in dem, was Jesus das „Reich Gottes" nannte: eine Wirklichkeit, die nach anderen Gesetzen funktionierte und nach anderen Kriterien strukturiert wurde, als das traditionelle religiöse System dies zuließ. Eine Wirklichkeit, die ihn freimachte, in der Welt zu leben, ohne sich an sie zu verkaufen, in der Welt zu sein und doch seinen Schwerpunkt woanders zu haben.

Es gibt von daher eine spezifische jesuanische Form der *Sorglosigkeit*, die so ganz kontrastiert mit jeglicher Versorgungsmentalität und Versicherungssucht, an die wir uns gewöhnt haben:

> „Sorgt euch nicht um euer Leben und darum, daß ihr etwas zu essen habt, noch um euren Leib und darum, daß ihr etwas anzuziehen habt. Ist nicht das Leben wichtiger als die Nahrung und der Leib wichtiger als die Kleidung? Seht euch die Vögel des Himmels an: Sie sähen nicht, sie ernten nicht und sammeln keine Vorräte in Scheunen; euer himmlischer Vater ernährt sie. Seid ihr nicht viel mehr wert als sie?"
>
> (Matthäus 6,25f)

Der Philosoph *Peter Sloterdijk* hat in seiner „Kritik der zynischen Vernunft" (1983) auf eine aufschlußreiche Parallele zwischen dem griechischen Kyniker Diogenes aus Sinope und Jesus von Nazaret hingewiesen. Denn gerade Diogenes, der Mann, der freiwillig in einer Tonne lebte, verkörpere für die Griechen das Ideal innerer Freiheit und fröhlicher Gelassenheit bei äußerster Genügsamkeit. Berühmt deshalb die Geschichte, als der Weltherrscher Alexander der Große Diogenes bei seiner Tonne aufsucht und diesem „einen Wunsch" freigibt. Berühmt die Antwort des Diogenes zu Alexander: „Geh mir aus der Sonne!." Sloterdijk folgert zu Recht: „Alexander, den der Machthunger bis an die Grenzen

Indiens trieb, fand seinen Meister in einem äußerlich unscheinbaren, ja heruntergekommenen Philosophen. Das Leben ist in Wirklichkeit nicht bei den Aktivisten und nicht in der Vorsorgementalität. Hierin berührt sich die Alexander-Anekdote mit dem Jesus-Gleichnis von den Vögeln unter dem Himmel, die nicht säen und nicht ernten und doch als die freiesten Geschöpfe unter Gottes Himmel leben. Diogenes und Jesus sind sich einig in der Ironie gegen die gesellschaftliche Arbeit, die über das notwendige Maß hinausgeht und bloßer Machterweiterung dient. Was für Jesus die Vögel lehren, war bei Diogenes eine Maus; sie wurde sein Modell der Genügsamkeit."[14] In der Tat: Wenn es irgendwo im Neuen Testament eine „Ironie" Jesu gibt, dann liegt sie hier: in den Kapiteln der „Bergpredigt", wie sie der Evangelist Matthäus überliefert hat (Kap. 5–7): in der Ironie gegenüber der religiösen Schaustellerei (Beten und Fasten), gegenüber der Bewahrungsmentalität (Sammlung von Schätzen), gegenüber den kleingläubigen Sorgen und der Heuchelei ...

Doch im Unterschied zu Diogenes trat Jesus von Nazaret nicht den Rückzug aus der Welt an. Im Gegenteil: Jesus nahm für seine Sorglosigkeit Gott in Anspruch, und zwar auf eine Weise, die den Frommen, vor allem den frommen Machthabern, eine unerträgliche Provokation wurde. Jesu Gottesfreude war von daher alles andere als privatistische Clownerie oder selbstironische Harmlosigkeit. Sie hatte Folgen. Denn das religiöse Machtkartell (Priesterkaste und Schriftgelehrte) konnte offenbar nichts anfangen mit einem Gott, der mehr Freude hat „über einen einzigen Sünder, der umkehrt, als über 99 Gerechte, die es nicht nötig haben umzukehren" (Lukas 15,7), und der wie der Vater des verlorenen Sohnes den reuigen Rebellen großzügiger beschenkt als den Braven und Treuen.

Hier dürfte die *jesuanische Konterkarierung der Gottesbilder* aus den von uns zitierten *Psalmen* zu finden sein: Der Gott, wie er etwa in den lukanischen Gleichnissen auftaucht, ist kein Gott, der die Sünder verlacht, sondern umarmt, der den Schuldigen oder gar Schuldlosen nicht Angst macht, sondern sie aufrichtet. Jesu Umgang mit den Sündern hat denn auch nichts von einer Drohgebärde bestimmter Psalmensänger. Im Gegenteil. Jesus fühlt sich gesandt gerade zu den Verlorenen des Hauses Israel ...

Kein Zufall somit, daß die Freude Jesu, die zutiefst in der Freude Gottes an allen seinen Geschöpfen wurzelt, sich machtkritisch auswirken mußte, tabubrechend, auf eine anstößige Weise befreiend. Liest man die Erzählungen von Jesus unter diesem Aspekt, so beobachtet man Eigentümlichkeiten. Die provozierende Freude, die grenzenerweiternde und tabubrechende Reich-Gottes-Theologie manifestiert sich bei Jesus in der Verwendung *grotesker Bilder* („Eher geht ein Kamel durch ein Nadelöhr, als daß ein Reicher in das Reich Gottes gelangt", Markus 10, 25), in der Verwendung *kühner Gleichnisse* (all die Gleichnisse um das „Verlorene", wie Lukas sie in Kapitel 15 zusammengestellt hat), in der Benutzung *entwaffnender Antworten* („Wer von euch ohne Sünde ist, der werfe den ersten Stein auf sie", Johannes 8, 7), im Einsatz *paradoxaler Radikalismen* („Laßt die Toten ihre Toten begraben": Lukas 9, 60) oder in *verblüffenden Glücksrufen*[15]:

> „Wohl euch, die ihr arm seid:
> Euch gehört Gottes Reich.
> Wohl euch, die ihr jetzt hungert:
> Bald werdet ihr satt.
> Wohl euch, die ihr hier weint:
> Ihr werdet lachen.

Wohl euch, die ihr verfolgt werdet unter den
Menschen,
ausgeschlossen von der Gemeinschaft,
geschmäht, verachtet, gejagt und verfolgt:
Ein Gespött um des Menschensohns willen.
Kommen wird der Tag,
an dem ihr jubeln werdet und euch freut
– tut es schon jetzt! –,
denn euer Lohn ist groß unter den Himmeln."

(Lukas 6, 20–23)[16]

Das Bild vom lachenden Jesus

Es ist von daher alles andere als eine künstlerische
Übertreibung oder theologische Fehldeutung, wenn auf
Bildern oder Plakaten enthusiastischer Kreise der lachende Jesus dargestellt wird. Der österreichische
Schriftsteller *Alois Brandstetter* hat von der Begegnung
mit einem solchen Jesusbild berichtet und seine Erfahrungen wohl zu Recht so zugespitzt:

„Ungefähr Mitte der 60er Jahre sah ich in einer Wohngemeinschaft eines evangelischen Studentenheimes in
Saarbrücken neben den damals üblichen Postern von
Ché Guevara und Karl Marx ein ungewöhnliches Christusbild, einen *lachenden Christus* mit Lachfalten und
die Zähne entblößend. Das Bild wirkte auf mich so,
wie es vom Maler und denen, die es gekauft und aufge-
hängt haben, gemeint und intendiert war, wie ein
Schock. Die schockierende Wirkung resultiert daraus,
daß der Ausdruck des heraus- und auflachenden Christus ganz vom traditionellen Ernst der Christusdarstel-
lungen, von den Darstellungen des Leidenden und Gekreuzigten, den Ecce-homo-Bildern, dem Schmerzens-
mann, aber auch den Herz-Jesu-Bildern abweicht.
Schaut man nur auf die Zeit zwischen Barock und
Nazarenern, so trägt Christus fast immer oder sehr oft

135

die Wundmale, als Voraussetzung des bevorstehenden oder als Erinnerung an das stattgefundene Leiden beim Auferstandenen. Der lachende ist von jenem Maler offenbar als *auslachender* Jesus gemeint, er lacht, so erklärten mir auch die jungen Leute jener Wohngemeinschaft, die zum Teil evangelische Theologie studierten, über die Männer der *Kirche*, über die *Männer* der Kirche (so sahen es vor allem die Mädchen). Nachdem er, Jesus, bei den Theologen, vor allem den Kontroverstheologen, im Ernst nichts erreicht habe, weil sie ihn nicht verstehen wollten und sozusagen zweifach zur Spottgestalt ihrer eigenen Gedanken gemacht hätten, spottete er nun lachend über sie. Ökumenisch wie die jungen Leute auch waren (oder was sie darunter verstanden), wollten sie ihren Jesus nicht als einen *protestantischen* Jesus verstanden wissen in dem Sinne, daß er die Partei der protestantischen Theologie ergreife und über die Katholiken und Baptisten lache, sondern protestantisch in einem ,fundamendalen', einem radikalen, gewissermaßen freireligiösen, unkonfessionellen Sinn. Christus wird also gegen die Kirche oder die Kirchen *ausgespielt*, auf eine unmittelbare, sinnfällige Art."[17]

Wenn man auch theologisch und exegetisch zurückhaltend sein wird, so einfach Jesus gegen die Kirche auszuspielen, so ist das Wesentliche mit diesem Bild des lachenden Christus veranschaulicht. Es ist weder ein Lachen über Gott, noch ein Lachen über die Frevler, noch eines über ahnungslose und verblendete Menschen. All das ist Jesus fremd. Jesu Lachen ist Ausdruck einer *Freiheit für Gott*, die grenzensprengenden, tabubrechenden Charakter hat.

Daß Jesus nicht *über* Gott gelacht haben dürfte, hat freilich seinen Grund nicht darin, daß ein Lachen über Gott wie bei Sara und Abraham von Jesus her nicht zu rechtfertigen wäre. Der Grund liegt anderswo. Im Unterschied zu Abraham empfing Jesus ja nicht „unmögliche" Verheißungen Gottes, sondern er verkörperte sie selber! Er selber war in Person die „unmögliche" Zuwendung Gottes – und zwar gerade zu solchen, die im Namen Gottes verachtet und marginalisiert waren. Jesus hatte es offenbar gewagt, ganz direkt Gottes Autorität für seine Worte und Zeichenhandlungen in Anspruch zu nehmen und dort im Namen Gottes zu handeln, wo gewisse Zeitgenossen dies am wenigsten vermuteten. Hier liegt denn auch die Wurzel seines tödlichen Konflikts.

4 Der verlachte Jesus

Wir sahen: Die Autoren des Neuen Testamentes berichten nichts von einem Lachen Jesu, ohne daß dies zu falschen Schlüssen verleiten dürfte. Aber von etwas anderem berichten sie häufig: Jesus wird verlacht. Er gehörte offenbar zu jenen Menschen, die das Lachen anderer auf sich zogen. Und zwar offenbar schon zu seinen Lebzeiten.

Die Torheit Gottes in Person

Nehmen wir als Beispiel die Geschichte von der Tochter des Synagogenvorstehers Jairus, die Markus erzählt:

> „Während Jesus noch redete, kamen Leute, die zum Haus des Synagogenvorstehers gehörten, und sagten (zu Jairus): ‚Deine Tochter ist gestorben. Warum be-

mühst du den Meister noch länger?' Jesus, der diese Worte gehört hatte, sagte zu dem Synagogenvorsteher: ‚Sei ohne Furcht; glaube nur!' Und er ließ keinen mitkommen außer Petrus, Jakobus und Johannes, den Bruder des Jakobus. Sie gingen zum Haus des Synagogenvorstehers. Als Jesus den Lärm bemerkte und hörte, wie die Leute laut weinten und jammerten, trat er ein und sagte zu Ihnen: ‚Warum schreit und weint ihr? Das Kind ist nicht gestorben, es schläft nur.' Da lachten sie ihn aus." (Mk 5,35–40)

Diese Geschichte ist das jesuanische Gegenstück zur Erzählung von Abraham und Sara. So wie die Ankündigung Gottes den greisen Abraham und Sara lachhaft vorkommen mußte, so die Ankündigung Jesu den Leuten rund um die Synagoge. Lachhaft klang Abraham und Sara, daß Gott neues Leben durch sie schaffe; lachhaft klingt den Zuhörern Jesu, daß er Totes zum Leben erwecken könne. Jesus erscheint hier als die inkarnierte Torheit Gottes selber, als der verlachte Prediger von Gottes Reich.

Ein Verlachter blieb Jesus bis zum Ende. Noch unter dem Kreuz hatte er sich offenbar anzuhören, wie lächerlich bestimmte Zeitgenossen – gerade die herrschenden unter ihnen – die Diskrepanz empfunden haben mußten zwischen seinem Auftreten und seinem Ende: „Die Leute standen dabei und schauten zu; auch die führenden Männer des Volkes verlachten ihn und sagten: ‚Anderen hat er geholfen, nun soll er sich selbst helfen, wenn er der erwählte Messias Gottes ist'" (Lukas 23,35). Man geht deshalb nicht fehl, wenn man Jesus so deutet: „Jesus war weder ein Narr, noch ein Rebell; aber offensichtlich beiden zum Verwechseln ähnlich. Schließlich wurde er von Herodes als Narr verspottet, von seinen Landsleuten als Rebell ans Kreuz ausgeliefert."[18] Eine der ältesten „Darstellungen" des Nazareners, eine Ritzzeichnung in Stein, zeigt ihn denn bezeichnenderweise auch mit einem Eselkopf, wie er dahängt am Kreuz.[19]

Der Gekreuzigte als Narr

So ist es kein Wunder, daß dieser verlachte Jesus zum Archetyp einer verlachten gläubigen Existenz geworden ist. Künstler wie *James Ensor* und *George Rouault* haben Jesus denn auch mit einigem Recht im Gewande des Clowns abgebildet. Sie hätten nicht treffender den tiefen Sinn von Jesu Existenz und Wirkung beschreiben können: „Gleich dem Hofnarren spottet Christus jeder Sitte und verachtet er gekrönte Häupter. Gleich einem wandernden Troubadour hat er keinen Ort, sein Haupt hinzulegen. Gleich dem Clown in der Zirkusparade verhöhnt er die gegebene Autorität, indem er in der Stadt einreitet, umgeben von königlichem Prunk, während ihm keine irdische Macht zur Verfügung steht. Wie ein Bänkelsänger besucht er Banketts und Parties. Zum Schluß wird er von seinen Gegnern in die Spottkarikatur königlicher Gewänder gekleidet. Unter Gekicher und Gespött wird er gekreuzigt, zu seinen Häupten ein Zeichen, das seinen lachhaften Anspruch deutlich macht" – der amerikanische Theologe *Harvey Cox* hat das Wesentliche auf diese Weise treffend zusammengefaßt.[20]

Kein Zufall auch, daß nicht nur die bildenden Künstler, sondern auch die Wortkünstler von Jesus als Clown, als Narren fasziniert waren. *Gerhart Hauptmann* schrieb einen Roman mit dem Titel „Der Narr in Christo Emanuel Quint", und *Heinrich Böll* gab in „Ansichten eines Clowns" seinem „Helden" Hans Schnier Züge des närrischen Nazareners.[21] Paradoxe

Verkehrungen auch hier: Jesus – der Mann mit einer närrischen Botschaft, der am Ende als Verlachter dasteht. Jesus – der Mann, von dem eine freimachende Freudenbotschaft ausging, der am Ende aber den Spott der Frommen auf sich zog. Wie hatte auch der konflikterfahrene *Heinrich Heine* instinktsicher erkannt?

> „Mit Wehmut erfüllt mich jedesmal
> dein Anblick, mein armer Vetter,
> der du die Welt erlösen gewollt,
> du Narr, du Menschheitsretter.
>
> Sie haben dir übel mitgespielt
> die Herren vom Hohen Rate,
> wer ließ dich auch reden so rücksichtlos
> von der Kirche und vom Staate?"[22]

So steht denn am Ende der Jesus-Geschichte nicht das Bild eines lachenden Gottes oder eines lachenden Erlösers, sondern das Bild eines verlachten Narren, der für Gott steht. Am Ende steht das erstickte Lachen, die abgetötete Freude; am Ende stehen der Schmerz und der Schrei des Gehenkten und die Häme und der Spott der Henker. Hier dürfte – im Vergleich der Religionen – das Christentum etwas Eigentümliches aufweisen.

Denn sehe ich richtig, stehen in keiner der großen Religionen das Tiefste und das Komische, das Erhabene und das Lächerliche, die Erschütterung und die Häme, der Glaube und der Spott so direkt nebeneinander wie im Christentum, und zwar nach den ureigenen Quellen selber. Der *Passionsbericht des Evangelisten Matthäus* veranschaulicht dies auf eindrückliche Weise:

> „Die Leute, die vorbeikamen, *verhöhnten ihn*, schüttelten den Kopf und riefen: Du willst den Tempel niederreißen und in drei Tagen wieder aufbauen? Wenn du *Gottes Sohn* bist, hilf dir selbst und steig herab vom

Kreuz! Auch die Hohenpriester, die Schriftgelehrten und die Ältesten *verhöhnten* ihn und sagten: Anderen hat er geholfen, sich selbst kann er nicht helfen. Er ist doch der *König von Israel*! Er soll vom Kreuz herabsteigen, dann werden wir an ihn *glauben*. Er hat auf *Gott* vertraut: Der soll ihn jetzt retten, wenn er an ihm Gefallen hat; er hat doch gesagt: Ich bin *Gottes Sohn*. Ebenso *beschimpften* ihn die beiden Räuber, die man zusammen mit ihm gekreuzigt hatte." (27,39–44)

Die *kursiv* gestellten Worte in dieser Passage sollen verdeutlichen, worauf es mir ankommt. In ein und demselben Text werden die großen Worte, die tiefen Bekenntnisse ins Zwielicht des Frivolen und Spöttischen getaucht:

Sohn Gottes   – rette dich selbst
König Israels   – steig herab vom Kreuz,
                       wenn du kannst
Vertrauen auf Gott – der helfe im jetzt.

In ein und demselben Text also liegen das Erschütternde und das Lächerliche dicht beieinander. Der Gottessohn am Kreuz – welch ein Hohn; der König von Israel am Holz – welch ein Witz; das Gottvertrauen des Predigers aus Nazaret – wie komisch und grotesk angesichts eines solchen Endes! In keinem vergleichbaren Text der großen Religionen findet man eine solche Verknüpfung von Glaube und Spott, Bekenntnis und Lachen.

Das aber heißt umgekehrt auch: Der christliche Glaube ist stets ein gefährdeter, durch Häme, Spott und Witz hindurch sich behauptender Glaube. Billiger ist er nicht zu haben. Die Anfechtung folgt ihm wie ein Schatten. Der Spott über einen so „unmöglichen" Glauben – er wird Christen von Anfang an mitgegeben.

Christlicher Glaube kann sich nicht am Spott vorbei, sondern nur durch das Lachen der Zweifler und Spötter hindurch bewahren und bewähren. Sie werden von daher als Verspottete immer auf Seiten der Opfer des Spotts stehen, solidarisch mit den Verlachten und Getretenen. Sie werden nie vergessen, daß ihr Meister aus Nazaret noch in seiner bittersten Stunde zu den Verlachten gehörte, ja, daß Gott selbst sich zum Narren um unseretwillen gemacht hat. Dieser Art des Gelächters werden sie Widerstand im Geist entgegensetzen ...

Jesus war es nicht vergönnt, wie Buddha Gautama noch zu Lebzeiten die Vollendung zu erreichen, heiter-ernsten Sinnes in der Erleuchtung zu leben, harmonisch und erfolgreich, hoch angesehen bei den Mächtigen. Jesus war es nicht vergönnt, zu Lebzeiten die Gelassenheit, den inneren Frieden, die tiefe Harmonie zu verkörpern, wie sie zu Recht dem Buddha zugeschrieben wird und wie sie auf allen Statuen des Buddha sichtbar hervortritt. Das *Lächeln des Buddha*: Es ist Symbol für eine erlöste Heiterkeit, eine stille Freude, eine geläuterte Harmonie geworden, die jeder in der Nachfolge Buddhas hier und heute schon erreichen kann – strenge Askese und Meditation vorausgesetzt. Die Freude des Christen in der Welt und an der Welt ist davon zu unterscheiden.

5 Der Geist der Freude

Die jesuanische Freude war offenkundig unzerstörbar, die weitere Geschichte der Jesus-Anhänger beweist dies. Und diese Unzerstörbarkeit fand ihren Ausdruck im Glauben an die Auferweckung des Gekreuzigten durch Gott. Die urchristliche Gemeinde drückte damit ihre Überzeugung aus: Klage und Trauer haben nicht das letzte Wort.

Das österliche Gelächter über den Tod

Auch hier sind die Evangelienberichte keine naiv-optimistischen Freuden-Geschichten. Daß der Gekreuzigte *lebt*: Wie lächerlich klingt auch das. Folgen wir nochmals Lukas, und zwar seinen Berichten von den Ereignissen nach der Auferweckung: Wir treffen auf Unglauben, Skepsis, Mißtrauen allüberall. Die ersten Zeugnisse vom leeren Grab? Die Apostel halten sie für „Geschwätz" (24,11). Die ersten Selbstvergewisserungen durch Petrus? „Verwunderung" (24,12) – nichts mehr! Nein, die Jünger Jesu begreifen zunächst nichts (24,25). Wie sollten sie auch, bedenkt man, welches Fiasko der grauenhafte Tod ihres Meister am Kreuz bedeutet hat. Der Auferweckte muß ihnen schon selber (auf dem Weg von Emmaus nach Jerusalem) „die Augen öffnen" (24,45) und ihnen erklären, daß das Schicksal des Messias genauso hatte aussehen müssen: „So steht es in der Schrift: Der Messias wird leiden und am dritten Tag von den Toten auferstehen, und in seinem Namen wird man allen Völkern, angefangen in Jerusalem, verkünden, sie sollen umkehren, damit ihre Sünden vergeben werden" (24,46f). Ja, mehr noch: Der Auferweckte muß seinen verzagten Jüngern den Heiligen Geist senden, sie buchstäblich „mit der Kraft aus der Höhe" (24,49) ausstatten, um sie aus ihren Depressionen und Verzweiflungen zu befreien.

Drastischer kann man kaum schildern, daß der Glaube an die Auferweckung des Gekreuzigten durch Gott – menschlich gesehen – eine Unmöglichkeit ist. Es braucht schon die „Kraft aus der Höhe", damit Zweifel und Skepsis sich in Glauben und Vertrauen verwandeln. Es braucht die „Kraft aus der Höhe", damit aus der Trauer die Freude werden kann. Erst am Ende dieser Geschichte, buchstäblich im vorletzten Satz seines Evangeliums, nimmt denn auch Lukas eines seiner Grundthemen wieder auf: die messianische Freude. Erst jetzt – nachdem die Jünger den „Sinn" verstanden und die „Kraft aus der Höhe" bekommen haben – können sie „in großer Freude" nach Jerusalem zurückkehren, in den Tempel gehen und Gott preisen.

Die „Freude" des Christen ist also alles andere als ein problemverdrängender Optimismus. Es ist eine Freude mit Trauerflor. Es ist eine Freude – mit dem grauenhaften Kreuzestod im Rücken. Eine Freude, die sich aus nichts denn der Erfahrung nährt, daß der Gekreuzigte nicht im Tod geblieben ist, sondern durch Gottes Tat lebt und im Geist lebendig bleibt. Erst aufgrund dieser Gewißheit kann sich die Karfreitagstrauer in österliche Freude verwandeln, ohne je verdrängt werden zu können. Erst aus dieser Gewißheit heraus können Christen im Glauben an die Auferweckung des Gekreuzigten den Tod verlachen, diejenige Macht, die auf Erden die stärkste und bitterste zu sein scheint. Das ist die christliche Parallele zu Psalm 2: Auferweckung als Ausdruck von *Gottes* Gelächter über den Tod. Und nur so wird ja auch der Jubelruf begreiflich, in den der Apostel Paulus in seinem ersten Brief an die

144

Korinther ausbricht: „Verschlungen ist der Tod vom Sieg. Tod, wo ist dein Sieg? / Tod, wo ist dein Stachel?" (1 Korinther 15,54f). Was ist das anderes als Osterjubel, Osterlachen.

Das *österliche Gelächter über den Tod*! Wie wenig ist in den Kirchen davon noch zu spüren. Hier hilft ein Blick in die Geschichte, um Verengungen aufzusprengen und die todernste Feierlichkeit, die in der Liturgie der Kirchen Einzug gehalten hat, zu konterkarieren. Denn in Ländern des deutschen Sprachraums pflegten Prediger jahrhundertelang in der Ostermesse beim mitfeiernden Kirchenvolk gewaltige Lachsalven hervorzurufen – den Einsatz selbst obszöner Pantomimen und zweideutiger Geschichten nicht scheuend. *Risus paschalis*, Osterlachen, Ostergelächter nannte man das. Es war eine feststehende Einrichtung. Maria Catherina Jacobelli hat uns in ihrem 1992 veröffentlichten Buch „Ostergelächter. Sexualität und Lust im Raum des Heiligen" dazu reichhaltiges Material noch einmal zusammengefaßt.[23]

Hier erfahren wir: Das vielleicht *älteste bis jetzt bekannte Dokument zum Ostergelächter* stammt von dem Baseler Reformator *Oecolampad* (1482–1531), der sich in einem Brief „De Risu paschali" aus dem Jahr 1518, gerichtet an den Baseler Theologen Wolfgang Capito, kritisch mit der Tradition des Ostergelächters auseinandersetzt. Dies war noch zu einer Zeit, als Oecolampad, mit bürgerlichem Namen Johann Hausschein, als katholischer Priester in Basel wirkte. Erst 1521/22 trat er zur Reformation über und trug mit seinen begeisternden Ansprachen nicht unwesentlich dazu bei, daß die Stadt Basel offiziell den protestantischen Glauben annahm.

Der Brief an Wolfgang Capito? Er ist ein Verteidigungs-
schreiben Oecolampads. Denn *Capito* hatte zuvor eine
weitverbreitete Kritik am Predigtstil seines Kollegen
aufgenommen, die darauf hinausgelaufen war, Oecolampad sei ein zu ernster Prediger. Aus einem anderen
Brief Capitos wissen wir, daß er sich diese Kritik zu
eigen gemacht hatte: „Der Grund (weswegen Oecolampad kritisiert worden war) ist der, daß er nicht mit seiner Stimme und wilder Gestikulation die liederlichen
Weiber erschreckte ..., weder mit erfundenen Drohun-
gen, noch mit Salmonischem Schall.[24] Statt dem Her-
kommen zu folgen, enthält er sich hartnäckig dieser
Dinge, nämlich Geschichten und Witze zu erzählen,
die aus dem Küchenmilieu stammen. Er treibt die
Zuhörer nicht zu lautem Lachen an, während er Christus verkündet, er scherzt weder mit schlüpfrigen Worten, noch ruft er durch Nachahmung eines Menschen,
der sich selbst befriedigt, wie ein Possenreißer die
Dinge vor Augen, die die Eheleute in ihrer Kammer
und ohne Zeugen zu tun pflegen."

Capito aber möchte, daß Oecolampad genau dies tut.
Warum? Weil sonst „die Prediger in leeren Kirchen
sprechen würden". Er hat deshalb kein Verständnis für
den Ernst seines Kollegen. Dieser habe nicht gescheut,
selbst ihn zurechtzuweisen „vor allem wegen der un-
angebrachten Scherze, womit sie (die Prediger) in der
Osterfeier auf jede Art und Weise die Frömmigkeit und
Dankbarkeit gegen Gott vertreiben, die wir doch meh-
ren sollen. Als ob es gleichsam nicht erlaubt sei, den
auferstandenen Christus, der für uns den Tod erlitten
hat, nicht anders als mit Possen zu empfangen."

Oecolampad aber blieb angewidert von all diesen
Scherzen, Witzen und Zoten während der Liturgie.

Und so wehrt er sich Capito gegenüber: „Und sie (die Prediger) sind erst dann zufrieden, wenn sie mit dem ganzen Körper die Possenreißereien nachahmen und ungewaschene Worte voller Schamlosigkeit ausstoßen. Es reicht erst dann, wenn der Prediger wie ein fahrender Komödiant die meiste Zeit darauf verwendet, jede Scheußlichkeit darzustellen, und dabei vergißt, zu welchem Stand er gehört. ... Da ich diesen Blödsinn mißbillige, hält man mich für zu ernst und für absolut lächerlich, während jene für diesen Leichtsinn als sehr ernst und doppelter Ehre für würdig gelten.“

Basel war kein Ausnahmefall. Beim Ostergelächter handelt es sich um einen im 16. Jahrhundert weitverbreiteten kirchlichen Brauch, der auch von kirchlichen Repräsentanten (Capito war immerhin Priester und Prediger am Baseler Münster!) verteidigt wurde. Man betrachtete dies als völlig legitimes Mittel, um die Leute am Ostermorgen in die Kirche zu locken, wobei auch das Sexuelle kein Tabu war. Dasselbe gilt für außerliturgische Osterfeiern, die ebenfalls zeigen, daß gerade das Osterfest die *Einbruchstelle des Komischen in die Religion* war.

Walter Haug hat auch hier den literarischen Befund eindrucksvoll zusammengefaßt: „Komik bricht auch in die paraliturgische Osterfeier ein, in der der Gang der Marien zum Grabe dargestellt wurde. Es handelt sich um jene Reihe von Episoden, die die Feier zum Spiel erweitern. Da sind zunächst die Krämerszenen. Die Marien kaufen unterwegs Salben. Und das gibt nicht nur Gelegenheit, eine Feilscherei mit dem alten, geizigen jüdischen Krämer zu bieten, sondern zudem eine Ehebruchsburleske zwischen der Krämersfrau und dem Knecht in Szene zu setzen. Dann wird der Lauf der Apostel zum Grabe in ein komisches Wettrennen umgewandelt. Petrus, der später ankommen soll, muß hinken, er hat einen krummen Rücken, oder er hat sich verschlafen, oder er ist überhaupt faul und nur durch einen kräftigen Schluck aus der Flasche in Bewegung zu setzen. Darauf die Erscheinung Christi vor Maria Magdalena: Der Auferstandene tritt als Gärtner auf und treibt Schabernak mit ihr, er beschimpft sie, weil sie ihm die Kräuter zertrample, er unterstellt ihr, daß sie wohl in seinem Garten ein Rendezvous mit ihrem Liebhaber habe, usw. Turbulenter noch werden die Wächterszenen. Hier gibt es Streitereien der Kriegsknechte um den Sold und nach der Auferstehung Prügeleien, da niemand schuld sein will an der Katastrophe. Am allerwildesten aber gerät der komische Ausbau der Höllenfahrt Christi, in deren Zusammenhang man die ganze grotesk-lamentable Ohnmacht der Teufelsbande ausspielen kann."[25]

Trotz aller begreiflichen Kritik an den Auswüchsen: Das Ostergelächter hielt sich auch nach dem 16. Jahrhundert in der Liturgie, wobei allerdings im Verlauf der nächsten Jahrhunderte das obszöne Element mehr und mehr zurücktrat. Aber die Verbreitung des Brauchs war nach wie vor so groß, daß sogar ein Handbuch für Prediger gedruckt wurde, damit diese an Ostern die Leute zum Lachen bringen konnten. Dieses Handbuch trägt das „Imprimatur" der Kirche, was zeigt, daß wenigstens in einigen Gegenden das Osterlachen amtlich mit der Osterliturgie verbunden blieb ...[26]

Und heute? Warum eigentlich sollte dieser Brauch gänzlich verschwunden bleiben in den Kirchen? Warum ist das Lachen in der Liturgie heute so tabuisiert? Haben Christen Angst vor dem eigenen Lachen oder Angst vor dem Lachen Gottes? Oder sind sie so kleingläubig, daß es noch nicht einmal mehr zum Lachen reicht? Oder glauben sie, Liturgie und Lachen gehörten nicht zusammen, weil Gott dies als anstößig empfinden könnte? Was aber wäre dies für ein reduziertes Gottesbild! Wird damit nicht eher die eigene Moralvorstellung mit Gottes lebendiger Wirklichkeit verwechselt? Hat nicht gerade die christliche Osterliturgie seit uralten Zeiten ein Psalm-Wort aufgegriffen und auf den Tag der Auferstehung Jesu Christi bezogen: „Dies ist der Tag, den der Herr gemacht hat; wir wollen jubeln und uns an ihm freuen" (118,24)? Wenn dies aber mehr sein soll als ein schönes Zitat, wird man fragen dürfen: Wo sind Jubel und Freude in der heutigen Liturgie geblieben?

Die „neue Existenz" im Geist

Das Neue Testament jedenfalls kennt noch den Osterjubel, das Osterlachen. Woraus folgt: Das Osterlachen wird nicht aufhören, solange die Botschaft von der Auferweckung des Gekreuzigten verkündigt wird. Wo dieses Lachen unterdrückt wird – aus welch frommen Motiven auch immer – da herrscht weiter der Tod, dessen Tod an Ostern gerade bejubelt werden soll. Da herrscht der Tod der Herzen. Die Auferweckung Jesu Christi aber – so lernen wir insbesondere aus der Theologie des Apostels Paulus – ist der Anbruch einer großen Wende: nicht nur der messianischen Wende der Zeit, der eschatologischen Wende von der alten zur neuen Schöpfung, sondern auch der großen *Wende der Herzen*. Nach Paulus ist Jesu Auferweckung ja zugleich die Erhöhung Jesu Christi zum Herrn der Welt (Philipper 2,6–11). Jesus Christus lebt nun in der Seinsweise Gottes, der Seinsweise des Geistes – als Herr im Geist. In unserer Sprache geredet: Jesus Christus ist als geistige

Energie Gottes bleibend unter uns präsent, wirksam tätig. Nur so kann sich ja auch eine Wende der Herzen vollziehen: im Geist. Wer in diesem Geiste Christi lebt, ist – Paulus zufolge – eine „neue Existenz", eine „neue Schöpfung" (2 Korinther 5,17).[27]

Zur Signatur der „neuen Schöpfung" gehört für Paulus die Freude unlösbar dazu: trotz allem, was Christen hinter sich und vor sich haben. Christen haben nämlich nach Paulus allen Anlaß, sich zu freuen, weil sie ihre neue Existenz nicht sich selber, sondern Christus verdanken. Worin besteht diese „neue Schöpfung" konkret? Sie besteht in einer neuen Freiheit (2 Korinther 3,17): Freiheit *von* den „Werken des Gesetzes", den „Werken des Fleisches" (Galater 5,19–21) und Freiheit *zu* den „Werken des Geistes". Was sind diese „Werke des Geistes"? Nach Paulus:

> „Liebe, Freude, Friede, Langmut, Freundlichkeit, Güte, Treue, Sanftmut und Selbstbeherrschung; dem allem widerspricht das Gesetz nicht. Alle, die zu Christus Jesus gehören, haben das Fleisch und damit ihre Leidenschaften und Begierden gekreuzigt. Wenn wir aus dem Geist leben, dann wollen wir dem Geist auch folgen. Wir wollen nicht prahlen, nicht miteinander streiten und einander nichts nachtragen." (Galater 5,22–26)

Diese in Christus gegründete „Freude im Heiligen Geist" (Römer 14,17) hat mit billigem Optimismus, mit Problemverdrängung oder mit Überspielen der Konflikte der Welt schon bei Paulus nichts zu tun. In seiner Freude lebt ein Christ nicht gegen die Konflikte, sondern in ihnen, nicht mit dem Rücken zu den Problemen, sondern im Widerstand gegen sie. Gerade ein Mann wie Paulus wußte, daß die *Freude nur in der und durch die Anfechtung* zu haben ist: „Trotz all unserer Not bin ich von Trost erfüllt und ströme über vor

Freude", kann Paulus seinen Korinthern schreiben (2 Korinther 7,4) – *trotz* all unserer Not ...

Anders gesagt: Eine Theologie der Freude wäre nichts als naive Wirklichkeitsverdrängung, wenn sie nicht mit einer Theologie des Leidens kritisch vermittelt wäre. Und eine Theologie des Leidens ist zugleich eine Theologie des Haderns mit Gott, des Protestes, der Klage und Anklage. Die Theodizeefrage bleibt die ständige Anfechtung einer christlichen Freude, die sich der „neuen Schöpfung" in Jesus Christus gewiß sein darf. Was ich selber zusammen mit meinem Tübinger Kollegen Walter Gross vor kurzem zur Frage „Ist Gott verantwortlich für das Übel?" dargelegt habe, ist hier kritisch in Erinnerung zu rufen: keine Theologie der Freude unter Absehung einer Theologie des Kreuzes, keine Theologie des Kreuzes aber umgekehrt unter Ausblendung einer Theologie der Freude! Beide Theologien schließen sich nicht kontradiktorisch aus, sondern bedingen einander.[28] Das aber macht die christliche Narrheit aus. Christliche Narrheit?

6 Der Christ als Narr

Niemand war sich stärker als Paulus darüber im klaren, daß die christliche Botschaft von der durch Kreuz und Auferweckung ermöglichten „neuen Schöpfung" Nichtchristen als schiere Torheit, als blanke Narrheit vorkommen muß. Daß das Kreuz nicht nur als Fiasko zu sehen, daß mit ihm vielmehr ein „Sinn" zu verbinden ist, eine Absicht Gottes mit den Menschen: Das ist schon eine Zumutung – für Heiden wie Juden. Paulus wußte davon, als er das „Wort vom Kreuz" seiner Gemeinde von Korinth begreiflich zu machen versuchte:

> „Denn das Wort vom Kreuz ist denen, die verlorengehen, Torheit; uns aber, die gerettet werden, ist es Gottes Kraft. Es heißt nämlich in der Schrift: ‚Ich lasse die Weisheit der Weisen vergehen und die Klugheit der Klugen verschwinden. Wo ist ein Weiser? Wo ein Schriftgelehrter?' Wo ein Wortführer in dieser Welt? Hat Gott nicht die Weisheit der Welt als Torheit entlarvt? Denn da die Welt angesichts der Weisheit Gottes auf dem Weg ihrer Weisheit Gott nicht erkannte, beschloß Gott, alle, die glauben, durch die Torheit der Verkündigung zu retten. Die Juden fordern Zeichen, die Griechen suchen Weisheit. Wir dagegen verkündigen Christus als den Gekreuzigten: für Juden ein empörendes Ärgernis, für Heiden eine Torheit, für die Berufenen aber, Juden wie Griechen, Christus, Gottes Kraft und Gottes Weisheit. Denn das Törichte an Gott ist weiser als die Menschen, und das Schwache an Gott ist stärker als die Menschen." (1 Korinther 1,18–25)

Der „Narr in Christo" – er entspricht dem Narren Christus selber. In der Nachfolge Christi wird auch der Christ zum Narren, weil sein Glaube – aus der Perspektive der Nichtglaubenden gesehen – etwas „Unmögliches", „Komisches", „Anstoßerregendes" hat.

Die Torheit Gottes

Die Narrheit des Christen aber hat ihre tiefste Begründung in der „Torheit Gottes" selber. Es ist Gott selbst, der nicht nur die Weisheit der Welt als Torheit *entlarvt*, sondern sich das „Törichte in der Welt" erwählt hat, d.h. sich durch das „Törichte" zu erkennen gibt, das „Törichte" zum Mittel seiner Heilsinitiative macht. Gott selbst ist es, der mit der Auferweckung des Gekreuzigten die Kriterien für menschliche Weisheit aus den Angeln hebt und sich so dem Gespött der angeblich „Weisen" aussetzt. Christen haben es nach Paulus mit einem Gott zu tun, der den Spott nicht scheut und dem Gelächter sich aus freien Stücken aussetzt. Der in Christus, dem Gekreuzigten, erkannte Gott ist demnach der verlachte, der verhöhnte und verspottete. Hier liegt der tiefste Grund, warum Christen dem unbekümmerten, rücksichtslosen, spöttischen Lachen stets mit Mißtrauen begegnen und dem Ungeist Widerstand leisten, der sich in diesem Gelächter freimacht. Weil Gott in Christus selber zu den Verlachten gehörte, werden Christen stets die Partei der Verlachten ergreifen, ja den Verlachten und Verspotteten „um Gottes Willen" ihre Würde und ihr Recht zurückgeben. In einem Wort: Für Christen gehören Gotteserkenntnis und Torheit, Christusnachfolge und Narrheit unlösbar zusammen.

Auch Paulus wußte das: *Christusnachfolge und Narrheit* gehören zusammen. Seine ergreifende „Narrenrede" (im 2. Korintherbrief) macht gerade dies klar. Hier reflektiert Paulus eine der schwierigsten Situationen seines Lebens:

„Noch einmal sage ich: Keiner soll mich für einen Narren halten. Tut ihr es aber doch, dann laßt mich auch als Narren gewähren, damit auch ich ein wenig prahlen kann. Was ich hier sage, sage ich nicht im Sinn des Herrn, sondern sozusagen als Narr im falschen Stolz des Prahlers. Da viele Menschen im Sinn dieser Welt prahlen, will auch ich einmal prahlen. Ihr laßt euch die Narren ja gern gefallen, ihr klugen Leute. Denn ihr nehmt es hin, wenn euch jemand versklavt, ausbeutet und in seine Gewalt bringt, wenn jemand anmaßend auftritt und euch ins Gesicht schlägt. Zu meiner Schande muß ich gestehen: Dazu bin ich allerdings zu schwach gewesen.

Womit aber jemand prahlt – ich rede jetzt als Narr –, damit kann auch ich prahlen. Sie sind Hebräer – ich auch. Sie sind Israeliten – ich auch. Sie sind Nachkommen Abrahams – ich auch. Sie sind Diener Christi – jetzt rede ich ganz unvernünftig –, ich noch mehr: Ich ertrug mehr Mühsal, war häufiger im Gefängnis, wurde mehr geschlagen, war oft in Todesgefahr. Fünfmal erhielt ich von Juden die 39 Hiebe; dreimal wurde ich ausgepeitscht, einmal gesteinigt, dreimal erlitt ich Schiffbruch, eine Nacht und einen Tag trieb ich auf hoher See. Ich war oft auf Reisen, gefährdet durch Flüsse, gefährdet durch Räuber, gefährdet durch das eigene Volk, gefährdet durch Heiden, gefährdet in der Stadt, gefährdet in der Wüste, gefährdet auf dem Meer, gefährdet durch falsche Brüder. Ich erduldete Mühsal und Plage, durchwachte viele Nächte, ertrug Hunger und Durst, häufiges Fasten, Kälte und Blöße. Um von allem andern zu schweigen, weise ich noch auf den täglichen Andrang zu mir und die Sorge für alle Gemeinden hin. Wer leidet unter seiner Schwachheit, ohne daß ich mit ihm leide? Wer kommt zu Fall, ohne daß ich von Sorge verzehrt werde? Wenn schon geprahlt sein muß, will ich mit meiner Schwachheit prahlen." (11,16–30)

Wenn also Paulus von einer in Christus gegründeten „Freude im Heiligen Geist" spricht, dann immer im Bewußtsein der Dialektik von Weisheit und Narrheit. Niemand wußte stärker als er, wie gefährdet die christliche Existenz ist und wie sehr die Freude in Christus mit dem Leiden um Christi willen zusammengeht. Erst der Geist der Freude aber macht Christen fähig, in der Welt zu leben, ohne sich von den Widersprüchen der Welt erdrücken und von den Abgründigkeiten verschlucken zu lassen. Diese Freude ist für Paulus eine

154

Weise der *Koexistenz in der Welt* mit all ihren Widersprüchen, ohne sich der Struktur dieser Welt völlig auszuliefern, eine Weise, die eigene Situation zu transzendieren, ohne für ihre Skandale unempfindlich zu werden.

Der protestantische Theologe *Jürgen Moltmann* hat diesen paulinischen Grundgedanken in seinen „Versuchen über die Freude an der Freiheit und das Wohlgefallen am Spiel" treffend beschrieben: „Auferstehung und *österliche Freiheit* haben das Kreuz Christi im Rükken, aber das leibliche Ende von Gesetz, Herrschaft und Tod in der Welt noch vor sich. Österliche Freiheit kann darum nicht zur Weltflucht oder Weltvergessenheit werden, sondern führt zur kritischen Annahme der Weltsituation in ihren Unannehmbarkeiten und zur *geduldigen Weltveränderung*, damit sie zur Freistatt der Menschen werde. Darum sind bei den Befreiten Osterlachen und Kreuzesleid zugleich miteinander lebendig. Sie lachen nicht nur mit den Lachenden und weinen mit den Weinenden, wie Paulus im Römerbrief (12,15) vorschlägt, sondern sie lachen auch mit den Weinenden und weinen mit den Lachenden, wie es die Seligpreisungen Jesu empfehlen. Ihr Spiel ist stets kritisch gegen die Bedränger gerichtet. Es provoziert darum immer wieder die Bedrängnis durch die, die das Lachen verbieten, weil sie die Freiheit fürchten."[29]

Die Doppelsignatur einer Theologie des Lachens

Sind aber Freude und Lachen nicht zweierlei? Gewiß. Und vielfach ist darüber gestritten worden, ob das Lachen sich aus der Freude erklärt oder die Freude aus dem Lachen. Für das Neue Testament ist es eindeutig: Existenzgrundlage des Christen ist die im „Ereignis

Jesus Christus" ermöglichte neue Freude in und an Gott und der Welt, eine Freude, die sich nicht stets und immer im Lachen ausdrücken muß, die sich aber im Lachen konkretisiert. Ja, mehr noch: Ohne sie wäre das vieldeutige Lachen nicht eindeutig ethisch zu qualifizieren.

Anders gesagt: *Erst von einer Theologie der Freude* an Gott und den Menschen her wird *eine christliche Theologie des Lachens begründet*, ja wird das in sich mehrdeutige Lachen des Menschen erst unmißverständlich bestimmbar: als Lachen eben nicht des Spottes, der Häme, der Verachtung oder Ausgrenzung, sondern als Lachen befreiter und erlöster Freude, die grenzensprengenden und integrierenden Charakter hat. Zu fragen also hat der Christ nicht, ob er vor Gott, über Gott oder über die Menschen lachen dürfe; zu fragen hat der Christ allein, aus welchem Geist er lacht. Das Lachen des Christen ist ein Lachen im Geist des gekreuzigten Nazareners und seiner die Herzen verwandelnden Seligpreisung gerade der Verachteten und Verfolgten – im Bewußtsein, daß der lachende Christ im selben Moment zu den Verlachten gehören kann wie sein Meister aus Nazaret.

Das gerade macht die *bleibende Doppelsignatur* einer christlichen Theologie des Lachens aus: Es handelt sich zum einen um ein Lachen des Glücks und der Freude an Gott im Interesse insbesondere der Marginalisierten und Ausgegrenzten, das seine Legitimation und Unverwechselbarkeit aus dem Glauben bezieht, daß Gott selbst lachen kann mit den Zweiflern und Verzweifelten (Abraham und Sara) und mehr Freude hat über einen Sünder, der umkehrt, als über Dutzende von Gerechten, die eine Umkehr nicht nötig zu haben meinen. Im Vertrauen darauf, daß der Gott, wie Jesus von Nazaret ihn verkündete, sich nicht das „Lachen abgewöhnt" hat, wie die Mephistopheles' der Weltgeschichte stets unterstellen, weil sie Gott die Erbärmlichkeit und Ausweglosigkeit seiner Schöpfung vorhalten. Im Vertrauen vielmehr darauf, daß Christen es mit einem Gott zu tun haben, der – wie im Fall schon von Sara und Abraham – auch allen Zweifel des Menschen am Sinn seiner Schöpfung und Verheißung aushält und dies am Ende in ein gemeinsames Lachen des Glücks zu verwandeln vermag. Im Vertrauen darauf, daß Gottes Lachen nicht ein Lachen der Vernichtung, der Bedrohung, der Ausgrenzung ist, sondern ein Lachen grenzenloser Güte und nichtenttäuschbarer Freude an seiner Schöpfung und seinen Geschöpfen.

Zugleich gehört zur Signatur einer christlichen Theologie des Lachens das Risiko des *Verlachtwerdens*. Wer im Geist der Bergpredigt an die Veränderung des Menschen und der ihn entfremdenden Strukturen glaubt, wer Nachfolge Christi nicht für einen Zustand frommer Selbsttäuschung zu halten bereit ist, wird sich nicht wundern dürfen, daß die Beschreibung Jesu schon aus der Bergpredigt auf ihn zutrifft: „Um meinetwillen beschimpft und verfolgt und auf alle mögliche Weise verleumdet" (Matthäus 5,11). Daß dies heute subtiler vor sich geht, steht außer Frage. Immer noch Christ? Ein müdes Abwinken, ein hämisches Grinsen, ein überlegenes Lächeln, ein spitzzüngiges Durchschauthaben ... Das sind Formen des Verlachtwerdens: der Preis des Lachens mit dem lachenden Gott ...

Und weil der Christ wie sein Meister aus Nazaret immer wieder auch zu den Verlachten gehört, wird er ohne alle moralisierende Zeigefingerei dem Ungeist eines bestimmten Lachens entgegentreten: dem Lachen von oben nach unten, dem Ungeist der Häme, des Spottes, des Verlachens der ohnehin Schwachen und gesellschaftlich Stigmatisierten. Sein Lachen bleibt ein für allemal an die jesuanische Humanitas gebunden. Lachen und ethische Selbstkontrolle also gehören für Christen unlösbar zusammen. Wir werden im letzten Teil dazu noch Stellung nehmen müssen.

IV

Das Lachen lernen –
ein literarisch-theologisches
Tableau

1 Mozarts Lachen

Lachen aus der Freude als Lebensform, als Über-Lebenskunst: Was bei Jesus und Paulus grundgelegt wurde, hat für uns Zeitgenossen des späten 20. Jahrhunderts ein Roman der Weltliteratur auf seine Weise verdeutlicht: *„Der Steppenwolf"* von *Hermann Hesse*, erschienen im Jahre 1926.[1] In kaum einem anderen Roman der deutschen Literatur wird so minutiös die innere Gespaltenheit und Zerrissenheit des modernen Menschen beschrieben: seine Verfallenheit an die Triebe, seine Destruktionspotentiale durch moderne Technik, sein neurotischer Selbstverwirklichungsdrang, sein lebensuntüchtiger Intellektualismus, seine moralische Ungezügeltheit. „Der Steppenwolf" – ein Roman, der dem Spätmenschen des 20. Jahrhunderts schonungslos den Spiegel vorhält und ihn so mit der Wahrheit über sich selbst konfrontiert. Der Held dieses Romans, Harry Haller, soll ohne alle Rücksicht „die verfluchte Radiomusik des Lebens anhören lernen".[2]

Was der „Steppenwolf" lernen muß

Und doch steht am Ende dieses Romans nicht die Selbstauslöschung des innerlich zerrissenen, lebensunfähigen intellektuellen Analytikers. Am Ende des Romans steht die Figur des „lachenden Mozart", der zur Welt der „Unsterblichen" gehört. Hesse selber wollte, daß man in seinem Steppenwolf bei aller Problematik „eine zweite, höhere, unvergängliche Welt" nicht übersehe. Der Leidenswelt des Steppenwolfs stehe „eine positive, heitere, überpersönliche und überzeitliche Glaubenswelt" gegenüber, wie sie etwa in der Musik Wolfgang Amadeus Mozarts verkörpert sei.[3] Und Mozart ist es denn auch, der in einer visionären Erscheinung den Helden dieses Romans aufklärt: „Sie sollen leben und sie sollen das Lachen lernen. Sie sollen die verfluchte Radiomusik des Lebens anhören lernen, sollen den Geist hinter ihr verehren, sollen über den Klimbim in ihr lachen lernen. Fertig. Mehr wird nicht von ihnen verlangt."[4]

Folgen wir also diesem Roman, so ist für den Spätmenschen des 20. Jahrhunderts, der alles erlebt oder durchprobiert hat, das Lachen nichts Spontanes und Natürliches mehr, sondern wird zur *Aufgabe des Lebens*, buchstäblich zur geistigen Überlebenskunst. Und in der Tat begreift der Held des „Steppenwolf" erst am Ende, daß nicht die Selbstzerstörung, sondern das Lachen ein Ausweg ist und worin der Sinn dieses Lachens bestehen kann: eine Form der Existenz *in* der Welt zu finden, ohne sich dieser Welt einfach anzupassen oder sie zu verteufeln. Harry Haller und mit ihm der Mensch des 20. Jahrhunderts muß begreifen, daß es ein lachendes Verhältnis zu dieser zerfallenden, gespaltenen Welt geben muß, ohne daß man die Konflikte verdrängt oder diese Welt bloß noch als Falle erlebt.

Dieses Lachen wäre die Weise, die Welt zu durchschauen, ohne sie zu verteufeln, in der Welt zu leben und doch ihren Strukturen nicht zu verfallen, mit der Zwiespältigkeit zu koexistieren, ohne den Status quo einfach zu bestätigen. Das *Lachen* wäre *eine Weise der nichtregressiven Versöhntheit* mit der eigenen Endlichkeit und Gespaltenheit. Wie hatte der Held des Romans in seinem „Traktat vom Steppenwolf" selber geschrieben?

> „Die friedlosen Steppenwölfe ...: ihnen bietet sich, wenn ihr Geist im Leiden stark und elastisch geworden ist, der versöhnliche Ausweg in den Humor ... Einzig der Humor, die herrliche Erfindung der in ihrer Berufung zum Größten Gehemmten, der beinah Tragischen, der höchstbegabten Unglücklichen, einzig der Humor (vielleicht die eigenste und genialste Leistung des Menschentums) vollbringt dies Unmögliche, überzieht und vereinigt alle Bezirke des Menschenwesens mit den Strahlungen seiner Prismen. In der Welt zu leben, als sei es nicht die Welt, das Gesetz zu achten und doch über ihm zu stehen, zu besitzen, ‚als besäße man nicht', zu verzichten, als sei es kein Verzicht – alle diese beliebten und oft formulierten Forderungen einer hohen Lebensweisheit ist einzig der Humor zu verwirklichen fähig".[5]

Die Anspielungen auf einen Satz des Apostels Paulus sind nicht zu überhören: „Denn ich sage euch, die Zeit ist kurz. Daher soll, wer eine Frau hat, sich in Zukunft so verhalten, als habe er keine, wer weint, als weine er nicht, wer sich freut, als freue er sich nicht, wer kauft, als würde er nicht Eigentümer, wer sich die Welt zunutze macht, als nutze er sie nicht; denn die Gestalt dieser Welt vergeht" (1 Korinther 7,29–31). Was Paulus hier beschreibt, ist die Signatur menschlicher Existenz in einer Welt, die bald vergehen wird. In dieser flüchtigen, vergänglichen Welt kann ein Christ leben, ohne sich in ihr bequem einzurichten, aber auch ohne sie zu denunzieren, zu verteufeln oder apokalyptisch ihren Untergang zu wünschen. Er kann leben in einer fragilen, jederzeit gefährdeten Balance von Involviertheit und Gelassenheit, Einsatz und Geschehenlassen, Betroffenheit und Heiterkeit. In einem seiner eindrucksvollsten, auch autobiographisch gefärbten Texte hat Paulus, der Vielgeprüfte, aber nie Resignierende, diese *Lebensdialektik des Christen* noch einmal so beschrieben: „Wir gelten als Betrüger und sind doch wahrhaftig; wir werden verkannt und doch anerkannt; wir sind wie Sterbende, und seht: wir leben; wir werden gezüchtigt und doch nicht getötet; uns wird Leid zugefügt und doch sind wir jederzeit fröhlich" (2 Korinther 6, 8–10). Jederzeit fröhlich? Wie können wir diesen Satz heute übersetzen?

Lachen als Widerstand

Soll die in Christus ermöglichte Freude an Gott und den Menschen heute nicht zur frommen Selbsttäuschung über den Zustand der Welt führen (für uns, die wir Auschwitz, Hiroshima und Archipel Gulag im Nacken haben), so kann eine Theologie der Freude heute nur noch als Form des geistigen Widerstandes ideologiekritisch konzipiert werden, und zwar nach zwei Seiten:

* als Widerstand *gegen die fröhlichen Problemverdränger*, die ihre christliche Freude unbekümmert um den empirischen Zustand der Schöpfung ausleben und deren fromme Fröhlichkeit durch Wegsehen erkauft wurde. Aber auch

162

* als Widerstand *gegen die humorlosen Katastrophenapostel*, die von partiellen Katastrophenerfahrungen her auf die Verfallenheit und die apokalyptische Untergangsreife der gesamten Schöpfung zu schließen belieben.

Eine so verstandene Theologie der Freude macht auch das Lachen möglich. Und das Lachen aus dem Geist der Freude ist Ausdruck der Fähigkeit einer *Entfanatisierung* und Selbstrelativierung politischer Fanatismen oder religiöser Wahrheitsverbissenheit. Im freudigen Lachen über den Zustand der Welt, auf deren Spielplan seit Jahrhunderten die immer gleichen Tragikomödien zu stehen scheinen, kommt es zur *selbstrelativierenden, selbstkritischen Distanz* coram deo, die in unserem Jahrhundert für die geistige Überlebenskunst buchstäblich lebensnotwendig werden kann. Im Lachen über den Zustand der Kirche kommt es zu einer befreienden Aufdeckung des Allzumenschlichen in ihr, die zum Bleiben, nicht zum Abschied ermutigt. Ja, systemtheoretisch gesprochen, gehört das Lachen zu einem Organismus wie dem der Kirche unlösbar dazu, ist von ihrem „Wesen" überhaupt nicht zu trennen: „Dadurch, daß jedes Denksystem seine spezifischen Normen hat, schließt es auch je Spezifisches aus, und deshalb entwickelt es eine je spezifische Komik. Nur das terroristische System ist ohne Komik, weil es das, was es ausschließt, radikal unterdrückt; es verhindert die Selbstrelativierung mit Gewalt, es muß deshalb auch alles tun, um die prekärste Einbruchstelle, die Komik, zu vermauern."[6]

2 Tucholskys Lachen

Dieses Lachen aber gilt nicht nur der Kirche. Es gilt auch der Schöpfung Gottes überhaupt. Denn eine Theologie des Lachens aus dem Geist der Freude steht nicht im Widerspruch zum Zweifel an Gott und seiner Schöpfung. Sie steht aber auch nicht im Widerspruch zum Hören auf die Zweifel *Gottes* an seinen Geschöpfen. Beide Aspekte wollen wir uns an Texten des wohl größten Satirikers und politischen Publizisten der deutschen Literatur des 20. Jahrhunderts, *Kurt Tucholsky* (1890–1935), klarmachen.

Lachen über die Komik der Geschöpfe

Dem Lachen Gottes über seine Geschöpfe hat Kurt Tucholsky in einem witzigen Poem gesellschaftskritischen Ausdruck verliehen. Es trägt den Titel *„Kleines Gespräch mit unerwartetem Ausgang"*.

> „Der Herrgott saß auf Wolkenkissen
> und sah sich seine Erde an.
> Was braust herauf? Sieh da, das is'n
> Aeroplan.
>
> Ein Offizier grüßt freundlich lächelnd.
> ‚Gestatten! Schwaben Nummer Vier!'
> – und die Propeller surren fächelnd –
> ‚Wir sind nu hier! –
>
> Was sagen Sie zu unserm Siege?
> Wir brachen spielend den Rekord.
> Wozu? Wir brauchen das zum Kriege …'
> ‚Zum Krieg? Zum Mord!'

,Erlauben Sie, Sie sind zu schwächlich ...'
,Und wer gab euch das viele Geld –?'
,Das Volk! Das Volk war es hauptsächlich
vom Rhein zum Belt.'

,Das Volk? Hat es so krumme Nacken?
Ist denn bei euch das Volk so dumm?'
Hier lachte Gott aus vollen Backen.
Man kippte um."[7]

Der Mensch – davon geht dieses Gedicht aus – ist auf eine kindliche Weise stolz auf seine technischen Errungenschaften, seine Siege und Rekorde. In seiner Naivität wird ihm auch ein Kriegs-Flugzeug zu nichts anderem als einem Spielzeug, ohne daß er merkte, was er wirklich anrichtet. Tucholsky verspottet mit diesem Gedicht also eine Menschheit, die ihre selbstdestruktiven Potentiale noch nicht durchschaut hat, und stellt sich auf die Seite eines „Gottes" (hier selbstverständlich als mythisches Zitat), der Klartext redet (Krieg ist Mord) und die Menschheit in ihrer arroganten Ignoranz verlacht. *Gott verlacht die Dummheit eines Volkes*, das den Herrschenden und Mächtigen die Mittel auch noch zur Verfügung stellt, die diese für die Kriegsführung mißbrauchen.

Das Gedicht spekuliert dabei auf raffiniert dialektische Weise mit der *Trotzreaktion* des Volkes, das letztlich doch nicht „das dumme" sein und sich der Kriegsgelüste der Machthaber entledigen will. Mit politisch-strategischem Kalkül setzt es darauf, daß das Volk dies am meisten fürchtet: Gottes Gelächter über seine Dummheit, damit das Volk am Ende in ein Gelächter über seine Machthaber ausbreche. Wie sagte doch auch der in dieser Hinsicht vielerfahrene Dramatiker *Friedrich Dürrenmatt*: „Im Lachen manifestiert sich die Freiheit des Menschen, im Weinen seine Notwendigkeit, wir haben heute die Freiheit zu beweisen. Die Tyrannen dieses Planeten werden durch die Werke der Dichter nicht gerührt, bei ihren Klageliedern gähnen sie, ihre Heldengesänge halten sie für alberne Märchen, bei ihren religiösen Dichtungen schlafen sie ein, nur eines fürchten sie: ihren Spott."[8]

Lachen über die Komik der Schöpfung

Wer wissen will, wie bitter das Lachen des Menschen über den Zustand der Schöpfung sein kann, sollte bei Kurt Tucholsky in die Lach-Schule gehen. Vor allem in seinen kurzen Dialog-Skizzen, versehen mit dem Titel „Nachher", die 1925 beginnen und sich über einen Zeitraum von 3 Jahren erstrecken, hat Kurt Tucholsky immer stärker den Sinn seiner Existenz als Zeitgenosse und Schriftsteller reflektiert – in dem für ihn typischen Schwebezustand zwischen Heiterkeit und Melancholie, Ironie und Ernst, und nicht zufällig wählt er als Pseudonym für diese „Nachher"-Stücke Kaspar Hauser, jenen Fremdling, der die Welt ebenso wenig verstand wie sein Alter Ego im 20. Jahrhundert.

Wachträume von einem Leben „nachher", nach dem Tode, sind diese Prosa-Skizzen. Der Autor phantasiert sich mitten im Leben in einen Zustand nach dem Leben, um vom Leben „nachher" einen Blick werfen zu können auf das Leben „vorher". Tucholsky wäre nicht der Satiriker mit dem Spaß am literarischen Effekt, wenn er die Gelegenheit nicht nützen würde, dieses Leben nach dem Tode in einer Parodie auf Jenseitsklischees auszuschmücken. Er hat sichtlich seine Freude daran, mit den mythischen Versatzstücken zu spielen, Himmelsphantasien zu konterkarieren, Gottesbilder ironisch gebrochen der Lächerlichkeit preiszugeben:

166

Zwei Herren sitzen in einem jenseitigen Herrenbad oder auf einer Wolke und lassen die Beine baumeln. Belustigt kommentieren sie die Einweihung eines neuen Planeten, das Schlußfest auf einem Trabantenmond, einen Maskenball auf der Milchstraße. Schrullige Geister fliegen vorbei, vermutlich auf dem Weg zu einer spiritistischen Sitzung. Ständig geht ein Meteorregen nieder, dazwischen tobt akustischer Urschlamm, und es ächzt in der Materie. Gott selbst ist zu einer Zwitterfigur aus himmlischem Buchhalter und verschrobenem Bastler geworden: ein „alter Herr", der sich zur Abwechslung manchmal einen Meteorregen organisiert und dem man Streiche spielen kann. „Wir fuhrwerken Ihm in Sein Wetter, und Er war ganz verzweifelt."[9]

Deutlich wird: Tucholsky läßt hier wie auch sonst in seinem Werk die Gelegenheit nicht aus, seine komödiantischen Talente zu zeigen, seine Lust am parodistischen Spaß auszuleben und mit den (vor allem religiösen) Traditionen zu spielen wie ein Kind mit den Knochen eines Skeletts. Und doch ist hier das Spiel von einer Abgründigkeit, daß dem Leser das Lachen bald im Halse steckenbleibt. Denn die ganze Himmelsszenerie wird nur aufgebaut, um so effektvoller das Leben des Menschen als Ganzes, seine Rollen und seine Posen, seine Ängst und Sehnsüchte in den Blick nehmen zu können. Nicht um einen mit plumpen Effekten inszenierten Abschied von einem lächerlichen Popanz-Gott geht es hier, sondern um die *Durchschauung des Menschen*, die Entlarvung seiner Attitüden und Masken. Die „Nachher"-Stücke sind nichts als schonungslose Zwischenbilanzen des 35jährigen über den Sinn des bisher gelebten Lebens, und diese Zwischenbilanzen fallen bitter aus: „72 Jahre auf der Erde", läßt Tucholsky einen der Dialogpartner sagen, „das bedeutet: 69 Jahre lang gelogen, Empfindungen versteckt, geheuchelt; gegrinst, statt zu beißen; geschimpft, wo man geliebt hat... Manchmal dämmert eine Ahnung auf, das vielleicht doch lieber zu unterlassen."[10]

Was bleibt für den Menschen? Es bleibt allenfalls das *Gelächter*. Und eine der Schlüsselszenen der „Nachher"-Stücke ist denn auch nicht zufällig dem Gelächter gewidmet. Woher kommt das Lachen? Eine *mythische Szenerie* wird von Tucholsky aufgerissen: Das Lachen kommt vom „Berg des Gelächters", einem Vulkan, aus dem das Lachen quillt und zur Erde herabstürzt:

> „Es war schon finster, als wir vor dem gigantischen Berg standen. ‚Was ist das? Wohin führen Sie mich?' sagte er leise. ‚Was das ist?' sagte ich. ‚Es ist der Berg des Gelächters. Kommen Sie ein Stückchen hinauf – hier hinauf. Hören Sie –!' Wir lauschten.
>
> Kaskaden von Lachen kamen heruntergebraust, Wogen von Gelächter, Kicherbäche, ganze Tonleitern klapperten herab, es schritt auf großen Füßen Treppenstufen herunter, auf uns zu, und wenn es unten ankam, verebbte es in Atemlosigkeit zu kleinen Tönen ... Leise bewegte sich der Boden unter unsern Füßen. Dumpf dröhnend lachten die Bässe, Triller von Frauenlachen stiegen auf und fielen melodisch ab, Koloraturgelächter und silberne Schellen ... Fettes, schadenfrohes Lachen wälzte sich ölig dahin, breit klatschte es an die Ufer; Lachgemecker und fröhliches Gelächter von Kindern, spitze Lachstimmen, die sich überlachten, eine kletterte über die andere, dann fiel alles in sich zusammen. Und wieder stieg oben ein Chor von Gelächtern auf, dumpf überdröhnt von einer dicken, alten, akkompagniert von einer süßen Weibsstimme. Stille. Ein Rinnsal von Lachtränen tropfte an uns vorbei
>
> ‚Das ist der Vulkan des Gelächters', sagte ich. ‚Sie kannten es nicht? Sie haben mir hier oben so viel gezeigt und kannten ihn nicht? Er versorgt die da unten mit Lachen, von oben kommt es herunter, aus dem Vulkankrater rollt es heraus, alle Sorten. Alle Geläch-

ter, die gebraucht werden: Sie haben sie gehört? Grinsen und pfeifende Peitschen mit kleinen Knoten in der Schnur, die brennen so schön ... dummes Lachen und befreiendes Lachen und Lachbonbons, mit Tränen gefüllt – alles kommt von da oben. Man kann nicht hinauf.'

‚Was ist oben?' sagte er. ‚Ich habe es mir sagen lassen', sagte ich. ‚Ein riesiges, tiefes Loch wie im Ätna, da quillt es heraus.' – ‚Aber woher kommt es?' sagte er. ‚Wer versorgt die Erde mit Gelächter – woher diese Quantität, die Unerschöpflichkeit, die immerwährende Bereitschaft, zu geben und zu geben –?'

‚Es gibt ein Ding', sagte ich, ‚das hat begriffen, warum Er das geschaffen hat, da unten. Es hat den Witz der Welt begriffen. Seitdem –' – ‚Seitdem?' sagte er. ‚Seitdem lacht das Ding', sagte ich.

Wir wandten uns ab. Weit unten sahen wir die beiden fallen, ihrer Privathölle zu. ‚Ein seltsames Geschäft', sagte ich. Er wollte lachen, setze plötzlich ab. Im Dunkel glitt eine Tierseele scheu an uns vorüber. ‚Hat das nie aus dem Lachtränenbach getrunken?' sagte er. ‚Tiere lachen nicht', sagte ich. ‚Sie sind die Natur selbst, die ist ernst, unerbittlich, vielleicht heiter – aber lachen? Er läßt sie nicht lachen.' – ‚Und warum nicht –?' sagte er. ‚Weil Er Furcht hat', sagte ich. ‚Er hat Furcht, man könnte Ihn auslachen. Dabei tut es keiner. Sie gehen an den Berg des Gelächters und lachen zwar aus, aber nur einander. Hören Sie, wie es heruntergluckert!'

Jetzt war der ganze Berg überrieselt mit Gelächter, fallendem und steigendem; erst hatten wir ein wenig mitgelacht, dann lächelten wir nur noch, und nun stimmte es ganz traurig. ‚Lachen ist eine Konzession des Herrn', sagte ich. ‚Sie ist auch danach', sagte er. Dann glitten wir davon."[11]

Doppelbödig ist diese Geschichte: Die Quelle des Lachens – so erfahren wir – ist ein „Ding", das den „Witz der Welt begriffen", also verstanden hat, warum Gott die Welt überhaupt schuf. Und gleichzeitig erfahren wir, daß dieses Lachen eine Konzession eben dieses Gottes an die Menschen ist. Isoliert man den sachlichen Aussagegehalt aus dieser mythischen Verkleidung, so ist der Tucholskysche Leser mit einem *Urparadox seiner Existenz* konfrontiert: Die Widersprüche in der Schöpfung sind so groß, daß nur das Lachen bleibt, ja, das Lachen scheint die automatische Folge der Wahrnehmung dieser Widersprüche zu sein. Diese Lachfähigkeit aber ist zugleich eine von Gott den Menschen eingeräumte, um mit den Widersprüchen überhaupt leben zu können, um eine *lebbare Koexistenz in dieser Welt* zu finden.

3 Freuds Lachen

Lachen als Ausdruck der Komik der Schöpfung: Hier setzen auch Witze an, die im Raum des Christentums und Judentums weit verbreitet sind. Was wäre die Kirche ohne die zahlreichen Theologen-, Kleriker- und Papstwitze? Sie wäre nicht zum Aushalten! Man muß dabei nicht *Sigmund Freuds* berühmte Studie über den „Witz und seine Beziehung zum Unbewußten" (1905) studiert haben, um begreifen zu können, wie befreiend die Kraft des Witzes gerade im Raum einer Institution wie der Kirche sein kann. Trotzdem lohnt es sich, Freuds Grundgedanken über die psychosoziale Funktion des Witzes kurz in Erinnerung zu rufen.[12]

170

Was durch den Witz passiert

Der Untersuchung über den Witz war bei Freud das bahnbrechende Werk über die „Traumdeutung" (1900) vorausgegangen, und Freud war klar geworden, daß beide, der Traum und der Witz, im Grunde nach analogen Regeln „funktionieren": Die bei der Traumbildung sich vollziehenden psychischen Vorgänge entsprechen denen beim Witz. Da ist nicht nur der Vorgang der „Verdichtung" analog, d. h. die Vereinigung von Gegensätzen in einem kleinsten gemeinsamen Dritten, sowohl beim Wortwitz wie bei der Traumsprache. Da laufen auch ähnliche Triebregungen ab: Wie der Traum als lustvolle Wunscherfüllung verstanden werden kann, so auch der (vom Wortwitz zu unterscheidende) „tendenziöse Witz", der von der Zote bis zum Zynismus reicht. Dieser ist ja für einen Augenblick Freisetzung unterdrückter Triebe, und zwar nicht im Unbewußten verschlüsselt wie beim Traum, sondern offen und öffentlich. Es ist insbesondere der tendenziöse Witz, der sich auflehnt „gegen den Denk- und Realitätszwang", der „die Vernunft – das kritische Urteil – die Unterdrückung" bekämpft; der „Einschränkungen umgehen und unzugänglich gewordene Lustquellen eröffnen" will.[13]

Und das Lachen? Menschen lachen, wenn – so Freud – „ein früher zur Besetzung gewisser psychischer Wege verwendeter Betrag von psychischer Energie unverwendbar geworden ist, so daß er freie Abfuhr erfahren kann".[14] Gelacht wird demnach mit dem Anteil von psychischer Energie, der durch die Aufhebung der Hemmungsbesetzung frei geworden ist. Lachen ist ersparter Hemmungsaufwand! Kurz: Lachend entlastet sich der Mensch – wenn auch nur für kurze Zeit – vom Aufwand von Verdrängung und erschließt sich auf spielerische Weise neue Lustquellen: Die Zensurinstanz seines eigenen Innern wird temporär überrumpelt.

Auch wenn man weder Anhänger der Freudschen Psychoanalyse ist, noch die Freudsche Theorie des Lachens für umfassend genug hält (warum soll der psychische Energieüberschuß, der bei der Hemmungsersparnis anfällt, nur im Lachen abgeführt werden?), so ist Freuds Beobachtung für bestimmte Formen des Lachens durch Witze bis heute unabweisbar. Der Witz kann in der Tat unsere geheimsten Wünsche aufdecken, uns ein Stück unserer moralischen Hemmungen nehmen, uns etwas bewußtmachen von den Verdrängungen, den Tabus, den Rücksichtnahmen, unter denen wir leben und leiden. Der Witz kann Entlastung schaffen, ohne die wir den Druck oft nicht aushalten würden, Aggressionsabfuhr bewirken, ohne die wir vielleicht zu Gewalttätigkeit neigten.

Anders gesagt: Der Witz ist ebenfalls eine Form der Koexistenz mit einer Welt, unter deren Widersprüchen man leidet, ohne sie wirklich ändern zu können. Er vermag Angst zu reduzieren, ohne sie völlig zu beseitigen, Verbotenes auszusprechen, ohne mit den herrschenden Strukturen der Welt völlig zu brechen, Entspannung zu liefern, ohne alles zu vergleichgültigen. Der Witz bringt die Diskrepanz von Sein und Sollen scharf zum Leuchten, von Sein und Schein, Realität und Fiktion. Er kann die Rolle sein, in die man schlüpft, um anderen ungefährdet die Wahrheit sagen zu können. Er ist oft die Tarnung des Ohnmächtigen, eine Evokation des Unerwarteten, ein Spiel mit dem repressiven Ernst einer Gruppe oder Gesellschaft, eine Grenzerweiterung für Augenblicke. Kurz: Der Witz ist ein Stück narrativer Inszenierung heiter hingenommener Trauer über die Antinomien und Aporien des Daseins, eine Weise nichtregressiver Versöhntheit mit den

Widersprüchen in uns selbst und der Schöpfung, in der wir leben. Im Erzählen des Witzes löst man sich von der Fixierung auf das nur Problematische und stellt die Fähigkeit unter Beweis, eine bedrückende Situation im Akt des Lachens zu entgiften und auf diese Weise psychisch zu bewältigen.

Der christliche und der jüdische Witz

Je stärker die Tabus, um so reizvoller der Verstoß dagegen. Je starrer die Grenzen, desto lustvoller das Rütteln an ihnen. Kein Zufall also, daß gerade im Raum der Religion der Witz blüht. Christentum und Judentum sind davon besonders betroffen. Die Witze, die ihnen gelten, sind Legion. Einige seien herausgegriffen:

(1) *Schöpfungswitze:* „Gott hat die Welt in nur sieben Tagen erschaffen", sagt der Theologe. Darauf der Laie: „So sieht sie auch aus."

(2) *Klerikerwitze:* „Woher kommt es nur", fragte der Bischof von London einmal den berühmten Schauspieler Quin, „daß wir Prediger mit den erhabenen und wahren Gegenständen, die wir verkünden, meist nur geringen Eindruck machen, während ihr Schauspieler mit euren Dichtungen auf der Bühne die Leute so sehr bewegt?" – „Das kommt daher", entgegnete Quin, „daß wir von den erdichteten Sachen wie von wahren sprechen, die Herren Geistlichen dagegen von den wahren wie von erdichteten."[15]

(3) *Papstwitze:* Eines Tages erscheint der Herrgott persönlich Papst Johannes Paul II. in seiner Privatkapelle zu Rom während einer Messe. Den Herrn der Welt hatten seit Monaten Klagen von Millionen von Katholiken aus aller Welt erreicht, vor allem in Sachen Ordination der Frau, Zölibat und Pille, die ihm lang-

173

sam lästig geworden waren. Da er aber das Regiment über die Kirche seinem Stellvertreter auf Erden überlassen hat, kann er ohne diesen nichts tun. „Ich möchte Dich fragen", sagt Gott der Herr: „Wird zu Deinen Lebzeiten die Ordination der Frau noch eingeführt?" Und der Papst antwortet: „Nicht zu meinen Lebzeiten!" – „Wird es denn zu Deinen Lebzeiten noch zur Abschaffung des Zölibatgesetzes kommen?" Wiederum antwortet der Papst energisch: „Nicht zu meinen Lebzeiten!" – „Aber wirst Du denn wenigstens den Frauen die Pille gestatten?" fragt Gott, der Herr, schon ganz resigniert. Aber der Papst bleibt unerbittlich: „Nicht zu meinen Lebzeiten!" Schon will Gott, der Herr, sich abwenden, da ergreift der Papst selber die Initiative. „Wo Du schon einmal da bist, Du Allmächtiger und Allwissender, möchte ich von Dir eine Antwort auf die Frage, die mich schon seit langem quält." – „Welche?" – „Wird es nach meinem Tod noch einmal einen polnischen Papst geben?" – Und wie aus der Pistole geschossen antwortet Gott, der Herr: „Nicht zu meinen Lebzeiten!"

Der *jüdische Witz* dagegen ist oft von größerer Abgründigkeit. Über die Kontrast- und Inkongruenzerfahrung hinaus kennt er eine eigentümliche Melancholie, „etwas wie Trauer darüber, daß Anspruch und Realität sich offenbar nie decken und man, um wenigstens ‚im Wort bestehen zu können', darauf angewiesen ist, Spiegelgefechte mit der Wahrheit zu führen".[16] Das wird gerade an den zahllosen Witzen deutlich, die um das *Verhältnis von Juden und Christen* kreisen. Bei jedem dieser Witze wird man daran erinnert, wie sehr das Christentum sich als Religion der Sieger aufspielte, als Religion der Mächtigen, die alles tat, um Juden zu diskriminieren, zu schikanieren, ja zu liquidieren. Der

174

jüdischen Theologin *Salcia Landmann* verdanken wir eine der umfangreichsten Sammlungen über den „jüdischen Witz" gerade auch in dieser Hinsicht.[17] Einige Beispiele daraus:

(1) *Ein Pfarrer*: „Drei Sachen kann ich bei euch Juden nicht ausstehen: euer disziplinloses Herumlaufen in der Synagoge, euer lärmiges Gebet und eure unordentlichen Beerdigungen." – Der Jude: „Was unsere Zwanglosigkeit in der Synagoge angeht: Wir fühlen uns in ihr halt zu Hause. Was das lautstarke Gebet angeht: Unser Gott ist alt und hört nicht mehr gut. Und was die Beerdigungen angeht, so sehe ich die christlichen auch lieber."

(2) In der Bahn sitzen ein *Priester und ein Rabbiner*. Sagt der Priester: „Nachts im Traum schaute ich ins jüdische Paradies. Ringsum Schmutz und Unrat und lauter ‚Lait'". – Der Rabbiner: „Wie sich das trifft! Auch ich schaute nachts im Traum ins Paradies, aber ins christliche. Ein herrliches Reich, voll von Blumen, Düften und Sonnenschein – aber weit und breit kein Mensch!"

Deutlich wird: In solchen Witzen werden christliche Vorurteile (die unordentlichen, lauten Juden) in ihrer Unangefochtenheit bloßgestellt und erschüttert. Der offene oder latente Triumphalismus des Christentums wird mit einem einzigen Witz zum Einsturz gebracht. Dieser funktioniert wie eine Nadel, die einen aufgeblasenen Luftballon zerplatzen läßt. Viele dieser jüdischen Witze machen Christen blitzartig bewußt, daß ihre Weise, mit dem jüdischen Volk umzugehen, nicht nur arrogant, sondern buchstäblich todernst ist. In christlichen Aussagen über Juden schwingt oft noch das Erstaunen mit, daß es dieses Volk überhaupt noch gibt, obwohl doch die Kirche längst die „allein seligmachende" Heilsinstitution geworden ist und Israel ersetzt hat. Begreiflich, daß Juden nicht zuletzt des Witzes bedurften, um sich das Überleben zu sichern, Witze, deren „Produzenten" nicht selten Elend, Vertreibung und Pogromstimmung waren. Jüdische Witze haben denn auch nicht selten einen tragischen Hintergrund, weisen ins Groteske und Tragikomische. Salcia Landmann spricht zu Recht von einer „Doppelfunktion des Witzes, die von Gewaltherrschern meist klar erkannt wird: einerseits ist er revolutionär, drückt Ablehnung und Mißbehagen aus. Andererseits lähmt er den revolutionären Plan, weil das Lachen lockert und entspannt. Er ist die Waffe des Wehrlosen, der zwar mault, sich aber mit seiner Lage doch halbwegs abfindet."[18]

Andere jüdische Witze sind Ausdruck eines unerschütterbaren Selbstvertrauens, gespeist aus der Gewißheit, gegenüber dem Christentum schließlich die ältere und würdigere Religion zu sein. Insbesondere hohe Vertreter des Christentums wirken vor diesem Hintergrund besonders komisch und lachhaft, wie ein Witz über einen *Papstbesuch in Jerusalem* deutlich macht: „Der Bürgermeister überreicht Seiner Heiligkeit ein uraltes Pergament. Trotz ihrer profunden Kenntnisse können es weder der Papst noch seine Begleiter entziffern. Sie fragen den Bürgermeister. Dieser sagt: Es ist die noch offene Rechnung vom Letzten Abendmahl. Wollen Eure Heiligkeit bitte begleichen."[19]

Eine dritte Variante von jüdischen Witzen gegenüber Christen beruht auf dem Effekt, daß das Christentum keine besondere Religion ist, sondern eine innerjüdische Spielart. Solche Witze entlarven das christliche Exklusivitätsbewußtsein genauso, wie sie den Juden „trösten", daß Christwerden schließlich doch eigentlich nichts Besonderes ist, sondern dem Schicksal Gottes selber entspricht, der ebenfalls seinen Sohn an die Christen verloren hat: „Mein Sohn is geworden e Christ." – „Und was hast du getan?" „Ich habe mich beim lieben Gott beklagt." – „Was hat er dir gesagt?" – „Das sei ihm mit seinem Sohn auch passiert. Ich solle dasselbe tun wie er." – „Und was hat er getan?" – „Er sagt, er hat sofort ein Neues Testament gemacht."[20]

Lachen als Gottvertrauen?

Daß solche Witze aber im Raum des Religiösen funktionieren können, d.h. daß sie das Religiöse nicht zum Verschwinden bringen, sondern in seinen tieferen Schichten erst freilegen, hat damit zu tun, daß sie die Wirklichkeit des je größeren Gottes unangetastet lassen. Lachen und Gottvertrauen ist kein Gegensatz! Lachen ist hier vielmehr *Teilhabe am Gelächter Gottes selber* oder vertrauendes Vorgreifen auf ein mögliches Gelächter Gottes, von dem man voraussetzt oder erwartet, daß er über dieselbe Komik lacht oder lachen wird. Eine Theologie des Lachens bezieht hier ihre Legitimation: im Gelächter Gottes selber. Witz, Ironie und Lachen sind ihre je verschieden zu gebrauchenden Stilmittel, die alle von Menschen gemachten religiösen Institutionen, Ansprüche und Moralismen von der Wirklichkeit des je größeren Gottes her zu relativieren weiß. Wer aufgrund solcher Witze lacht, ist gerade nicht der Gottferne, der Frevler und Sünder, wie bestimmte Psalmen behaupten. Gibt es doch auch einen lachenden „Frevel" um des je größeren Gottes willen, eine „Sünde" wider die Verengungen und Funktionalisierung Gottes für ein bestimmtes religiöses System.

Deshalb gilt: Theologie und Kirche stehen als menschliche Bemühungen oder Institutionen unter einem einzigen, alles entscheidenden Vorbehalt: dem Vorbehalt
eines möglichen Gottesgelächters über sie. Von der
Gotteserfahrung, wie sie im Psalm 2 zum Ausdruck
kommt, sind sie gewarnt, sich durch ihre Praxis nicht
dem Gespött Gottes selber auszusetzen, das schlim-
mer wäre als alles Menschengelächter zusammen.
Nichts haben Theologie und Kirche mehr zu fürchten,
als den Zweifel Gottes an ihnen, der sich in dem Satz
verdichten könnte: „Doch er, der im Himmel thront,
lacht, der Herr verspottet sie."

4 Das Lachen der traurigen Prinzessin

Daß der Mensch ein „animal ridens", ein lachendes
Lebewesen, ist, wußten schon die Alten. Der Mensch
kann lachen, und was lachen kann, das ist ein Mensch.
Doch das Lachen ist mehr als ein Unterscheidungs-
merkmal für den Menschen. Es geht tiefer. Denn ein
bestimmtes Lachen kann den Menschen erst zum
Menschen machen, d.h. seine Menschlichkeit fördern,
seine Humanität freilegen. Gewiß: Es gibt das Lachen
als Ausdruck einer Krise im Menschen, als Form der
Selbstentfremdung, vor allem beim krankhaften, dämonischen Lachen. Aber es gibt auch das versöhnende,
heilende, therapeutische Lachen: Lach dich gesund!
Dieser therapeutischen Funktion des Lachens lohnt
sich eigens nachzugehen. Wir wählen die narrative
Form.

Die Heilkraft des Lachens: Zwei Märchen

Es sind oft die kleinen Geschichten, die eine tiefe Wahrheit enthalten. Die Märchen der Völker gehören dazu. Sie enthalten wenig Informationen, dafür aber viel Orientierung; wenig Wissen, doch viel Weisheit; wenig Artifizielles, stattdessen elementare Weisung für das Leben. Viele Märchen zeigen denn auch einen glücklichen Weg aus der Enge in die Ferne, aus der Beharrung in die Bewährung, aus den Privilegien in das Beschenktwerden. Oft ist nicht der Stärkste und der Klügste am Ende der Glücklichste, sondern der Schwächste und Dümmste. Glück erweist sich in vielen Fällen nicht als Verdienst, sondern als Geschenk, als unverdiente Gnade. *Ernst Bloch* hat dies hellsichtig einmal so formuliert: „Derart sind diese Märchen der Aufstand des kleinen Menschen gegen die mythischen Mächte, sie sind die Vernunft Däumlings gegen den Riesen. Erstes schweifendes Wesen schlägt hier Raum für ein anderes Leben als das, wohin man hineingeboren oder, gebannt, hineingeraten war. Statt Geschick beginnt eine Geschichte, Aschenbrödel wird Prinzessin, das tapfere Schneiderlein holt die Königstochter."[21]

So geht es auch in einem Märchen zu, das von einer „traurigen Prinzessin" handelt. *Ludwig Bechstein* (1801–1860) hat es in seiner Märchensammlung unter dem Titel *„Schwan, kleb an"* genauso überliefert wie die Grimmschen Brüder in der ihren unter dem Titel „Die goldene Gans". Hauptperson (wir halten uns hier an die einfacher erzählte, von der Grimmschen Fassung in vielen Details abweichende Bechstein-Überlieferung) ist Gottfried, der jüngste und schwächste von drei Brüdern, der – so wollen es die Märchen nun einmal – unter seinen Brüdern bitter zu leiden hat, dem

aber eines Tages „im Wald" (auch das wollen die Märchen) eine alte Frau begegnet, die ihm einen Weg aus
seinem Elend weist. Sie gibt ihm den Rat, sich einen
Schwan zu beschaffen, der selbstverständlich nicht ir-
gendein normaler Schwan ist. Denn fassen die Menschen ihn an, bleiben sie beim Ruf „Schwan, kleb an"
an ihm hängen. Gleichzeitig stellt die Frau dem Jungen
in Aussicht:

> „Wenn du nun so einen weidlichen Zug Menschenvö-
> gel gefangen hast, so führe sie nur immer grad aus. Da
> wirst du an eine große Stadt kommen, da wohnt eine
> Königstochter, die noch nie gelacht hat. Bringst du sie
> zum Lachen, so ist dein Glück gemacht."[22]

Natürlich klappt die Sache, und bald hat sich ein gro-
tesk-komischer Zug von Menschen gebildet, die nun an
diesem Tier kleben. Und vor allem das Entscheidende
passiert:

> „Gottfried sah schon die Türme der Hauptstadt vor
> sich; da kam ihm eine wunderschöne Equipage ent-
> gegen, in der eine schöne junge, aber ernste Dame saß.
> Als diese den bunten Zug erblickte, brach sie jedoch in
> lautes Gelächter aus, und ihre Dienerschaft lachte mit.
> ‚Die Königstochter hat gelacht!' rief alles vor Freuden.
> Sie stieg aus, betrachtete sich die Sache noch genauer
> und lachte immer mehr bei den Kapriolen, welche die
> Festgebannten machten. Der Wagen mußte umwenden
> und fuhr langsam neben Gottfried nach der Stadt
> zurück."[23]

Daß Gottfried die lachende Prinzessin nun auch hei-
ratet sowie zu Macht und Ansehen gelangt, dürfen
wir bei einem Märchen ebenfalls erwarten und ist bei
Bechstein mit weniger, bei den Grimms mit etwas
mehr Komplikationen verbunden. Die Pointe dieses
Märchens aber ist weder hier noch dort mit dem

„Happy end" erfaßt, entpricht ein solches Ende doch ohnehin dem vertrauten Erzählschema von Märchen. Die Pointe ist auch nicht mit der Erkenntnis einer märchenüblichen Dialektik von Hoch und Niedrig, Elend und Erfolg identisch. Auch das wäre nichts Besonderes. *Die besondere Pointe* dieses Märchens liegt vielmehr dort, wo das Groteske der Handlung nicht ins Tragische abgleitet, sondern im Lachen aufgefangen wird. Denn bevor Gottfried seine Prinzessin trifft, hat das Schicksal der „Festgebannten" ja durchaus etwas Tragikomisches. Alle Möglichkeiten der Katastrophe sind zu diesem Zeitpunkt noch offen. Der schlimmstmögliche Ausgang ist denkbar.

Erst das *Lachen* leitet die Wende ein, die entscheidende Lebenswende für die klebenden und zappelnden Kreaturen ebenso wie für Gottfried und die Prinzessin. Denn das Lachen taucht ja diese komische Szene nicht nur ins Licht der Versöhnung, so daß die gefangenen Menschen fröhlich in ihre Freiheit gesetzt werden. Es bewirkt bei der Prinzessin vielmehr eine Wende des Herzens und bei Gottfried eine Wende des Glücks. Erst das Lachen macht die beiden überhaupt beziehungfähig. Das gilt insbesondere für die Prinzessin. Jetzt ist sie in der Lage, die Isolation ihres goldenen Käfigs zu transzendieren (die Equipage kehrt denn auch um und folgt dem Zug!) und Beziehung zu ihrer Umwelt aufzunehmen. Die Trauer hatte sie isoliert, das Lachen weckt sie auf. Es gibt ihr das Stück Gesundheit und Menschlichkeit wieder, das sie braucht, um ihr Glück zu machen, was nach dem Erzählschema der Märchen meist in der Findung des richtigen Partners für die Ehe besteht. Das aber heißt nichts anderes als: Im Lachen kehrt die Natürlichkeit und Menschlichkeit dieser Frau zurück, so daß sie das „Natürlichste" von der Welt zu tun imstande ist: zu heiraten ...

Lachen als Kraft der Gesundung und Vermenschlichung: Nicht nur im Volksmärchen, sondern auch in einem der schönsten *Kunstmärchen* der deutschen Literatur taucht dieses Motiv auf. Der große schwäbische Dichter *Eduard Mörike* (1804–1875) hat es in seiner „Historie von der schönen Lau" eingebaut, in das Märchen von einer Wassernixe, die in der Donauquelle (Blautopf) bei Ulm lebt. Die „schöne Lau" aber lebt im „Blautopf", einem trichterartigen Gewässer von großer Tiefe und blauschimmernder Leuchtkraft, nicht freiwillig, stammt sie doch ursprünglich vom Schwarzen Meer und ist die Frau eines „alten Donaunixen", der sie in den „Blautopf" verbannt hat. Warum? Weil sie bisher immer nur tote Kinder zur Welt gebracht hat:

> „Das aber kam, weil sie stets traurig war, ohn einige besondere Ursach. Die Schwiegermutter hatte ihr geweissagt, sie möge eher nicht eines lebenden Kindes genesen, als bis sie fünfmal von Herzen gelacht haben würde."[24]

Das Spannende an dieser Geschichte ist weder der kunstvoll gemachte, scheinnaive, archaisierende Märchenton, den Mörike glänzend imitiert, noch die neomythische Szenerie, die er um dieses in der Tat rätselhafte Gewässer narrativ konstruiert. Das Spannende an diesem Märchen ist auch nicht die Tatsache, daß es wieder einmal glücklich endet. Das Spannende ist die literarische Strategie, mit deren Hilfe Mörike den *Prozeß der Lachfindung als Prozeß der Vermenschlichung* beschreibt. Denn auch hier hatte die Traurigkeit diese Frau in die Isolation getrieben. Anfangs ist sie denn auch überaus menschenscheu, lichtscheu, redescheu. Erst allmählich gewinnt sie zu den Menschen Vertrauen: Nur Schritt für Schritt nimmt sie Beziehungen auf – zu Frauen und Kindern zuerst, schließlich auch zu einem Jungen. Nur Zug um Zug gelingt ihr die

Wende zur Vermenschlichung, das erlösende, befreiende, verlebendigende Lachen.

Die Geschichte endet mit dem Bild der Versöhnung von Mann und Frau. Der „alte Donaunix" ist, nachdem er die fröhliche Kunde gehört hat, vom Schwarzen Meer an den „Blautopf" gereist, um seine Frau in Empfang zu nehmen. Von dieser heißt es jetzt:

> „Die Lau begrüßte sie wie sonst vom Brunnen aus, nur war ihr Gesicht von der Freude verschönt, und ihre Augen glänzten, wie man es nie an ihr gesehen. Sie sprach: ‚Wißt, daß mein Ehgemahl um Mitternacht gekommen ist. Die Schwieger hat es ihm voraus verkündigt ohnelängst, daß sich in dieser Nacht mein gutes Glück vollenden soll, darauf er ohne Säumen auszog, mit Geleit der Fürsten, seinem Ohm und meinem Bruder Synd und vielen Herren. Am Morgen reisen wir. Der König ist mir hold und gnädig, als hieß ich von heute an erst sein Gespons."[25]

Die Signalworte sind hier wohlgesetzt: Die lachende Frau ist die schöne Frau geworden. Das heißt: Im Lachen ereignet sich nicht nur die Therapie des Herzens; im Lachen ereignet sich auch die Verschönerung des Körpers. Nie bist du schöner, als wenn du lachst: So sagt der verliebte Mann seiner Geliebten. Und genau das passiert auch hier: Der Schönheit der Seele entspricht die Schönheit des Gesichts. Lachen macht nicht nur gesund, sondern auch jung und schön. Es führt zur Erneuerung seiner selbst, zur Neugeburt, zur neuen Schöpfung. Deshalb kann es jetzt heißen, daß der Mann die Frau „von heute an" so sieht, als hätte er sie nie zuvor gesehen; so anblickt, als sähe er sie das erste Mal. Deshalb wird der lachenden Frau nicht nur das Leben neu geschenkt, sie ist jetzt auch in der Lage, selber Leben neu zu schenken: Kinder zu gebären, Neuschöpfung zu ermöglichen.

Wer lacht, das ist ein Mensch. Wenn dies gilt, gilt auch das Umgekehrte: Wer nicht mehr lachen kann, hört auf, ein Mensch zu sein. Wir machen uns dies klar an einer großen Erzählung der deutschen Literatur des 19. Jahrhunderts: an der Geschichte vom „verlorenen Lachen", die *Gottfried Keller* (1819–1890) in seine Novellensammlung „Die Leute von Seldwyla" (in den zweiten Teil 1873/74) aufgenommen hat.

Diese Geschichte des großen Schweizer Erzählers ist nicht etwa wegen der Originalität des Inhalts erinnerungswert. Oberflächlich gesehen handelt es sich um nichts als eine Liebesgeschichte, geht es doch in den vier Kapiteln um eine Frau und einen Mann, Jukundus und Justine, die aus den rivalisierenden Dörfern Seldwyla und Schwanau stammen. Sie haben sich ineinander verliebt, heiraten, scheitern, trennen sich und finden sich schließlich wieder. Das ist in der Tat nicht besonders originell.

Origineller ist schon die Rolle des Lachens in diesem Text und das Geflecht aus Individual- und Sozialgeschichte, das diese Novelle zu einer *Schlüsselgeschichte* für die Wirkungen des modernen *ökonomischen und sozialen Umbruchs* in den deutschsprachigen Ländern am Ende des 19. Jahrhunderts macht. Keller zeigt an seinem sozialen „Modell Seldwyla", wie der seit dem Mittelalter eingeschliffene Lebensstil, der u. a. auf bestimmten Produktionsformen beruhte, in Auflösung begriffen ist und die Jahrhunderte gewachsene Harmonie zwischen den sozialen Gruppen, aber auch grundsätzlich zwischen Mensch und Natur, aus der Balance zu kippen droht. Gemüt und Geschäft klaffen immer weiter auseinander; die Liebe wird dem ökonomischen Kalkül geopfert; die Natur (Holzwirtschaft) wird immer mehr nur noch nach ihrem Tauschwert behandelt; die Geldwirtschaft wächst ins Abstrakte (Börsen, Aktien), und die selbständige ökonomische und politische Einheit „Kleinstadt" droht immer mehr einer Zentralherrschaft unterworfen zu werden ... Und weil wir am Ende des 20. Jahrhunderts die Wirkungen dieses ökonomischen und gesellschaftlichen Umbruchs ebenfalls noch spüren, lohnt die Erinnerung an eine Geschichte, die erzählt, wie „alles" angefangen hat.[26]

An drei Gelenkstellen seiner Geschichte hat Gottfried Keller dem *Lachen symbolische Tiefenbedeutung* gegeben. Da ist zuerst die Eingangsszene: Jukundus und Justine lernen sich bei einem vaterländischen Fest kennen, genauer bei einer Preisverleihung, als die Seldwyler einen Siegeskranz von einem der schönsten Mädchen des Festes, Justine, überreicht bekommen. Wörtlich heißt es an dieser Stelle:

> „Aller Augen hafteten an ihr, als sie sich erhob und den ersten Kranz ergriff, welcher soeben den Seldwylern unter Trompeten- und Paukenschall zugesprochen worden war. Zugleich sah man aber auch den Jukundus, der unversehens mit seiner Fahne vor ihr stand und in frohem Glücke lachte. Da strahlte wie ein Widerschein das gleiche schöne Lachen, wie es ihm eigen, vom Gesichte der Kranzspenderin, und es zeigte sich, daß beide Wesen aus der gleichen Heimat stammten, aus welcher die mit diesem Lachen Begabten kommen."[27]

Zum ersten Mal in dieser Geschichte blitzt hier das Lachen auf. Wichtig dabei ist: Lachen ist hier mehr als ein Sympathie- und Vertrauenssignal. Es scheint zwar nur blitzartig auf, und doch kann es eine seelische Grundschicht in beiden Liebenden freilegen, genauer: läßt es blitzartig für beide einen Einblick zu in die „Heimat", aus der sie stammen. Und mit Heimat ist hier mehr als die geographische Landschaft oder Gegend gemeint. Die im Lachen freigewordene „Heimat" ist vielmehr die innere Tiefe, aus der beide ihr Glück beziehen. Anders gesagt: Das Lachen ist hier der nach außen gezeigte tiefe innere Frieden der Seele, ist Ausdruck eines Glücks des Inneren.

Bei diesem Glück wird es nicht bleiben. Zwar setzen sich die Liebenden zunächst über die Vorurteile und Einwände ihres jeweiligen sozialen Umfelds hinweg, heiraten und lassen sich in Seldwyla, dem Ort des Ehemanns, nieder. Auch erste berufliche Rückschläge können noch verkraftet werden, denn Justine gelingt es, mit ihrem Lachen noch einmal dem Leben des Jukundus eine positive Wende zu geben. Sie siedeln in Justines Heimatort Schwanau über, um dort unter – wie sie meinen – günstigeren wirtschaftlichen und sozialen Bedingungen neu anzufangen. Jukundus steigt denn auch in die Seidenweberei der Familie seiner Frau ein.

Aber es dauert nicht lange, so hat sich Jukundus nicht nur vom neuen Umfeld menschlich entfremdet (symbolisch dafür steht seine Skepsis gegenüber der Religion und seine Verweigerung des Kirchgangs), er muß vielmehr das endgültige Scheitern seiner beruflichen Pläne und ökonomischen Geschäfte hinnehmen. Diese Entwicklung aber führt zu einer tiefen Zerrüttung zwischen den Ehepartnern, da Justine sich erstens der Religion (gerade in Gestalt des „modernen" Dorfpfarrers) stark hingezogen fühlt, zweitens den wirtschaftlichen und sozialen Abstieg im eigenen Ort verabscheut und sich drittens weigert, ihrem Mann in eine neue Existenz außerhalb des Dorfes zu folgen. Wörtlich heißt es an dieser entscheidenden Stelle:

> „Leidenschaftlich und rücksichtslos und ebenso unbesonnen rief sie, er möge gehen, wohin er wolle, sie werde ihm nicht folgen, wenn er in ihrem Hause nicht

zu gedeihen vermöge, wo es ihm an nichts und an keinem Entgegenkommen gemangelt habe. Weder den Ihrigen noch ihr selbst fiele es ein, noch das geringste Opfer an ein solch verlorenes Leben zu wagen und das Geld einem solchen ... nachzuwerfen. ... Von diesem Augenblicke an war aus dem Gesichte der beiden Ehegatten jenes anmutige und glückliche Lachen verschwunden, so vollständig, als ob es niemals darin gewohnt hätte."[28]

Angst frißt die *Seele* auf: Das ist die Pointe dieser Szene. Mit genauem Blick für die sozioökonomische Lage des kleinstädtischen Bürgertums seiner Zeit spiegelt Gottfried Keller in seinen Figuren das äußere wie innere Versagen von Menschen angesichts ökonomischer Zwänge in einer zunehmend arbeitsteiligen und geldwirtschaftlich immer komplexeren Industriegesellschaft. Jukundus wird bezeichnenderweise als ein Mann geschildert, der für neue, kompliziertere, abstraktere wirtschaftliche Vorgänge zu „langsam" und zu „unbeweglich" sei. Brutal wird er gezwungen, sich an die harten ökonomischen Realitäten anzupassen. Doch er versagt und steht am Ende als ein Mann da, der von seinen eigenen Arbeitern betrogen und von seinen wirtschaftlichen Konkurrenten überspielt wird, ein Mann, von dem es heißt: „Eine Art unnatürlicher Dummheit legte sich auf seine Seele und umschleierte seine Gedanken, sobald es sich um Geschäfte handelte, und ehe ein halbes Jahr vorüber war, hatte er wie ein verborgener Marder einen merklichen Schaden in Gestalt eines Mindergewinnes angerichtet, welchem nachgespürt wurde."[29]

An dieser Stelle fällt das Schlüsselwort für Jukundus: „Seele", so wie gleich im nächsten Abschnitt im Zusammenhang mit Justine „*Angst*" das Schlüsselwort sein wird. Denn Justine reagiert auf das Versagen ihres

Mannes mit nichts als „beklemmender Angst": Angst vor dem Urteil ihrer Familie, den falschen Mann geheiratet zu haben; Angst vor dem Verlust an „Mut und Selbstgefühl"; Angst vor der Armut; Angst schließlich vor Verlust ihres Kirchenglaubens, an den sie sich zum Schluß so sehr geklammert hatte ... Je mehr aber die Angst in ihrer Seele Platz greift, desto gründlicher verschwindet das Lachen. *Dem verlorenen Lachen entspricht die verlorene „Seele".* Und der verlorenen Seele entspricht die verlorene Beziehung, die Entfremdung, Trennung und schließliche Vereinsamung der beiden Ehepartner. Kellers Geschichte zeigt: Ohne Lachen keine Nähe, kein Vertrauen, keine Liebe. Der lachunfähig gewordene Mensch ist der abgestorbene, verlorene. Menschen, die nicht mehr miteinander lachen können, sind füreinander tot.

Von diesem Punkt ab wird die Geschichte zweigleisig zu Ende erzählt, freilich mit einem symbolischen Gefälle. *Jukundus*, der – äußerlich gesehen – seinen tiefsten Punkt erreicht hatte, ohne aber – innerlich gesehen – die Integrität seiner Seele geopfert zu haben (weder dem kapitalistischen Konkurrenzsystem noch dem falsch modernisierten Kirchensystem), gelingt allmählich die wirtschaftliche Konsolidierung: Er steigt sozial und politisch auf, ohne freilich das Glück wiederzufinden, das er in seinen ersten Jahren mit Justine erfahren hatte. Im Gegenteil: Im Raum der Politik, in den er hineingezogen wird, herrscht ein Ungeist der Intrigen, der Verleumdung, des „Auslachens und Heruntermachens", der Jukundus innerlich völlig abstößt, obwohl er äußerlich mitmacht. Ein trauriger Ernst prägt von nun an sein Gesicht angesichts des Dilemmas, in das er sich verstrickt hat. Und dieser sein „Ernst" kontrastiert dabei mit der „lachenden und stets zechenden" Meute von Leuten, die unbekümmert um das öffentliche Wohl ihr Leben genießen. Während nicht das „leiseste Lächeln" sein „trauriges Gesicht" bewegt, gedenkt Jukundus „der Tage, wo er auch froh gewesen und harmlos sich des Lebens gefreut" hatte.[30]

Aber Jukundus nimmt jetzt eine führende Position im Raum der Politik ein und spielt das Spiel der Intrigen und Verleumdungen des jeweiligen politischen Gegners mit. Als seine Anhänger beschließen, eine neue Kampagne zu starten, dafür aber keine „Munition" haben, erklärt Jukundus sich bereit, das „Ölweib" aufzusuchen, jene rätselhafte Frau, die ihren Spitznamen „nach der biblischen Witwe mit dem unerschöpflichen Ölkrüglein" trägt. Warum? „Weil ihr der gute Ratschlag und die üble Nachrede so wenig ausgehe, wie jener das Öl. Wenn man glaube, es sei gar nichts mehr über einen Menschen vorzubringen und nachzureden, so wisse diese Frau, die in einer entlegenen Hütte wohne, immer noch ein Tröpflein fetten Öles hervorzupressen, denselben zu beschmutzen, und sie verstehe es, in wenig Tagen das Land mit einem Gerüchte anzufüllen."[31]

Deutlich wird: Die Lebenslinie des Jukundus hat sich nach der Trennung von seiner Frau gespalten. Blieb im ersten Teil trotz des ökonomischen Abstiegs bei Jukundus die Integrität seiner Seele bewahrt, so ist es jetzt umgekehrt: Dem äußeren gesellschaftlichen und politischen Aufstieg entspricht die zunehmende Erkaltung seiner Seele. Jukundus sieht sich in ein Geflecht politischer Beziehungen verwoben, aus dem er nicht mehr allein entfliehen kann, das vielmehr seine innere Entfremdung nur noch steigert.

Bei *Justine* ist es gerade umgekehrt. Ihre Geschichte wird als Geschichte des sozialen Abstiegs bei gleichzeitiger Befreiung ihrer Seele weitererzählt. Die Firma ihrer Familie bricht zusammen; Justines Ansehen in der Gesellschaft schwindet; sie muß ihr Leben mit Handarbeiten durchbringen. Auch die Kirche ist ihr kein Halt mehr, gibt doch der früher so verehrte moderne Pfarrer plötzlich sein Amt auf. Justine steht buchstäblich geistig und wirtschaftlich vor dem Nichts. In ihrer äußeren wie inneren Not beschließt sie – angestoßen von einer alten Frau, die als Pilgerin durch ihr Dorf zieht –, eine Witwe aufzusuchen, die mit ihrer Tochter früher einmal in Schwanau gewohnt hatte und von der Justine zu wissen meint, sie habe – den Urchristen gleich – ihre Glückseligkeit im christlichen Glauben gefunden. Sie macht sich auf, „das Geheimnis ihres Friedens und ihres Glaubens zu erforschen".[32]

Erzählstrukturell soll damit deutlich werden: Diejenige Frau, die ihre Seele und damit ihr Lachen aus Angst verloren hatte, macht sich erneut auf die Suche nach ihrer Seele, und zwar unter dem Druck ihrer Lebenskrise. Sozialer Dünkel, wirtschaftlicher Erfolg und religiöse Abhängigkeit von der Kirche hatten eine Scheinsicherheit produziert, deren Aufrechterhaltung nur um den Preis des Seelenverlustes möglich war. Entspricht bei Jukundus dem äußern Aufstieg die innere Entfremdung, so ist es jetzt bei Justine umgekehrt: Ihrem äußeren Abstieg entspricht die innere Selbstfindung.

Damit hat der Erzähler die Konstellation geschaffen, die ihm einen guten Schluß ermöglicht. Denn beide früheren Ehegatten sind nun „auf dem Weg"; beide sind nach wie vor unglücklich und seelenlos, wenn auch jetzt unter umgekehrten Vorzeichen. Jetzt können sie sich wiederbegegnen, und zwar ausgerechnet bei jenem „Ölweib", das – so will es die Geschichte nun einmal –

im selben Haus wohnt wie auch die Witwe, zu der Justine sich aufgemacht hat. Und nachdem sowohl Jukundus von den Machenschaften des „Ölweibs" angewidert als auch Justine von der Trockenheit des Glaubens der Witwe abgestoßen ist, sind beide für eine *Schlußversöhnung* vorbereitet. Keller verlegt sie räumlich ganz bewußt weder in ein Privathaus noch in ein politisches oder religiöses Versammlungshaus. Die Aufhebung der Entfremdung findet vielmehr „über" der Welt des privaten Dünkels, des ökonomischen Wettbewerbs, der politischen Intrigen und der kirchlichen Kontrolle statt: *mitten in der Natur* auf einem der schönen Schweizer Berge, zu dem sich Jukundus und Justine am Morgen nach ihrem ersten Wiedersehen aufmachen. Und daß jetzt auch das verlorene Lachen wiederkehren kann, überrascht nun nicht mehr: „Sobald sie einander gewahrten, kehrte das verloren gewesene Lachen in ihre Gesichter zurück, und sie umarmten und küßten sich herzlich."[33]

Doch Keller wäre nicht der große Erzähler, der er ist, wenn er sich mit diesem simplen Schluß „über der Welt" begnügt hätte. Denn die Problemkonstellation, die er in seiner Geschichte aufgebaut hat, harrt ja noch der Lösung, die über das private Glück der Liebenden hinausgehen muß. Das Lachen steht ja bei Keller für mehr als für privaten Frieden der Seele und die Schönheit einer wieder lachenden Frau. Und in der Tat enthalten die Schlußseiten des „Verlorenen Lachens" durchaus auch *Signale für eine ökonomisch-politisch-religiöse Utopie* des Schriftstellers und Bürgers Gottfried Keller. Denn während die Liebenden herumwandern, fällt ihr Blick nicht zufällig

(1) auf eine *„schön gepflegte Baumschule"*. Sie symbolisiert an dieser Stelle eine Form des Wirtschaftens mit Naturgütern, eine für Keller zukunftsträchtige

ökonomische Zweckrationalität und Vorsorge für die Zukunft, bei der es gelungen scheint, „die bäuerliche Naturalwirtschaft in eine Sparte moderner Industrieproduktion" umzuwandeln.[34] Diese „Baumschule" ist denn auch – so heißt es bezeichnenderweise – nicht von einem Großgrundbesitzer angelegt, sondern von einer „bäuerlichen Genossenschaft". Sie dient nicht bloß kurzfristiger Interessenbefriedigung und Gewinnmaximierung, sondern ist angelegt „für ein kommendes Jahrhundert, für die Enkel und Urenkel". Keller plädiert damit indirekt für ein kollektiv-sozialverträgliches, rücksichtsvoll-zukunftsverantwortliches Wirtschaften und nicht für ein sozialantagonistisches, rücksichtsloses und ausbeuterisches. Jukundus und Justine kann denn auch jetzt angesichts dieser ökonomischen Opotion die Erkenntnis zuteil werden: „Daß die Welt überhaupt nicht so schlimm ist, als sie sich gerne stellen möchte. Alle diese hastigen und harten Selbstsüchtigen geben sich eigentlich doch alle ihre Mühe nur für ihre Kinder und erfüllen sogar Pflichten der Vorsorge für die ihnen ungekannten künftigen Geschlechter!"[35]

Ihr Blick fällt aber auch

(2) auf eine *Klosterruine*. Das ist schon in sich symbolisch genug, gehört doch die Kirche für die beiden Liebenden genauso wie für ihren Erzähler der Vergangenheit an. Ihre im Lachen gewonnene neue Identität braucht denn auch keinen kirchlichen Seelentrost mehr. Auf die Frage, was man denn nun „mit der Religion und Kirche machen" solle, antwortet denn auch Jukundus:

„Nichts ... Wenn sich das Ewige und Unendliche immer so stillhält und verbirgt, warum sollten wir uns nicht auch einmal eine Zeit ganz vergnügt und friedlich stillhalten können? Ich bin des aufdringlichen

Wesens und der Plattheiten aller dieser Unberufenen müde, die auch nichts wissen und mich doch immer behirten wollen. Wenn die persönlichen Gestalten aus einer Religion hinweggezogen sind, so verfallen ihre Tempel und der Rest ist Schweigen. Aber die gewonnene Stille und Ruhe ist nicht der Tod, sondern das Leben, das fortblüht und leuchtet, wie dieser Sonntagsmorgen, und guten Gewissens wandeln wir hindurch, der Dinge gewärtig, die kommen oder nicht kommen werden. Guten Gewissens und ungeteilt schreiten wir fort; nicht Kopf und Herz oder Wissen und Gemüt lassen wir uns durch den bekannten elenden Gemeinplatz auseinanderreißen; denn wir müssen als ganze unteilbare Leute in das Gericht, das jeden ereilt!"[36]

Die Schlußpointe dieser Novelle ist damit ausgesprochen. Sie lautet: Wenn die ökonomischen Widersprüche versöhnbar, die Wunden heilbar, die Naturschönheiten genießbar und das Ewige und Unendliche nicht ständig von Unberufenen besprochen und verwaltet wird, sondern sich „stillhält und verbirgt", dann kann in der kleinen Utopie dieser Erzählung auch das Lachen wiederkehren, genauer: Dann ist das Lachen im „Verlorenen Lachen"

* Ausdruck der „blühenden Schönheit" und des „alten Glücks" der Liebenden;
* Ausdruck der Versöhntheit der Seele, der Heilbarkeit der Schmerzen und der Identität mit sich selber;
* Ausdruck einer nichtentfremdeten sozialökonomischen Lebensform in einer wirklichen „Heimat" – Gegenbild zu jeder rücksichtslosen Selbstsucht.

Selbstsucht, Geschäftssinn in negativer Form – all dies hatte sich unter den ökonomischen Bedingungen der beginnenden modernen Industriegesellschaft auch im Schweizer Bürgertum breitgemacht. Gottfried Keller hatte diese Entwicklung schon in der Vorrede zum zweiten Buch seiner Novellensammlung „Die Leute von Seldwyla" mit feiner Ironie charakterisiert. Das verlorene Lachen – es ist Indikator einer verlorenen Identität, einer Erkaltung der Seele, einer Erstickung der Freude unter dem Druck der „Geschäfte", kurz: der Selbstauslieferung an den Krämergeist und den Gewinnbetrieb:

> „Immer sind sie in Bewegung und kommen mit aller Welt in Berührung. Sie spielen mit den angesehensten Geschäftsmännern Karten und verstehen es vortrefflich, zwischen dem Ausspielen schnelle Antworten auf Geschäftsfragen zu geben oder ein bedeutsames Schweigen zu beobachten. Dabei sind sie jedoch bereits einsilbiger und trockener geworden; sie lachen weniger als früher und finden fast keine Zeit mehr, auf Schwänke und Lustbarkeiten zu sinnen."[37]

5 Kafkas Lachen

Lachen kann Dynamit sein. Lachen ist oft unkalkulierbar, unkontrollierbar. Lachen kann Menschen buchstäblich „ergreifen", ohne alles Wollen oder Verschulden. Man kann lachen, daß es einen schüttelt, biegt oder fortreißt. Lachen hat den Charakter einer irrationalen Macht. Wohl deshalb kennt das Lachen keine Grenze, keine Tabus, keine moralischen Hemmnisse. Man kann über alles lachen, und über alles ist gelacht worden, wir haben darüber berichtet: über das Höchste und das Niedrigste, das Heiligste und das Profanste.

Keiner der großen Schriftsteller des 20. Jahrhunderts hat die Macht des Lachens so präzise beschrieben wie der Prager *Franz Kafka* (1883–1924).[38] Von 1908 bis 1922 war der promovierte Jurist bekanntlich Angestellter der „Arbeiter- und Unfall-Versicherungsanstalt für das Königreich Böhmen" mit Sitz in Prag. Im August 1912 hatte er die damals in Berlin lebende, vier Jahre jüngere Jüdin Felice Bauer kennengelernt, die zwei Jahre später seine Verlobte werden wird, ohne daß dies Kafkas private Situation ins Glückliche gewendet hätte (eine Entlobung, eine zweite Verlobung und eine endgültige Trennung werden bis Dezember 1917 noch folgen).

Doch noch ist es nicht soweit. Im September 1912 hatte Kafka seinen Durchbruch als Schriftsteller erlebt, entsteht doch in der berühmten Nacht vom 22. auf den 23. September dieses Jahres die Erzählung „Das Urteil". Gut vier Monate später, am 8./9. Januar 1913, schreibt Kafka Felice Bauer einen Brief, in dem er sich – fast beschwörend – als ein Mensch vorstellt, der „auch lachen" könne. Ja, er sei sogar „als großer Lacher" bekannt, und als Beweis erzählt Kafka die Geschichte von einer Begebenheit in seiner „Anstalt", die zwar schon zwei Jahre zurückliege, im Haus aber bereits legendäre Züge angenommen habe. Die Sache war die: Für eine Beförderung war Kafka mit zwei anderen Kollegen vor den Präsidenten der „Anstalt" zitiert worden, eine Situation, die wahrhaftig Würde und Ernst verlangte, gleiche doch die Zusammenkunft mit dem Präsidenten – so Kafka ironisch – in den Augen des „normalen Beamten" der „Zusammenkunft mit dem Kaiser". Wir befinden uns – nota bene – noch in der K. u. K.-Monarchie, Böhmen war noch bei Österreich, und noch herrschte der alte Kaiser Franz-Joseph.

Doch irgend etwas muß Kafka an dieser Situation komisch berührt haben; vielleicht war es die „urkomische Stellung" dieses vor ihm gravitätisch aufgebauten präsidialen Würdenträgers; vielleicht war es aber auch nur eine damalige „unbeherrschbare Laune". Wie immer: Kafka bekommt, ohne daß er das will oder stoppen könnte, mit Unterbrechungen auf einmal „kleine Lachanfälle", die er aber durch künstliches Husten gerade noch überdecken kann. Auch der Präsident merkt noch nichts, und die Zeremonie geht ihren Gang ...

Erst als der Präsident selber seine Rede beginnt, eine „übliche, längst vorher bekannte, kaiserlich-schematische, von schweren Brusttönen begleitete, ganz und gar sinnlose und unbegründete Rede", da kann sich der Angestellte Kafka nicht mehr länger halten. Ein Lachen bricht aus ihm heraus, das alles mit in den Strudel reißt:

„Zuerst lachte ich nur zu den kleinen hie und da eingestreuten zarten Späßchen des Präsidenten; wärend es aber Gesetz ist, daß man zu solchen Späßchen nur gerade in Respekt das Gesicht verzieht, lachte ich schon aus vollem Halse. Ich sah, wie meine Kollegen aus Furcht vor Ansteckung erschraken, ich hatte mit ihnen mehr Mitleid als mit mir, aber ich konnte mir nicht helfen, dabei suchte ich mich nicht etwa abzuwenden oder die Hand vorzuhalten, sondern starrte immerzu dem Präsidenten in meiner Hilflosigkeit ins Gesicht, unfähig, das Gesicht wegzuwenden, wahrscheinlich in einer gefühlsmäßigen Annahme, daß nichts besser, alles nur schlechter werden könne und daß es daher am besten sei, jede Veränderung zu vermeiden. Natürlich lachte ich dann, da ich nun schon einmal im Gange war, nicht mehr bloß über die gegenwärtigen Späßchen, sondern auch über die vergangenen und die

196

zukünftigen und über alle zusammen, und kein Mensch wußte mehr, worüber ich eigentlich lache."[39]

Doch Kafka hat Glück: Die Reaktion der kleinen Festversammlung auf diesen Lachanfall ist zunächst nur „allgemeine Verlegenheit", nicht mehr, zumal sich der Präsident ohnehin nicht vorstellen kann, daß er selber Auslöser und Objekt dieses Lachens gewesen sein könne. Doch das Unglück will es, daß nun ein Kollege Kafkas das Wort ergreift, um auf eine Äußerung des Präsidenten zu reagieren, ohne zu merken, daß dies der unpassendste Augenblick ist, und zwar sowohl für den Präsidenten (dem das alles „zum Tode" gleichgültig war) wie für den armen Kollegen Franz Kafka, dem nun vollends alle Lachsicherungen durchbrennen:

„Als er also jetzt mit schwingenden Handbewegungen etwas (schon im allgemeinen und hier insbesondere) Läppisches daherredete, wurde es mir zu viel, die Welt, die ich bisher immerhin im Schein vor den Augen gehabt hatte, verging mir völlig und ich stimmte ein so lautes, rücksichtsloses Lachen an, wie es vielleicht in dieser Herzlichkeit nur Volksschülern in ihren Schulbänken gegeben ist. Alles verstummte und nun war ich endlich mit meinem Lachen anerkannter Mittelpunkt. Dabei schlotterten mir natürlich vor Angst die Knie, während ich lachte, und meine Kollegen konnten nun ihrerseits nach Belieben mitlachen, die Gräßlichkeit meines so lange vorbereiteten und geübten Lachens erreichten sie ja doch nicht und blieben vergleichsweise unbemerkt. Mit der rechten Hand meine Brust schlagend, zum Teil im Bewußtsein meiner Sünde (in Erinnerung an den Versöhnungstag), zum Teil, um das viele verhaltene Lachen aus der Brust herauszutreiben, brachte ich vielerlei Entschuldigungen für mein Lachen vor, die vielleicht alle sehr überzeugend waren, aber infolge neuen, immer dazwischenfahrenden Lachens gänzlich unverstanden blieben."[40]

Nun aber ist auch der Präsident „beirrt", und Kafka muß das Schlimmste befürchten. Aber mit der Präsidenten eigenen Fähigkeit, Konflikte abzubiegen, findet dieser irgendeine Floskel und komplimentiert die Herrn nach draußen. Kafka selber verabschiedet sich in seinem Brief an Felice aus dieser Szene mit den Worten: „Unbesiegt, mit großem Lachen, aber todunglücklich stolperte ich als erster aus dem Saal."

Kafkas Lachen – wir beschränken uns hier auf die Interpretation dieser einen autobiographischen Szene[41] – ist ein eigentümliches Lachen, in dem scheinbar Widersprüchliches und völlig Disparates zu einer paradoxen Synthese zusammengezwungen wird. Denn Kafka erlebt ja *erstens* das Lachen als eine *ekstatische Macht*, über die er keine Kontrolle mehr hat, als Einfallstor des Irrationalen, geradezu Dämonischen, das sich trotz aller Selbstzüchtigung der Steuerung und Beherrschung entzieht. Präzise wird von Kafka beschrieben, wie das Lachen über den praktischen Anlaß hinausgeht und buchstäblich die Zeiten ein- und „alles" mitreißt.

Kafka erlebt *zweitens* das Lachen als sozial *destabilisierende Rollengefährdung*. Sein „lautes, rücksichtsloses Lachen" im Angesicht seines Vorgesetzten droht die eingespielte soziale Rolle zu zerstören, das hierarchische Gefälle von Präsident und Angestelltem in Frage zu stellen und damit die berufliche Existenz seiner selbst und seiner Kollegen aufs Spiel zu setzen. Luzide wird von Kafka die „Furcht" der Kollgen vor Ansteckung erwähnt und das eigene „Mitleid", das man mit denen bekommt, die mit in den Strudel des Lachens gerissen zu werden drohen. Luzide werden auch die Selbstzüchtigungen und Demutsgesten beschrieben (Brustschlagen), die Entschuldigungen für so viel Impertinenz. Doch vergeblich. Der Autoexorzismus an den Lach-Dämonen in der eigenen Brust will nicht gelingen ...

Kafka erlebt sein Lachen *drittens* als *Auslöser von Angst, Gräßlichkeit und Unglück.* Von einem freudigen, fröhlichen, beglückenden Lachen längst keine Spur mehr. Kafkas Lachen geht zusammen mit schlotternden Knien, mit Zittern vor der Entdeckung, mit schmerzhafter Unterdrückung, mit Peinlichkeit im wörtlichen Sinn. Kafkas Lachen ist ein Lachen, bei dem man sich in Schmerzen winden kann. Der Lachende wird fast zu einem Besessenen, der erst im Nachhinein erschrocken reflektieren kann, wohin das Lachen ihn getrieben hat.

Vielleicht erklärt sich die Angst vor dem Lachen (insbesondere bei Vertretern der Autoritär jeder Coleur) von hierher. Das „laute, rücksichtslose" Lachen als Einfallstor des Dämonischen, Teuflischen. Der lachende Mensch als der Tor, der Zweifler, der Selbsttäuscher, der Unbesonnene, der Frevler, den man zur Selbstkontrolle zwingen muß. Vielleicht erklärt sich also von hierher, warum insbesondere Vertreter der Kirche sich seit jeher bemühten, das Lachen zu bändigen, zu kanalisieren oder zu funktionalisieren. Doch der Geist des Lachens – einmal befreit – denkt nicht daran, in die Flasche zurückzukehren, die Moralprediger aller Coleur und aller Jahrhunderte ihm beschwörend entgegenstrecken: Komm zurück!

Über alles lachen? Lachen und Ethos

Und doch entbindet die Absage an einen humorlosen Moralismus nicht vom selbstkritischen Bedenken eines Problems, das sich bereits bei Homer und dem rücksichtslosen Lachen der Götter stellte und das deshalb Platon und Aristoteles nicht zufällig beschäftigte. Sicher: Man kann über alles lachen, und selbst ein Lachverbot wäre etwas Lächerliches. Gerade Kafkas Lachen zeigt ja, wohin ein solches führen müßte: zum Lachkrampf, zum Lachen, bei dem man sich vor Schmerzen windet ...

Und doch ist damit ist die Frage noch nicht aus der Welt: Soll man „über" alles lachen? Gibt es (zumindest für einen selber) Grenzen des Lachens, Selbstbeschränkungen, denen man sich bewußt sein sollte, gerade auch wenn man sie ignoriert? Aufgeworfen ist damit das Problem der ethischen Selbstbindung, der freiwilligen Selbsteinschränkung – gerade wegen all der Möglichkeiten, die sich im Lachen anbieten. Keine Frage doch: In vielen Bereichen kann der Mensch bereits mehr, als er sollte, mehr als ihm guttut. Seine technologische Macht etwa ist beinahe grenzenlos, beinahe unbeherrschbar. Auf die Macht des Lachens übertragen, heißt die entscheidende Frage: Menschen können über alles lachen; aber sollten sie es tun? Schon Henri Bergson wußte, daß das Lachen „meist mit einer gewissen Empfindungslosigkeit verbunden" sei, einer „vorübergehenden Anästhesie des Herzens" bedürfe, „um sich entfalten zu können".[42] Aber um so dringender ist die Frage: Steht das Lachen prinzipiell „jenseits von Gut und Böse"?

Jemand erzählt einen Witz, etwa über einen alten Menschen, einen Behinderten, einen Ausländer oder einen Juden. Alles klingt zunächst recht amüsant, reizt zum Lachen. Doch kaum ist die Pointe verklungen, bleibt einem das Lachen buchstäblich im Halse stecken: „Lach, wenn du kannst."[43] Ungezählte Male hat man dies erlebt, war man Zeuge etwa von „ethnic jokes", von Witzen über ethnische Minderheiten. Sol-

che Witze gleiten sehr rasch ab in das, was man „makaber" nennt.

Das Wort „makaber" kommt bekanntlich vom französischen „macabre", das seinerseits zurückgeht auf
die biblische Geschichte der makkabäischen Brüder
(erzählt in den Makkabäerbüchern), die um ihres Glaubens willen den Märtyrertod auf sich nahmen. Das
Makabre hat deshalb stets mit dem Tod zu tun (dance
macabre = Totentanz), meint das Grausig-Düstere,
Schauerlich-Bedrückende. Ja mehr noch: „Makaber" bedeutet auch: mit dem Tod, der Krankheit, der Behinde-
rung von Menschen Scherze treiben, Witze machen.

Die nötige Verweigerung des Lachens

Für einen Christen, dessen Lachen aus dem Geist der
Freude und des Glücks kommt und der sich den Verachteten und Ausgegrenzten in besonderer Weise verpflichtet fühlt, gibt es Grenzen des Lachens, gibt es
eine *ethische Selbstverpflichtung auf die Lachverweigerung.* Der Schriftsteller Dieter Wellershoff hat zu
Recht davon gesprochen, daß Witze in einer Gesellschaft nicht nur etwas Befreiendes, sondern auch etwas
Repressives haben können und die Mitglieder einer
Gruppe dem *Konformitätsdruck* unterwerfen. Wie oft
hat man selber schon erlebt, daß man aus Gruppen-
druck mitgelacht hat, obwohl einem speiübel war, nur
um nicht als spießig-humorlos aufzufallen. Dagegen
Wellershoff: „Das Nicht-Mitlachen, das meistens be-
schämt werden soll als Muckertum und Gehemmt-
heit (was natürlich auch zutreffen kann), ist häufig
eine unbewußte Weigerung, sich auf die im Gelächter
vorausgesetzten Normen wieder einzulassen. Das
Lachen kommt einem dann unerträglich vor, als der

scheinhafte Freiheitstaumel einer Gesellschaft von Spießern."[44]

Die Frage der nötigen Lachverweigerung hat also durchaus eine kritische gesellschaftliche Dimension. In allen hochindustrialisierten Ländern hat sich längst eine gesellschaftlich legitimierte *Unterhaltungsindustrie* etabliert, die es beinahe täglich darauf anlegt, ihr Publikum durch Lachen bei Laune zu halten. Die Schar der Showmaster, der Animateure, der professionellen Spaßmacher und Volksbelustiger ist mittlerweile Legion. Lachen ist zum Unterhaltungsgeschäft verkommen, das in einer hochkomplexen Informationsgesellschaft psychosozial seine zugelassene Funktion erfüllt: Entspannung, Ablenkung, Überspielung von Alltagssorgen bei Zuhörern, Zuschauern oder Lesern. Und spätestens dann hört die (legitime) Spaßmacherei auf, spaßig zu sein, wenn sie sich verselbständigt und die (nötige) Entspannung zum Narkotikum wird, mit dem man sich den kritischen Blick auf die sozioökonomischen Widersprüche in einer Gesellschaft verstellt und den Drang nach Solidarität abtötet. Die gute Laune ist dann nur noch durch Wegsehen erkauft. „Spaß haben" ist zur Rechtfertigungsformel für alle möglichen Befriedigungsarten geworden; die Schamschwelle ist gesenkt, die bisher Formen selbst perverser Sexualität gesellschaftlich tabuisiert oder stigmatisiert hatte.

Auch hier hat der Faschismus in Deutschland dafür gesorgt, daß die Unterhaltungsindustrie ein für allemal ihre *politische Unschuld verlor.* Auch der „Spaß" ist ein „Meister aus Deutschland": Unter diesem Titel (eine Variation des berühmten Verses von Paul Celan „Der Tod ist ein Meister aus Deutschland"[45]) wurde kürzlich auf eindrucksvolle Weise dokumentiert, wie die Unterhaltungsindustrie von den Nazi-Schergen be-

202

wußt benutzt und gezielt eingesetzt wurde, um das Volk vom brutalen politischen Geschäft abzulenken und insbesondere während des Krieges „bei Laune" zu halten.[46] „Sorgen Sie mir dafür, daß das deutsche Volk wieder Lachen lernt", so wird Adolf Hitler persönlich zitiert, der denn auch einen entsprechenden Auftrag an den Organisator des Nazi-Freizeitwerkes „Kraft durch Freude" gegeben hat. Mit Judenwitzen, antisemitischen Gesellschaftsspielen, Karikaturen und nicht zuletzt mit Hilfe des Unterhaltungsfilms verstanden es die Faschisten, sich das Lachen als Droge zunutze zu machen. Ein bestimmtes Deutschland lachte sich buchstäblich zu Tode, während an der Front Soldaten zu Hunderttausenden krepierten, in Bombennächten Hunderte von Städten ausgerottet und in den Konzentrationslagern Millionen Juden vergast wurden. Die Judenwitze hatten ja auch die Pogrome vorbereitet; das Lachen hatte auch hier im Vorfeld die Schamschwelle gesenkt und Hemmungen abgebaut, wo sie noch vorhanden gewesen sein mochten. Um so leichter dann das Werk der Henker ...

Eine christliche Theologie des Lachens fordert deshalb für bestimmte Fälle eine Lachscham, einen *bewußten Lachverzicht*, eine protestierende Lachverweigerung. Sie protestiert gegen ein Lachen vor allem von oben nach unten: auf Kosten der ohnehin Schwachen, Ausgegrenzten und gesellschaftlich Verachteten. Ein Lachen auf Kosten der Menschenwürde, ein Lachen als Akt weiterer Ausgrenzung und Deklassierung. Ein solches Lachen, das jede Bindung an Humanität und Ethos verloren hat, ist gerade nicht Ausdruck einer Kultur des Lachens, sondern einer Unkultur der Gefühlskälte.

Die Poeten haben auch hier die größere Sensibilität an den Tag gelegt. In seinen „Frankfurter Vorlesungen"

(1966) hat *Heinrich Böll* bereits früh auf die Tatsache aufmerksam gemacht, daß es in der Geschichte der deutschen Kultur immer zwei Weisen von „Humor" gegeben habe, von denen aber nur eine wirklich populär geworden sei. Da sei auf der einen Seite die Weise von *Jean Paul* (1763–1825), dessen Werk sich den Deutschen als „Instrumentarium einer Ästhetik des Humanen" angeboten hätte.[47] Denn gerade auch Jean Pauls Humor sei dem Humanum verpflichtet gewesen: „Der Humor" – so zitiert Böll Jean Paul – „als das umgekehrt Erhabene vernichtet nicht das Einzelne, sondern das Endliche durch den Kontrast mit der Idee. Es gibt für ihn keine einzelne Torheit, keine Toren, sondern nur Torheit und eine tolle Welt."[48]

Dagegen stehe der Humor eines *Wilhelm Busch* (1832–1908), der in Deutschland vor allem durch seine Bildergeschichten von „Max und Moritz" (1865) unvergleichlich populärer geworden sei. Böll hält dies für ein Verhängnis. Seine Begründung:

> „Zur Wahl stand Jean Paul, ein Humaner, der Humor hatte; gewählt aber wurde Busch, ein Inhumaner, der sich selbst illustrierte, es ist der Humor der Schadenfreude, des Hämischen, und ich zögere nicht, diesen Humor als antisemitisch zu bezeichnen, weil er antihuman ist. Es ist die Spekulation auf das widerwärtige Lachen des Spießers, dem nichts heilig ist, nichts, und der nicht einmal intelligent genug ist, zu bemerken, daß er in seinem fürchterlichen Lachen sich selbst zu einem Nichts zerlacht. Es ist der Geist der Abfälligkeit. Humor hat man lange Zeit so verstanden: das Erhabene oder das, was sich erhaben gab oder dünkte, von seinen Stelzen zu holen. Soweit es überhaupt noch eine Rechtfertigung des Humors in der Literatur gibt, könnte seine Humanität darin bestehen, das von der Gesellschaft abfällig Behandelte in seiner Erhabenheit darzustellen."[49]

Lachkritik: Die Alten haben sie geübt, und im Widerstand gegen das „widerwärtige Lachen des Spießers, dem nichts heilig ist", behält sie auch heute ihr Recht. Hier ist denn auch der Ort, eine Schlüsselstelle des Neuen Testamentes in Erinnerung zu rufen, die ebenfalls von Lachkritik handelt und all denen ihre „Erhabenheit" zurückgeben will, die von der herrschenden Gesellschaft „abfällig" behandelt werden.

Legitime Lachkritik: Jakobus 4,10

Daß eine der jesuanischen Humanitas verpflichtete Theologie des Lachens zusammengeht mit einer politisch und gesellschaftlich relevanten Kritik des Lachens: Das Neue Testament kennt dazu nicht bloß ein Wort Jesu (Lukas 6,25), sondern auch eine eindrucksvolle Passage in einem relativ späten Brief, dem *Brief des Jakobus*. Worum geht es hier?

Mit beinahe prophetischer Wucht wird in diesem Brief vor allem der *Klassengegensatz von Arm und Reich* angegriffen. Ja, dieses Schreiben enthält eine ausgesprochene Theologie der Armut, werden Menschen niedrigen Standes doch an ihre „hohe Würde" (1,9) erinnert. Gott habe doch „die Armen in der Welt ausgewählt", um sie durch den Glauben „reich" (2,5) zu machen. Aber statt daß die Armen geachtet würden, würden sie von den Reichen verachtet, unterdrückt, vor Gericht geschleppt und ihrer Würde beraubt (2,6f). Und zwar von Menschen, die ihre eigentliche „Niedrigkeit" vor Gott offensichtlich völlig verdrängt hätten. Denn was sei schon dieser Reichtum der Reichen, was passiere mit ihm eines Tages? Antwort des Verfassers: Er „wird dahinschwinden wie die Blume im Gras. Die Sonne geht auf, und ihre Hitze versengt das Gras; die Blume verwelkt, und ihre Pracht vergeht" (1, 10 f).

Das ist die Ausgangskonstellation des Jakobusbriefes. Der Verfasser hat es offensichtlich mit einer Situation des Sittenverfalls in oder außerhalb der christlichen Gemeinden zu tun, die aber von den Verantwortlichen völlig verdrängt worden zu sein scheint. Selbstverblendung in einer Scheinsicherheit: das ist die Lage, deren moralischer Korruptheit man sich offensichtlich noch nicht einmal bewußt ist. Wie anders müßte der Verfasser von Kriegen, Streitigkeiten, Kampf der Leidenschaften reden, von Ehebrechern und vom Widerstand gegen den Teufel (4, 1-7). Und weil es der Verfasser mit einer Situation moralischer Unbekümmertheit, Hemmungslosigkeit und fröhlichen Rücksichtslosigkeit zu tun hat, greift er gerade an diesem Punkt an:

> „Sucht die Nähe Gottes; dann wird er sich euch nähern. Reinigt die Hände, ihr Sünder, läutert euer Herz, ihr Menschen mit zwei Seelen! Klagt und trauert und weint! Euer Lachen verwandle sich in Trauer, eure Freude in Betrübnis. Demütigt euch vor dem Herrn; dann wird er euch erhöhen." (4, 8-10)

„Euer Lachen verwandle sich in Trauer": Daß dieser Satz nicht für eine mittelalterliche „Theologie der Tränen" ausbeutbar ist, liegt auf der Hand. Denn hier geht es gerade nicht darum, den Zustand der Trauer pauschal zum Zustand der Gottesnähe zu erklären und den Christen auf die Haltung der Trauer festzulegen, gar eine solche künstliche zu erzeugen. Hier geht es um eine gezielte, situationsbezogene Kritik an der Hemmungs- und Rücksichtslosigkeit, die sich im Lachen offensichtlich Ausdruck verschafft hat. „Lachen" ist hier Realsymbol für Verblendung und Unbeküm-

mertheit, für Selbstsicherheit und soziale Kälte; „Trauern" Realsymbol für Demut, Selbstbescheidung und soziale Sensibilität.

Kritik des Lachens ist also im Jakobusbrief vor allem Kritik der moralischen und sozialen Zustände. Wer so lacht, wie hier beschrieben, hat offensichtlich das Elend übersehen, das überall herrscht. Er fühlt sich den Armen überlegen, die er ob ihrer Armut auch noch verachtet. Der Lachende hat offensichtlich die sozialen Abgründe bisher überspielt, deren Profiteur er war. Kein Wunder deshalb, daß dieser Brief, der mit einer Attacke gegen die Reichen begann, gleich im Anschluß an die Lachkritik mit einer Attacke auf die Reichen schließt:

„Ihr aber, ihr Reichen, weint nur und klagt über das Elend, das euch treffen wird. Euer Reichtum verfault, und eure Kleider werden von Motten zerfressen. Euer Gold und Silber verrostet; ihr Rost wird als Zeuge gegen euch auftreten und euer Fleisch verzehren wie Feuer. Noch in den letzten Tagen sammelt ihr Schätze. Aber der Lohn der Arbeiter, die eure Felder abgemäht haben, der Lohn, den ihr ihnen vorenthalten habt, schreit zum Himmel; die Klagerufe derer, die eure Ernte eingebracht haben, dringen zu den Ohren des Herrn der himmlischen Heere. Ihr habt auf Erden ein üppiges und ausschweifendes Leben geführt, und noch am Schlachttag habt ihr euer Herz gemästet. Ihr habt den Gerechten verurteilt und umgebracht, er aber leistete euch keinen Widerstand." (5, 1–6)

6 Ecos Lachen

Plädieren wird eine christliche Theologie des Lachens freilich in bestimmten Fällen nicht nur für eine Lachverweigerung; sie wird sich auch *gegen die Verabsolutierung des Lachens* aussprechen, wie dies im Roman des Umberto Eco geschieht, wo den mittelalterlichen Helden eine „postmoderne" Haltung des „Spiels" mit allen Wahrheiten zugeschrieben wird. Die Wahrheit Gottes gibt es nicht mehr, und an die Stelle verbindlicher Werte ist die Haltung der Ironie, der Parodie und des Lachens über alles und jeden getreten. Wir wollen zum Schluß unseres Versuchs – wie angekündigt – die Herausforderung von Ecos Roman aufnehmen, seine Folgen bedenken und theologisch eine Alternative entwickeln.

Wider die Vergleichgültigung der Gottesfrage

Die philosophischen Grundaussagen sowohl der Binnen- wie der Außenhandlung des Romans sind von theologischen Kritikern bisher in der Regel heruntergespielt worden. Der brasilianische Befreiungstheologe *Leonardo Boff* zum Beispiel stößt in seiner Betrachtung zu Ecos Roman nur auf die „relativierende und befreiende Funktion des Lachens". Dessen antimetaphysische Grundoption bekommt er nicht in den Blick. Die Wahrheitsskepsis William von Baskervilles („Vielleicht gibt es am Ende nur eines zu tun, wenn man die Menschen liebt: sie über die Wahrheit zum Lachen bringen") wird von Boff *liebesethisch verharmlost*: „Alles hängt davon ab, ob man die konkreten Menschen liebt oder die Formeln, die formalen Wahrheiten. Wenn wir die Menschen wirklich lieben, entdecken wir, daß sie unendlich viel komplexer als jede Wahrheit sind, daß ihr Leben mehr wert ist als alle Wahrheiten, daß wir vor Gott nichts sind, und daß alles, was wir sind, von ihm kommt als eine fröhlich zu genießende Gabe".[50]

Eine solche liebesethische Lektüre des Romans hat die radikale Herausforderung, von der wir im ersten Teil unseres Essays gesprochen haben, ebensowenig verstanden, wie eine *historisierende Betrachtung*. Gewiß kann man mit dem Theologen *Michael Thomas*[51] in Williams und Adsons Positionen Traditionen der mittelalterlichen Philosophie (des Nominalismus auf der Linie Wilhelm von Ockhams) und der deutschen Mystik (Meister Eckhart und Angelus Silesius) wiedererkennen. William beruft sich ja – ganz wie Ockham – auf den „freien Willen Gottes", der vom Menschen nicht mit Hilfe der Vernunft erkannt werden könne. Und Adsons Rede von Gott als „ein lauter Nichts" ist ein direktes Zitat von Meister Eckhart. Aber das alles steht unverkennbar im Dienste der Problematisierung der Wahrheit überhaupt, der Vergleichgültigung der Gottesfrage, der Grundskepsis darüber, ob Gott wirklich existiert oder nicht. Das ist mehr früher Wittgenstein als Ockham, mehr postmoderne Semiotik als mittelalterliche Mystik.

Der Tübinger Theologe und Philosoph *Georg Wieland* hat deshalb völlig zu Recht den entscheidenden Unterschied zwischen dem fiktiven William von Baskerville und dem realen William Ockham herausgestellt, der für die Deutung der philosophischen Grundschicht des Romans zentral ist. Zwar seien sich Ockham und Eco einig im Bezug auf die Theorie der Zeichen: „Da die Welt nichts als die Summe aller einzelnen Weltdinge ist, wandelt sich auch die Welterkenntnis. Sie begreift die Welt nicht mehr als Realisierung einer ihr zugrunde liegenden Ordnung, ist also nicht mehr wesentlich Ordnungsnachvollzug, sondern wird zunehmend zu einem schöpferischen Prozeß, durch den die Einzeldinge erst zu einem Sinnganzen geordnet werden."[52] Zugleich aber hat – so Wieland – der mittelalterliche Philosoph und Theologe nichts zu schaffen mit dem im Roman bedachten „Verzicht auf Wahrheit" und dem „Schweigen" in Bezug auf Gott.

In der Tat muß man sehen, daß hinter Williams und Adsons Positionen in diesem Roman letztlich die *Vergleichgültigung der Gottesfrage* steht. Auch hier hat Wieland das Entscheidende gesehen: „Wenn man nämlich das Gott-Welt-Verhältnis menschlich einsichtigem Nachvollzug zunehmend entzieht – und genau dies geschieht durch die Zentrierung theologischer Reflexion auf die göttliche Allmachts- und Freiheitsperspektive –, dann ist schnell der Punkt erreicht, an dem es für das Welthandeln des Menschen gleichgültig wird, ob es einen Gott gibt oder nicht. Auf dieser Linie scheint sich mir Williams Denken zu bewegen. Diese Vermutung wird bestätigt durch seinen Therapievorschlag; er empfiehlt keine traditionalistische oder reformistische Erneuerung des Bestehenden, er setzt auch nicht auf die befreiende Wirkung der Wahrheit, sondern auf die humane Wirkung des Lachens."[53] Und dieses Lachen ist – wir sahen es ebenfalls – „so etwas wie das letzte *Mittel humaner Selbstbehauptung* gegenüber menschenverachtenden Institutionen".[54]

Wider die Irrsinnsalternative

Man wird deshalb als Theologe zögern, Williams Position des Lachens einfach zu übernehmen, so sehr sie angesichts des verbrecherischen Wahrheitsfanatismus eines Jorge von Burgos befreiend wirkt und so wohltuend sie sich vom Wahrheitsterror der Inquisitoren unterscheidet. Trotzdem wird man sich besser nicht darauf verlassen, daß das Lachen „über" die Wahrheit Menschen wirklich frei macht. Denn die Wahrheit verlachen ist kein Weg ins Freie. Im Gegenteil: Es ist ein Weg ins Reich des Labyrinths, des Unverbindlichen, Undurchschaubaren – metaphysisch und ethisch. Ein solches Lachen – so frei es gegenüber einer Machtkirche auch klingen mag – führt nicht wirklich zur Freiheit, sondern in die Resignation, weil die Widersprüche in Kirche und Gesellschaft zwar verlacht, aber nicht weggelacht werden können.

Kein Zufall deshalb, daß *Adson* am Ende seines Lebens weder an den Gott der Herrlichkeit noch an den Gott der Freude noch an den Gott der Barmherzigkeit glauben kann. Ein befreiendes, messianisches Lachen als Zeichen des Neuanfangs, des neuen Lebens, des Vertrauens in die Schöpfung und den Schöpfer kommt weder bei William noch bei Adson vor. Seltsam: Von einer *Christusnachfolge* und einer paulinischen Lebensdialektik findet man bei diesen „christlichen" Mönchen auffälligerweise keine Spur, was erneut unter Beweis stellt, daß sie weniger christlichem als „postmodernem" Geist entsprungen sind.

Ähnlich ist das *Bild von Kirche* in diesem Roman. Kirche wird hier nicht erlebt als Gemeinschaft der von Christus zur Freiheit befreiten Menschen, sondern als Erfahrungsraum einer *Irrsinnsalternative*: fanatischer, apokalyptischer Zerstörungswahn (Jorge) sowie inquisitorischer Wahrheitsterrorismus (Bernardo Gui) auf der einen sowie mystische Innerlichkeit (Adson) und spiritueller Individualismus (William) auf der anderen Seite. Kirche gibt es hier nur entweder als Ort der Machtdemonstration von Inquisitoren und Apokalyptikern oder als Raum des privaten Rückzugs durch eine spirituelle Elite.[55]

Ein dritter Weg, eine dritte Form gelebter Kirche als Gemeinschaft konkreter Christusnachfolge, kommt hier nicht in den Blick. Er könnte auch nur in den Blick geraten, wenn man eine Theologie des Lachens für möglich hält, die Gott nicht gegen das Lachen ausspielt: entweder indem man alle Wahrheit gottesskeptisch verlacht (William) oder als Einfallstor des Teufels in die Kirche denunziert (Jorge). Eine Theologie des Lachens, die ihre tiefste Quelle vielmehr in einem Gott hat, der mitlachen kann mit seinen Geschöpfen und trotz allem mehr „Freude" hat am Sünder, der umkehrt, als an der Masse der Gerechten, die meinen, der Umkehr nicht zu bedürfen; eine Theologie des Lachens, die um die Doppelsignatur weiß, von der wir gesprochen haben; eine Theologie des Lachens als Form der versöhnten Koexistenz mit den Widersprüchen der Welt, ohne diese zu verdrängen oder sich von ihnen fatalistisch-resignativ erdrücken zu lassen.

So ist es angesichts der beschriebenen Irrsinnsalternative kein Zufall, daß am Ende bei einem Mönch wie Adson von Melk nicht der Wunsch nach Erfüllung und Vollendung durch Gott steht, sondern die Sehnsucht nach Auslöschung, nach Eintauchen „in die wüste und öde Gottheit". Diese seine „Gottheit" ist offensichtlich so „wüst und öde" wie die Welt selber, deren Zeichen man nicht verstanden hat und die einem jetzt wie ein Totentanz, wie ein Narrenschiff vorkommen muß, weil alles auf „Zufall" beruht und eine „Botschaft" nirgendwo erkennbar ist. Und so sehr diese Grunderfahrung des fiktiven Mönchs in Ecos Roman die Grunderfahrung auch ungezählter Zeitgenossen des 20. Jahrhunderts ist, die christliche Theologie tut gut daran, hier geduldig gegenzuargumentieren.

212

Wider den „postmodernen" Ästhetizismus

Wir haben im ersten Teil dieses Essays zu zeigen versucht, daß Ecos Verständnis von Wissenschaft („Semiotik") und Ästhetik („Ironie, metasprachliches Spiel, Maskerade hoch zwei") dem Zeitgeist der „Postmoderne" im dritten beschriebenen Sinn entspricht: Die „Zeichen" der Wirklichkeit erfassen diese nie ganz; die Wirklichkeit ist vielmehr konstituiert durch in sich vielbezügliche, in ihrem Sinn nie voll erfaßbare Zeichensysteme. Gerade im Raum der Ästhetik, etwa im Roman, läßt sich diese philosophische Grundprämisse am anschaulichsten demonstrieren. Ecos „Name der Rose" ist deshalb nichts als die Fortsetzung seiner philosophischen und linguistischen Arbeiten mit den Mitteln der Fiktion. Der Literaturwissenschaftler und Theologe *Hermann Kelber* hat hier den richtigen Punkt getroffen: „Der historische Roman und der Kriminalroman eignen sich besonders gut, das klarzumachen, was Eco ausdrücken wollte. Beide Romanformen propagieren nämlich in besonderer Weise eine ‚Weltordnung' und eine Entsprechung von Denkordnung und Weltordnung. Weil sie aber fingiert sind, weil sie von vornherein als Fiktion rezipiert werden, kommt der Leser nicht auf die Idee, die fiktiven Ordnungen als real anzusehen."[56]

Es entspricht also durchaus Ecos Strategie der Aufbrechung von Wahrheitsmonopolen, seine „postmodernen" Botschaften in einem Kunstwerk zu verschlüsseln. Sie bleiben auf diese Weise ästhetische Gebilde, Kunstprodukte, die nur das repräsentieren, was Eco von der Wirklichkeit überhaupt hält: Sie ist vielfach deutbar, vielbezüglich, verwirrend wie ein Labyrinth. Die einzigen Wahrheiten, die etwas taugen, sind ja nur Werkzeuge, die man nach Gebrauch wegwerfen kann, da das Ganze ohnehin undurchschaubar bleibt.

Dem glaubenden Menschen, dem Christen freilich, ist dieses Verbleiben in der ästhetischen Sphäre nicht möglich, so sehr er die artifizielle Raffinesse eines Kunstwerks bewundern mag. Was dem Künstler gestattet ist, ist dem Glaubenen verwehrt: die Entscheidungen offen zu lassen, die Spiele unendlich weiterzuspielen, die Masken und Rollen durch immer neue auszutauschen und fortgesetzt zu genießen, was Ausdruck einer „postmodernen" Ästhetik ist: „Ironie, metasprachliches Spiel, Maskerade hoch zwei". Der Glaubende fühlt sich vielmehr herausgefordert zu einer *Grundentscheidung*, die *über sein Leben und Sterben* entscheidet, zu einem letzten Ernst und zu einem unendlichen Wagnis: Nachfolge Christi und damit Vertrauen auf den Gott, der sich in Jesus Christus gezeigt hat. Alles ästhetische Spiel hört auf, wenn es um ein Ja oder ein Nein geht. Alle Ironie findet ihr Ende, wo eine Entscheidung verlangt ist. Alle Maskerade ist vorbei, wenn es darum geht, mit dem Ernst der ganzen Person einzustehen. In diesem Sinne hat Hermann Kelber mit seiner Kritik an Ecos Roman recht: „Ecos Rosenroman ist als ästhetischer Entwurf ein postmoderner Mythos, eine erneute Symbiose von poetischem und metaphysischem Denken. Allerdings verbleibt in diesem postmodernen Mythos alles im Bereich des Unverbindlichen ohne metaphysische Wucht und ohne moralische Verpflichtung."[57]

Lachen heißt:
Mit den Tatsachen der Welt nicht fertig sein

Und weil es dem Glaubenden um den letzten Ernst einer Entscheidung zu tun ist, lohnt es sich, den „Fall" des Philosophen *Ludwig Wittgenstein* in Erinnerung zu rufen, dessen Satz von der „Leiter" aus dem „Tractatus" William von Baskerville in den Mund gelegt wurde. Denn schaut man genau hin, so gibt der fiktive Franziskaner in Ecos Roman dem urpsrünglichen Wittgenstein-Satz einen konträren Sinn. Denn für William ist ja die Leiter der Erkenntnis der Wirklichkeit zwar „nützlich", aber letztlich „unsinnig". Konsequent, denn William gelingt es ja nicht, einen „Sinn" in all diesen Zeichen zu entdecken. Sein Vertrauen auf einen Gesamtsinn ist zerstört. Bei Wittgenstein selber ist es gerade umgekehrt: Die Leitern können weggeworfen werden, weil der Erkennende nach deren Gebrauch die Welt „richtig" sehen kann. Der „Tractatus" Ludwig Wittgensteins hat denn auch bei aller kritisch-destruktiven Tendenz letztlich eine konstruktive Absicht. Er stellt gewissermaßen nur die negative Seite von Wittgensteins Versuche dar, so etwas wie eine Welt der Transzendenz und Metaphysik unter den Bedingungen des 20. Jahrhunderts zu denken. Schon im „Tractatus" selber stehen ja Sätze wie diese: „Der Sinn der Welt muß außerhalb ihrer liegen. In der Welt ist alles, wie es ist, und geschieht alles, wie es geschieht; es gibt *in* ihr keinen Wert – und wenn es ihn gäbe, so hätte er keinen Wert."[58] Worauf Wittgenstein aber wirklich hinauswollte, vertraute er seinem *Tagebuch* an. Am 11. Juli 1916 findet man dort die Eintragung:

„Gott und den Zweck des Lebens?
Ich weiß, daß diese Welt ist.

Daß ich in ihr stehe, wie mein Auge in seinem
Gesichtsfeld.
Daß etwas an ihr problematisch ist, was wir ihren Sinn
nennen.
Daß dieser Sinn nicht in ihr liegt, sondern außer ihr.
Daß das Leben die Welt ist.
Daß mein Wille die Welt durchdringt.
Daß mein Wille gut oder böse ist.
Daß also Gut und Böse mit dem Sinn der Welt irgend-
wie zusammenhängt.
Den Sinn des Lebens, d. i. den Sinn der Welt können
wir Gott nennen.
Und das Gleichnis von Gott als einem Vater daran
knüpfen.
Das Gebet ist der Gedanke an den Sinn des Lebens."[59]

Oder noch deutlicher an einer folgenden Stelle: „An
einen Gott glauben heißt sehen, daß es mit den Tatsachen der Welt noch nicht abgetan ist. An Gott glauben heißt sehen, daß das Leben einen Sinn hat."[60]

Eine Theologie des Lachens kann sich in ihren „meta-
physischen" Grundannahmen damit durchaus auf
Wittgenstein berufen. Wer als Christ lacht, bringt damit zum Ausdruck, daß es mit den Tatsachen der Welt
noch nicht abgetan ist, ohne daß diese Welt verachtet
werden müßte. Wer als Christ lacht, nimmt teil am Lachen Gottes über seine Schöpfung und über seine Geschöpfe, und dieses Lachen ist ein Lachen der Barmherzigkeit und Freundlichkeit. Wer als Christ lacht,
übt Widerstand gegen eine „postmoderne" Unverbind-
lichkeitsideologie und Gleichgültigkeitsästhetik ebenso wie gegen eine fanatisierte Wahrheitswut und einen
gewaltsamen Wahrheitsterrorismus. Wer als Christ
lacht, setzt darauf, daß die Leidensgeschichten der
Welt nicht das letzte Wort haben, aber auch genügend

Anlaß bieten, eine Haltung des „postmodernen Lese-
vergnügens" und eine Ästhetik der Ironie und der Maskerade zu durchstoßen und sich mit denen zu solidari-
sieren, die in dieser Welt nichts zu Lachen haben.

In diesem Sinne sei ein Wort des amerikanischen
Theologen *Harvey Cox* in Erinnerung gerufen, ein Satz
aus seinem bereits zitierten und heute noch lesenswer-
ten Buch zum „Fest der Narren": „Das Lachen ist der
Hoffnung letzte Waffe. Auf allen Seiten bedrängt von
Idiotie und Gemeinheit, zu dem Zugeständnis genötigt,
daß wir offenbar unter dem letzten Gericht stehen,
pflegen wir nichts desto weniger das Lachen als unsere
letzte Zuflucht. Unter Unglück und Sterben lachen wir,
statt uns zu bekreuzigen. Oder, vielleicht richtiger gesagt, unser Lachen ist unsere Art, uns zu bekreuzigen.
Es zeigt, daß wir – trotz des Verschwindens jeder Erfah-
rungsgrundlage für die Hoffnung – das Hoffen nicht
aufgegeben haben ... Es könnte durchaus verschwinden, und wo Lachen und Hoffnung verschwunden sind,
da hat der Mensch aufgehört, Mensch zu sein."[61]

Belege, Literatur und Anmerkungen

Mottos – Vorwort – Einleitung

1 *Chrysostomos*, Matthäus-Kommentar, 6. Homilie, in: Bibliothek der Kirchenväter, Bd. XXIII, München 1915, S. 112 (Abschn. 6).

2 *J. W. v. Goethe*, Faust, Prolog im Himmel, VV 275–278.

3 *I. Kant*, Kritik der Urteilskraft, in: Kant-Werke, Bd. VIII, Darmstadt 1975, S. 439. Ich verdanke dieses Zitat *Hans Küng*, der es als Motto über die Feier zu seinem 65. Geburtstag am 19.3.1993 setzte.

4 *M. Frank*, Über Komik, Witz und Ironie. Überlegungen im Ausgang von der Frühromantik, in: Th. Vogel (Hrsg.), Vom Lachen. Einem Phänomen auf der Spur, Tübingen 1992, S. 211.

5 *Th. Vogel (Hrsg.)*, Vom Lachen (s. Anm. 4).

6 *H. Heine*, Ein Weib, in: Sämtliche Schriften, hrsg. v. K. Briegleb, Bd. VII (1837–1844), München 1976, S. 374.

7 *H. Bergson*, Le rire (1900), dt.: Das Lachen. Ein Essay über die Bedeutung des Komischen, Frankfurt 1988, S. 125 f. (Ausgabe Sammlung Luchterhand 757).

8 Eine allgemein gültige Bestimmung dessen, was komisch und lachhaft ist, hat sich als unmöglich erwiesen. Stattdessen hat sich die Einsicht durchgesetzt, daß das Komische je nach Produzent und Situation sowie nach geschichtlichem und kulturellem Kontext sehr verschieden ist. Eine einzige Theorie reicht hier nicht mehr hin. Nach *Aristoteles* lacht man, weil man einen mit Häßlichkeit verbundenen Fehler bei einem Menschen sieht. Bei *Platon* lacht man, wenn man bei anderen Menschen die Diskrepanz von Sein und Schein wahrnimmt. Bei *Thomas Hobbes* lacht man, wenn man sich anderen Menschen gegenüber überlegen fühlt (Inkongruenz- bzw. Kontrasttheorie des Komischen: „On Human Nature" 1650). Nach *Kant* lacht man, wenn sich eine gespannte Erwartung plötzlich in Nichts auflöst (Theorie der *„Erwartungsdurchbrechung"*: Kritik der Urteilskraft, § 54). Nach *Bergson* lacht man über den unangepaßten, lebensfremden, steifen Menschen, über seinen Automatismus und Mechanismus, so daß diese Verhaltensweise sozialer Sanktion unterworfen wird („Le rire" 1900). Das Komische kann man aber auch als Diskrepanz- und Disproportionserfahrung (*„Kontrasttheorie"*: so etwa

H. Plessner, Lachen und Weinen. Eine Untersuchung der Grenzen menschlichen Verhaltens, in: Gesammelte Schriften, Bd. VII, Frankfurt/M. 1982, S. 201–387) oder im Rahmen einer funktional orientierten Situationsanalyse als gesellschaftliche Provokation bestimmen (Theorie der *„Regelverletzung"*: so etwa *J. Ritter,* Über das Lachen, in: ders., Subjektivität, Frankfurt/M. 1974, S. 62–92). Reichhaltiges Material zu den Theorien des Komischen bei: *W. Preisendanz – R. Warning (Hrsg.),* Das Komische, München 1976 (Poetik und Hermeneutik Bd. VII). Ebenso neuerdings: *B. Greiner,* Die Komödie. Eine theatralische Sendung: Grundlagen und Interpretationen, Tübingen 1992 (bes. Kap. I/5: Komiktheorien).

⁹ Verwiesen sei nur auf das Buch von *G. Heinz-Mohr,* Der lachende Christ. Geistlicher Humor quer durch Deutschland, Freiburg 1988. Von größerer Tiefe dagegen die Bücher von *G. Kranz,* Das göttliche Lachen, Würzburg 1970, sowie von *H. Thielecke,* Das Lachen der Heiligen und Narren. Nachdenkliches über Witz und Humor, Freiburg 1975.

¹⁰ *H. Lenk.* Kritik der kleinen Vernunft. Einführung in die jokologische Philosophie, Frankfurt/M. 1987, TB-Ausgabe Frankfurt/M. 1990 (st 1771).

I Probleme mit dem Lachen – ein philosophisch-theologisches Tableau

¹ Ich zitiere nach folgender Ausgabe: *Homer,* Ilias. Neue Übersetzung, Nachwort und Register von R. Hampe, Stuttgart 1979.

² Zum Phänomen des „Lachens der Götter" vgl.: *K. Kerényi,* Antike Religion, Wiesbaden 1971, S. 137–146. *L. Golden,* Geloion in the „Iliat", in: Harvard Studies in Classical Philology 93 (1990), S. 47–57. *S. Halliwell,* The Uses of Laughter in Greece Culture, in: The Classical Quarterley 85 (N. S. 41) 1991, S. 279–296. *R. Muth,* Die Götterburleske in der griechischen Literatur, Darmstadt 1992.

³ Der Literaturwissenschaftler *Hans Robert Jauß* unterscheidet in seinem Überblick über die geläufigen Komik-Theorien am Komischen „zwei grundverschiedene Aspekte, je nachdem, ob das Komische der Herabsetzung eines heroischen Ideals in eine Gegenweltlichkeit oder ob es der Heraufsetzung des materiell Leiblichen der menschlichen Natur entspringt": H. R. *Jauß,* Über den Grund des Vergnügens am komischen Helden, in: W. Preisendanz – R. Warning (Hrsg.), Das Komische, München 1976, S. 104.

⁴ *R. Muth,* aaO., S. 22 (s. Anm. 2).

⁵ So zu Recht *B. Greiner,* Das „Homerische Gelächter", in: ders., Die Komödie. Eine theatralische Sendung. Grundlagen und Interpretationen, Tübingen 1992, S. 18–24, Zit. S. 20.

[6] Ich zitiere nach folgender Ausgabe: *Homer*, Odyssee. Neue Übersetzung, Nachwort und Register von *R. Hampe*, Stuttgart 1979. Ob Homer der Autor der „Odyssee" war oder nicht, ist in der Forschung nach wie vor umstritten. Ich setze das Wort „Homer" in diesem Fall vorsichtshalber in Anführungszeichen.

[7] Diskussion darüber bei *B. Greiner*, Die Komödie, S. 18–24 (s. Anm. 5).

[8] *R. Muth*, aaO., S. 20 (s. Anm. 2).

[9] Ebd.

[10] *P. Friedländer*, Lachende Götter, in: Die Antike. Zeitschrift für Kunst und Kultur des klassischen Altertums, hrsg. v. W. Jaeger, Bd. X, Berlin–Leipzig 1934, S. 209–226, Zitat S. 217.

[11] Ebd.

[12] Beide Zitate: *Hesiod*, Werke und Tage, in: Hesiod, Theogonie. Werke und Tage, hrsg. u. übersetzt von A. v. Schirnding, München 1991, S. 87.

[13] Vgl. *R. Muth*, aaO., S. 9 (s. Anm. 2).

[14] Insbesondere in der Komödie „Die Vögel". Vgl. jetzt dazu: *B. Greiner*, Die Komödie, S. 32–46 (s. Anm. 5).

[15] *M. Mader*, Das Problem des Lachens und der Komödie bei Platon, Stuttgart–Berlin–Köln–Mainz 1977, S. 80.

[16] *H.-G. Gadamer*, Platons dialektische Ethik. Phänomenologische Interpretationen zum Philebos (1931), in: ders., Platons dialektische Ethik und andere Studien zur platonischen Philosophie, Hamburg 1968, S. 148–151.

[17] *M. Mader*, aaO., S. 25 (s. Anm. 15). Zur Deutung des Lachens in der Verhaltensforschung vgl. *I. Eibl-Eibesfeldt*, Grundriß der vergleichenden Verhaltensforschung, München 3. Aufl. 1972.

[18] *M. Mader*, aaO., S. 23 (s. Anm. 15).

[19] Vgl. *Platon*, Nomoi, 732c;735.

[20] *Platon*, Theaetet, 174ab (in der Übersetzung Martin Heideggers: Die Frage nach dem Ding, Tübingen 1962, S. 2).

[21] *H. Blumenberg*, Das Lachen der Thrakerin. Eine Urgeschichte der Theorie, Frankfurt/M. 1987 (stw 652).

[22] Vgl. *Platon*, Theaetet, 174c–175a.

[23] *M. Fuhrmann*, Die Dichtungstheorie der Antike. Eine Einführung, Darmstadt, 2. Aufl. 1992, S. 85. Vgl. auch: *E. Grassi*, Die Theorie des Schönen in der Antike, Köln 1962, Neuausgabe Köln 1982, bes. S. 108–140. Zu Platons Verhältnis zu den Dichtern vgl. auch *H.G. Gadamer*, Platon und die Dichter (1934), in: ders., Platons dialektische Ethik und andere Studien zur platonischen Philosophie, Hamburg 1968, S. 181–204.

[24] *Platon*, Der Staat, übersetzt und hrsg. von K. Vretska, Stuttgart 1982, S. 439 f. (Buch X, 4).

[25] *Platon*, Der Staat, S. 442 (Buch X, 4).

[26] *Platon*, Der Staat, S. 164 f. (Buch III, 3).

[27] *Platon*, Der Staat, S. 159 (Buch II, 21).

[28] *Aristoteles*, Über die Glieder der Geschöpfe, in: Die Lehrschriften, Bd. VIII/2, hrsg., übertragen und in ihrer Entstehung erläutert von P. Gohlke, Paderborn 1959, S. 124 f. (III, 10).

[29] *F. Nietzsche*, Aus dem Nachlaß der Achtzigerjahre, in: Werke, hrsg. v. K. Schlechta, München 1966, Bd. III, S. 467.

[30] *Aristoteles*, Die Nikomachische Ethik, übers. u. hrsg. v. O. Gigon, München 1972 (dtv-Ausgabe Nr. 6011), S. 149 (Buch IV, 14)

[31] *Aristoteles*, aaO., S. 148.

[32] *Aristoteles*, aaO., S. 149. 150.

[33] *Aristoteles*, Rhetorik, übersetzt, mit einer Bibliographie, Erläuterungen und einem Nachwort von F. G. Sieveke, München 4. Aufl. 1993, S. 223 (Kap. XVIII, 7).

[34] Ebd.

[35] *M. Fuhrmann*, aaO., S. 75 (s. Anm. 23).

[36] Dieses und das vorherige Zitat: *Aristoteles*, Poetik, übers. u. hrsg. v. M. Fuhrmann, Stuttgart 1982, S. 9 (Kap. 2) und S. 17 (Kap. 5).

[37] *Aristoteles*, Poetik, S. 17 (Kap. 6).

[38] *Aristoteles*, aaO., S. 19 (Kap. 6).

[39] *U. Eco*, Der Name der Rose (ital. Ausgabe 1980), dt. Ausgabe München 1982. Zitiert wird hier nach der dtv-Taschenbuchausgabe München 1986 (Nr. 10551). Zu Ecos Roman vgl. *U. Eco*, Nachschrift zu „Name der Rose" (ital. Ausgabe 1983), dt. Ausgabe München 1984. dtv-Ausgabe München 1986 (Nr. 10552). *A. Haverkamp – A. Heit (Hrsg.)*, Ecos Rosenroman. Ein Kolloquium. München 1987 (dtv-TB 4449). Ebenso: *B. Kroeber (Hrsg.)*, Zeichen in Umberto Ecos Roman „Der Name der Rose", München 1987. *T. Stauder*, Umberto Ecos „Der Name der Rose". Forschungsbericht und Interpretation. Mit einer kommentierten Bibliographie der ersten sechs Jahre internationaler Kritik (1980–1986), Erlangen 1988 (zum Lachen vor allem S. 71–75). Zur Theorie des Lachens hat sich Eco im Zusammenhang mit Pirandello geäußert: *U. Eco*, Pirandello ridens, in: ders., Über Spiegel und andere Phänomene, München–Wien 1988, S. 244–255.

[40] *U. Eco*, Der Name der Rose, S. 103.

[41] *U. Eco*, aaO., S. 106 f.

[42] *U. Eco*, aaO., S. 108.

[43] *U. Eco*, aaO., S. 126. Vgl. S. 171.

[44] Zu Thomas von Aquin vgl. *U. Eco*, Laudatio auf Thomas von Aquin, in: ders., Über Gott und die Welt. Essays und Glossen, München 1987, S. 284–296 (dtv 10825). Verwiesen sei auch auf die höchst informative Ästhetik des Mittelalters: *U. Eco*, Kunst und Schönheit im Mittelalter (ital. 1987), dt. München 1991; dtv-Ausgabe München 1993.

[45] *U. Eco*, Der Name der Rose, S. 168.

[46] Ebd.

47 Ebd.

48 *U. Eco*, aaO., S. 169.

49 *U. Eco*, aaO., S. 595.

50 *U. Eco*, aaO., S. 600.

51 *U. Eco*, aaO., S. 602–605.

52 Zur Postmoderne-Diskussion vgl. *H. Küng*, Projekt Weltethos, München 1990, S. 20–45. Ebenso: *D.R. Griffin*, God and Religion in the Postmodern World. Essays in Postmodern Theology, Albany/NY 1989. Eine Dissertation über die Rezeption der Postmoderne in der Gegenwartstheologie wird gegenwärtig im Institut für ökumenische Forschung vorbereitet von *M. Schnell*.

53 *J. Habermas*, Der philosophische Diskurs der Moderne. Zwölf Vorlesungen, Frankfurt/M. 1985. *J. B. Metz*, Zukunftsfähigkeit. Suchbewegungen im Christentum, Freiburg 1987 (zus. mit F.-X. Kaufmann).

54 *J. B. Metz*, Gotteskrise. Ein Portrait des zeitgenössischen Christentums, in: Süddeutsche Zeitung vom 24./25. Juli 1993.

55 *R. Barthes*, Kritik und Wahrheit, Frankfurt/M. 1967; ders., Die Lust am Text, Frankfurt/M. 1976; ders., S/Z, Frankfurt/M. 1976. *J. F. Lyotard*, Das postmoderne Wissen. Ein Bericht, Bremen 1982.

56 *L. Fiedler*, Collected Essays, New York 1971. Guter Überblick über die Diskussion bei: *A. Huyssen – K. R. Scherpe (Hrsg.)*, Postmoderne. Zeichen eines kulturellen Wandels, Hamburg 1986.

57 *U. Eco*, Theory of semiotics, London 1976, S. 6; dt.: Semiotik. Entwurf einer Theorie der Zeichen, München 1987, S. 26.

58 *U. Eco*, Postmodernismus, Ironie und Vergnügen, in: ders., Nachschrift zum „Namen der Rose", S. 77 (s. Anm. 39).

59 *U. Eco*, aaO., S. 78 (s. Anm. 58).

60 *U. Eco*, aaO., S. 78. 79 (s. Anm. 58)

61 *T. de Lauretis*, Das Rätsel der Lösung – Umberto Ecos „Name der Rose" als postmoderner Roman, in: A. Huyssen – K. R. Scherpe (Hrsg.), Postmoderne, S. 251–269, Zit. S. 255f. (s. Anm 56).

62 *G. Seibt*, Heilige Zeichen. Der Erzähler und die Wissenschaft vom Lügen: Umberto Eco wird 60, in: Frankfurter Allgemeine Zeitung vom 04. 01. 1992. Die Anspielung auf den „Schauerroman" bezieht sich auf Ecos zweiten großen Roman „Das Foucaultsche Pendel" (ital. 1988), dt. München 1989; dtv-Ausgabe München 1992 (Nr. 11581). Von Ecos eigenen Arbeiten zur Semiotik sei nur hingewiesen auf: *U. Eco*, Einführung in die Semiotik, München ⁷1991; *ders.*, Zeichen. Einführung in einen Begriff und seine Geschichte, Frankfurt/M. 1977 (es 895). Grundlegend auch für seine eigene Poetik bleibt eines der frühen Werke: *U. Eco*, Das offene Kunstwerk, Frankfurt/M. 1977 (stw 222) sowie *U. Eco*, Lector in fabula. Die Mitarbeit der Interpretation in erzählenden Texten, München 1990 (dtv 4531).

222

[63] *T. de Lauretis* hat zu Recht in ihrem Aufsatz herausgestellt: „Es ist nur konsequent, wenn Eco in späteren Arbeiten die These vertritt, daß die Semiotik ‚eine Theorie der Lüge' und der Mensch das einzige Tier sei, das lügen und lachen kann. Ein Text ist so verstanden immer eine Lüge, oft eine vorsätzliche, und seine größte Macht ist das Lachen. Lange bevor Eco den Roman schrieb, der von der Suche nach dem geheimnisvollen Urtext über die Komödie handelt, dem Text über die Wahrheit des Lachens, hatte er über de Amicis populäres Feuilleton ‚Cuore' geschrieben: ‚Entweder lacht man über die (bürgerliche) Ordnung von innen, oder man muß sie von außen verfluchen; entweder man tut so, als ob man sie akzeptierte, um sie dann bloßstellen zu können, oder man tut so, als ob man sie verwürfe, nur um sie dann in anderer Form wieder einzuführen; entweder man ist Rabelais oder Descartes.' In ‚Der Name der Rose', denke ich, will Eco beides sein." (S. 253 f.) Vgl. auch: *P. V. Zima*, Umberto Eco: Von der Avandgarde zur „Postmoderne", in: ders., Literarische Ästhetik. Methoden und Modelle der Literaturwissenschaft, Tübingen 1991, S. 282–295.

[64] *U. Eco*, Der Name der Rose, S. 624.

[65] *U. Eco*, aaO., S. 625.

[66] Ebd.

[67] *L. Wittgenstein*, Tractatus logico-philosophicus. Logisch-philosophische Abhandlung, Frankfurt/M. 1969, S. 115 (es 12) Nr. 6.54 und Nr. 7.

[68] *U. Eco*, aaO., S. 626.

[69] Ebd.

[70] Ebd.

[71] Ebd.

[72] *U. Eco*, aaO., S. 633.

[73] *U. Eco*, aaO., S. 634.

[74] *U. Eco*, aaO., S. 634 f.

[75] *U. Eco*, Nachschrift, S. 42 (s. Anm. 39).

[76] In seiner „Nachschrift" hat *U. Eco* genau bestimmt, an welche Art von Labyrinth er gedacht hat: „3. Schließlich gibt es das Labyrinth als Netzwerk oder ... als Rhizom. Das Rhizom-Labyrinth ist so vieldimensional vernetzt, daß jeder Gang sich unmittelbar mit jedem anderen verbinden kann. Es hat weder ein Zentrum noch eine Peripherie, auch keinen Ausgang mehr, da es potentiell unendlich ist. Der Raum der Mutmaßung ist ein Raum in Rhizomform. Das Labyrinth meiner Bibliothek ist zwar noch ein manieristisches, aber die Welt, in der zu leben William begreift, ist schon rhizomförmig strukturiert – oder jedenfalls strukturierbar, wenn auch nie definitiv strukturiert" (S. 65).

[77] Siehe Teil IV, 6 dieses Buches.

II Vom Lachen der Menschen und vom Lachen Gottes – ein biblisches Tableau

1 *M. Bachtin,* Literatur und Karneval. Romantheorie und Lachkultur (russ. Ausg. 1965), dt. Ausgabe München 1969.

2 Vgl. dazu die Kritik von *D.-R. Moser,* Lachkultur des Mittelalters? Michael Bachtin und die Folgen seiner Theorie, in: Euphorion. Zeitschrift für Literaturgeschichte 84 (1990), S. 89–111.

3 So *H. Bausinger,* Lachkultur, in: Th. Vogel (Hrsg.), Vom Lachen, S. 9–23, Zitat S. 15 (s. Anm. 4, Kap. I).

4 Belege für dieses Zitat und die weiteren Texte in diesem und im nächsten Abschnitt bei: *G. Schmitz,* Ein Narr, der da lacht ... Überlegungen zu einer mittelalterlichen Verhaltensnorm, in: Th. Vogel (Hrsg.), Vom Lachen, S. 129–153 (s. Anm. 4, Kap. I); *ders.,* ... quod rident homines, plorandum est. Der ‚Unwert' des Lachens in monastisch geprägten Vorstellungen der Spätantike und des frühen Mittelalters, in: Stadtverfassung – Verfassungsstaat – Pressepolitik. FS für E. Naujoks zum 65. Geburtstag, hrsg. v. F. Quarthal und W. Sekler, Sigmaringen 1980, S. 3–15.

5 *Hieronymus,* Tract. in Psalmos LXXXIII, in: CCL Bd. 78, Thurnhold 1958, S. 99, Zeile 125–129.

6 *Augustinus,* Sermo 31, in: *Migne,* PL 38, Sp. 194: „Et rident homines, et plorant homines: et quod rident homines, plorandum est".

7 *Chrysostomos,* Matthäus-Kommentar, 6. Homilie, in: Bibliothek der Kirchenväter, Bd. XXIII, München 1915, S. 108f. (Abschn. 5).

8 *Chrysostomos,* Matthäus-Kommentar, 6. Homilie, S. 110–112 (Abschn. 6).

9 *E.R. Curtius,* Europäische Literatur und lateinisches Mittelalter, Bern 1948, S. 423f., Zit. S. 423.

10 *G. Schmitz,* Ein Narr, der da lacht, S. 132f. (s. Anm. 4).

11 Ich schließe mich dem Vorschlag des Münsteraner katholischen Alttestamentlers *E. Zenger* an: Das Erste Testament. Die jüdische Bibel und die Christen, Düsseldorf 1991.

12 *J. Ebach,* „Nein, du hast doch gelacht". Annäherung an eine biblische Wundergeschichte – zugleich: eine weitere Ecce- homo-Variation, in: Einwürfe Bd. IV, München 1987, S. 54–78, Zit. S. 76. 78.

13 *D. Arenhoevel,* Erinnerung an die Väter. Genesis 12–50, Stuttgart 1976, S. 71.

14 *J. Ebach,* aaO., S. 78 (s. Anm. 12).

15 *W. Gross,* Glaubensgehorsam als Wagnis der Freiheit. Wir sind Abraham. Mainz 1980, S. 36. Markantes Zeugnis für die traditionelle Auslegung dieses Abraham-Lachens: *A. Augustinus,* Der Gottesstaat.

16 Zur umstrittenen Deutungsgeschichte dieses Psalms vgl. *J. Schreiner (Hrsg.),* Beiträge zur Psalmforschung. Psalm 2 und 22, Würzburg 1988. Daß der „Sitz im Leben" dieses Psalms die be-

drängte nachexilische Gemeinde sei, hat vor allem neuerdings betont: *E. Zenger*, Mit meinem Gott überspringe ich Mauern. Einführung in das Psalmenbuch, Freiburg/Br. 1987, S. 47–52.

[17] So *H.-J. Kraus*, Psalmen (1. Teilband), 3. Aufl. Neukirchen 1961, S. 16f.

[18] *F. Nietzsche*, Jenseits von Gut und Böse, in: Werke, Bd. II, hrsg. v. K. Schlechta, München 1966, S. 753f. (Nr. 294). Vgl. dazu: *T. Kunnas*, Nietzsches Lachen. Eine Studie über das Komische in Nietzsches Werken, München 1982.

[19] Vgl. zu dieser Problematik: *W. Gross – K.J. Kuschel*, „Ich schaffe Finsternis und Unheil!" Ist Gott verantwortlich für das Übel?, Mainz 1992.

[20] Das zeigt eindrucksvoll die in Tübingen von meinem Mitarbeiter *G. Langenhorst* geschriebene Dissertation: Hiob unser Zeitgenosse. Die literarische Rezeption der biblischen Figur im 20. Jahrhundert als theologische Herausforderung. Diese Arbeit erscheint im Frühjahr 1994 im Grünewald-Verlag Mainz.

III Das Lachen des Christen – neutestamentliche Grundlagen

[1] *Apokalypse des Petrus*, in: *W. Schneemelcher (Hrsg.)*, Neutestamentliche Apokryphen in deutscher Übersetzung, Bd. II., Tübingen 1989, S. 633–643, Zitat S. 642. Zur Datierung und zum theologischen Selbstverständnis vgl. dort die Einleitung von *A. Werner*.

[2] Das für die Christologie Wesentliche dazu in: *K.-J. Kuschel*, Geboren vor aller Zeit? Der Streit um Christi Ursprung, München 1990. Eine grundlegende Einführung bietet: *K. Rudolf*, Die Gnosis. Wesen und Geschichte einer spätantiken Religion, Göttingen 1977. Zur philosophischen Bedeutung der Gnosis vgl. neuerdings: *P. Sloterdijk – Th. Macho (Hrsg.)*, Weltrevolution der Seele. Ein Lese- und Arbeitsbuch der Gnosis von der Spätantike bis zur Gegenwart, Bd. I–II, München 1991.

[3] *Irenäus*, Gegen die Häresien, in: Bibliothek der Kirchenväter, Bd. III, München 1912, S. 73 (Buch I, Kap. 24, Abschn. 4).

[4] *Die zweite Lehre des großen Seth*, in: The Nag Hammadi Library in English, ed. by J.M. Robinson, New York 1977, S. 332 (eigene Übersetzung aus dem Englischen).

[5] Vgl. dazu die Einführung von *J. Dart*, The Laughing Saviour. The Discovery and Significance of the Nag Hammadi Gnostic Library, New York 1976.

[6] So *O. Betz*, Der Humor und die Fröhlichkeit der Christen, Ulm [2]1982. Und: *W. Thiede*, Das verheißene Lachen. Humor in theologischer Perspektive, Göttingen 1986. Nicht besser ist die Studie des

amerikanischen Exegeten *E. Trueblood*, The Humor of Christ, New York 1964. Überzeugender dagegen *L. Kretz*, Witz, Humor und Ironie bei Jesus, Olten – Freiburg/Br. 1981; *ders.*, Der Reiz des Paradoxen bei Jesus, Olten – Freiburg/Br. 1983. Ebenso: Bibel heute 28 (1992), Themenheft: Nie soll er gelacht haben? Spuren des Humors Jesu.

[7] *Protevangelium des Jakobus*, in: *W. Schneemelcher (Hrsg.)*, Neutestamentliche Apokryphen in deutscher Übersetzung, Bd. I, Tübingen 1987, S. 334–349, Zit. S. 345.

[8] So *E. Norden*, Die Geburt des Kindes. Geschichte einer religiösen Idee (1924), Darmstadt 1969, S. 67 (Kap. IV: Das lachende Sonnenkind und der himmlische Bräutigam). Vgl. auch: *P. Schwarzenau*, Das göttliche Kind. Der Mythos vom Neubeginn, Stuttgart 1984, ²1988.

[9] *Pseudo-Matthäusevangelium*, in: *W. Schneemelcher (Hrsg.)*, Neutestamentliche Apokryphen in deutscher Übersetzung, Bd. I, Tübingen 1987, S. 367–370, Zit. S. 370.

[10] *E. Norden*, aaO., S. 66 (s. Anm. 8).

[11] Zit. bei *W. Guglielmi*, Das Lachen der Götter und Menschen am Nil. Die religiöse und alltagsweltliche Bedeutung des Lachens im Alten Ägypten, in: Th. Vogel (Hrsg.), Vom Lachen, S. 154–173, Zitat S. 156 (s. Anm. 4, Kap. I).

[12] *W. Haug*, Das Komische und das Heilige. Zur Komik in der religiösen Literatur des Mittelalters, in: ders., Strukturen als Schlüssel zur Welt. Kleine Schriften zur Erzählliteratur des Mittelalters, Tübingen 1989, S. 257–274, Zitat S. 263.

[13] *Kindheitserzählungen des Thomas*, in: *W. Schneemelcher (Hrsg.)*, Neutestamentliche Apokryphen in deutscher Übersetzung, Bd. I, Tübingen 1987, S. 349–361, Zit. S. 356.

[14] *P. Sloterdijk*, Kritik der zynischen Vernunft, Frankfurt/M. 1983, Bd. I, S. 305f.

[15] Hier liefert das genannte Buch von *L. Kretz* über Witz, Humor und Ironie bei Jesus (s. Anm. 6) reichhaltiges Material. Besonders diese Studie von Kretz ist in der Analyse überzeugend. Sein Titel dagegen ist irreführend. Es handelt sich in der Tat nicht um eine Analyse von Witz, Humor und Ironie bei Jesus, sondern um den Nachweis grotesker Bilder, kühner Gleichnisse, entwaffnender Antworten, Paradoxien und verblüffender Glücksrufe.

[16] Ich halte mich in diesem Fall an die überzeugende Übersetzung von *W. Jens*, Und ein Gebot ging aus. Das Lukas-Evangelium, Stuttgart 1991, S. 40.

[17] *A. Brandstetter*, Bibel und Humor, in: J. Holzner – U. Zeilinger (Hrsg.), Die Bibel im Verständnis der Gegenwartsliteratur, St. Pölten – Wien 1988, S. 99–108, Zitat S. 100f.

[18] So im *Beschluß der Gemeinsamen Synode* der Bistümer in der Bundesrepublik Deutschland: *Unsere Hoffnung*, in: Offizielle Gesamtausgabe, Bd. I, Freiburg/Br. 1976, S. 104.

[19] Vgl. zu dieser ganzen Problematik R.L. *Wilken*, Die frühen Christen. Wie die Römer sie sahen, Graz 1986.

[20] *H. Cox*, Das Fest der Narren. Das Gelächter ist der Hoffnung letzte Waffe, Stuttgart 1969, S. 183.

[21] Vgl. dazu: *K.-J. Kuschel*, Jesus in der deutschsprachigen Gegenwartsliteratur, Gütersloh – Zürich 1978, TB-Ausgabe München 1987 (Serie Piper 627). Hier die entsprechenden Hinweise oder Interpretationen zu G. Hauptmann und H. Böll.

[22] *H. Heine*, Deutschland. Ein Wintermärchen, in: Sämtliche Schriften, hrsg. v. K. Briegleb, München 1976, Bd. VII, S. 605. Zu Heine: *K.-J. Kuschel*, „Vielleicht hält Gott sich einige Dichter". Literarisch-theologische Portraits, Mainz 1991 (Kap. II: Heinrich Heine und die Doppelgesichtigkeit aller Religion).

[23] *M.C. Jacobelli*, Ostergelächter. Sexualität und Lust im Raum des Heiligen, Regensburg 1992. Hier die Belege der angegebenen Quellen, S. 11–19.

[24] Beim „salmonischen Schall" handelt es sich um eine Anspielung auf Salmon, eine Gestalt der griechischen Mythologie. Er verachtete die Götter und pflegte darum im Gewand des Zeus die Straßen der Stadt in einem bronzenen Wagen zu befahren, womit er den Donner immitierte, und warf brennende Fackeln, womit er die Blitze nachäffte.

[25] *W. Haug*, aaO., S. 264f. (s. Anm. 12).

[26] So *M.C. Jacobelli*, aaO., S. 30f. (s. Anm. 23).

[27] Zur Christologie von Paulus vgl. *K.-J. Kuschel*, Geboren vor aller Zeit? Der Streit um Christi Ursprung, München 1990, S. 340–396.

[28] *W. Gross – K.-J. Kuschel*, „Ich schaffe Finsternis und Unheil!" (s. Anm. 19, Kap. II).

[29] *J. Moltmann*, Die ersten Freigelassenen der Schöpfung. Versuche über die Freude an der Freiheit und das Wohlgefallen am Spiel, München 1971, S. 38. Vgl. zum selben Fragenkreis: *G.M. Martin*, Fest und Alltag. Bausteine zu einer Theorie des Festes, Stuttgart 1973.

IV Das Lachen Lernen – ein literarisch-theologisches Tableau

[1] Zu Hesse: *K.-J. Kuschel*, „Vielleicht hält Gott sich einige Dichter". Literarisch-theologische Portraits, Mainz 1991 (Kap. VI: Hermann Hesse und die Abgründigkeit der Seele).

[2] *H. Hesse*, Der Steppenwolf, in: Gesammelte Werke, Bd. VII, Frankfurt/M. 1970, S. 411.

[3] *H. Hesse*, Nachwort, in: Materialien zu H. Hesse „Der Steppenwolf", Frankfurt/M. 1972, S. 159.

4 H. *Hesse*, Der Steppenwolf, S. 411 f.

5 H. *Hesse*, Der Steppenwolf, S. 237. 238.

6 W. *Haug*, aaO., S. 260 (s. Anm. 12, Kap. III)

7 K. *Tucholsky*, Kleines Gespräch mit unerwartetem Ausgang, in: Gedichte, hrsg. v. M. Gerold-Tucholsky, Hamburg 1983, S. 78 f.

8 F. *Dürrenmatt*, Theaterprobleme, in: ders., Theater-Schriften und Reden, Zürich 1966, S. 128.

9 K. *Tucholsky*, Nachher, in: Gesammelte Werke, Bd. X, Hamburg 1975, S. 145.

10 K. *Tucholsky*, Nachher, S. 119.

11 K. *Tucholsky*, Nachher, S. 140 f.

12 S. *Freud*, Der Witz und seine Beziehung zum Unbewußten (1905), in: Studienausgabe Bd. IV (Psychologische Schriften), Frankfurt/M. 1970, S. 9–219. Vgl. dazu: H. *Strozka*, Witz und Humor, in: Psychologie des 20. Jahrhunderts, Bd. II (Freud und die Folgen I), hrsg. v. D. Eicke, Zürich 1976, S. 305–321.

13 S. *Freud*, aaO., S. 119. 130. 98.

14 S. *Freud*, aaO., S. 138.

15 Dieser und andere christliche Witze sind gesammelt in: H. v. *Campenhausen*, Theologenspieß und Spaß. Christliche und unchristliche Scherze, Göttingen ⁷1988. Zitat S. 47.

16 So C. *Schmid*, Geleitwort zu S. *Landmann (Hrsg.)*, Der jüdische Witz. Soziologie und Sammlung, Olten – Freiburg/Br. ¹³1988, S. 7–9, Zitat S. 7 (s. Anm. 17).

17 Die repräsentativste Sammlung im deutschsprachigen Raum ist nach wie vor S. *Landmann (Hrsg.)*, Der jüdische Witz. Soziologie und Sammlung, Olten – Freiburg/Br. ¹³1988. Siehe dort S. 464 und 451.

18 S. *Landmann*, aaO., S. 13 (s. Anm. 17).

19 S. *Landmann*, aaO., S. 461.

20 S. *Landmann*, aaO., S. 483.

21 E. *Bloch*, Erbschaft dieser Zeit (1935), Frankfurt/M. 1973, S. 169. Vgl. auch: E. *Bloch*, Das Prinzip Hoffnung, Frankfurt/M. 1959 (Kap. 27: Bessere Luftschlösser in Jahrmarkt und Zirkus, in Märchen und Kolportage). Zur therapeutischen Funktion des Lachens vgl. neuerdings: H. *Rubinstein*, Lachen macht gesund. Über die Heilkraft von Lachen und Fröhlichkeit, Landsberg 1987.

22 L. *Bechstein*, Märchen, Stuttgart–Wien 1992, S. 184–188, Zitat S. 185. Zur literaturgeschichtlichen Einordnung der Märchen vgl.: F. *Karlinger*, Geschichte des Märchens im deutschen Sprachraum, Darmstadt ²1988.

23 L. *Bechstein*, aaO., S. 187.

24 E. *Mörike*, Die Historie von der schönen Lau, in: Sämtliche Werke, hrsg. v. H. G. Göpfert, München 1964, S. 936–957, Zit. S. 938.

25 E. *Mörike*, aaO., S. 955.

[26] Zum zeitgeschichtlichen Hintergrund vgl.: *E. Ermatinger*, Gott-fried Keller. Eine Biographie (1950), TB-Ausgabe Zürich 1990, S. 444–466. Grundlegend ebenfalls: *A. Muschg*, Gottfried Keller, München 1977.

[27] *G. Keller*, Das verlorene Lachen, in: Sämtliche Werke und ausge-wählte Briefe, Bd. II, hrsg. v. C. Heselhaus, München 1958, S. 445–530, Zit. S. 449.

[28] *G. Keller*, aaO., S. 490.

[29] *G. Keller*, aaO., S. 477.

[30] *G. Keller*, aaO., S. 497.

[31] *G. Keller*, aaO., S. 499.

[32] *G. Keller*, aaO., S. 511 f.

[33] *G. Keller*, aaO., S. 527.

[34] *B. Neumann*, Nachwort zu „Die Leute von Seldwyla", Stuttgart 1993, S. 653–700, Zit. S. 699 (Reclam-Ausgabe).

[35] *G. Keller*, aaO., S. 528.

[36] *G. Keller*, aaO., S. 529.

[37] *G. Keller*, aaO., S. 252.

[38] Zu Kafka: *K.-J. Kuschel*, „Vielleicht hält Gott sich einige Dichter". Literarisch-theologische Portraits, Mainz 1991 (Kap. III: Franz Kafka und die Unheimlichkeit der Welt). Zum *Motiv des Lachens* bei Kafka: G. *Kranz*, Kafkas Lachen, in: ders., Kafkas Lachen und andere Schriften zur Literatur 1950–1990 mit einer Kranz-Biblio-graphie, hrsg. von E. Schenkel, Köln–Wien 1991, S. 1–16. *J. Wert-heimer*, „Geflecht aus Narrheit und Schmerz". Lachen und Über-leben bei Kafka im Kontext der jüdischen Tradition, in: Th. Vogel (Hrsg.), Vom Lachen. Einem Phänomen auf der Spur, Tübingen 1992, S. 45–59.

[39] *F. Kafka*, Briefe an Felice und andere Korrespondenz aus der Verlo-bungszeit, hrsg. v. E. Heller und J. Born, Frankfurt/M. 1976, S. 236–240, Zit. S. 238.

[40] *F. Kafka*, aaO., S. 239 f.

[41] Reichhaltiges Material dazu insbesondere in dem schönen Aufsatz von *G. Kranz* (s. Anm. 38).

[42] *H. Bergson*, Das Lachen, S. 14. 15 (s. Anm. 7 Einleitung).

[43] Vgl. dazu die außerordentlich aufschlußreiche Sammlung von *G. Raithel*, Lach, wenn du kannst. Der aggressive Witz von und über Amerikas Minderheiten, Frankfurt/M. 1975.

[44] So *D. Wellershoff*, Infantilismus als Revolte oder das ausgeschla-gene Erbe – Zur Theorie des Blödelns, in: Das Komische, hrsg. v. W. Preisendanz – R. Warning, S. 336 (s. Anm. 3, Kap. I).

[45] Der Vers stammt aus dem Gedicht „Die Todesfuge" von *P. Celan*.

[46] Material dazu bei *H. Läuffer (Hrsg.)*, Der Spaß ist ein Meister aus Deutschland. Geschichte der guten Laune 1933–1990, Köln 1990.

[47] *H. Böll*, Frankfurter Vorlesungen, München 1968, S. 114 (dtv-Aus-gabe).

[48] *H. Böll*, aaO., S. 115.

[49] *H. Böll*, aaO., S. 114 f.

[50] *L. Boff*, Die beiden Sackgassen des Bewahrens und des Erschaffens, in: *B. Kroeber (Hrsg.)*, Zeichen in Umberto Ecos Roman „Der Name der Rose", S. 347–362, Zitat S. 357 (s. Anm. 39, Kap. I).

[51] So *M. Thomas*, Die mystischen Elemente und ihre Funktion im Roman „Der Name der Rose", in: A. Haverkamp – A. Heit (Hrsg.), Ecos Rosenroman. Ein Kolloquium, S. 123–151, bes. S. 137–148.

[52] *G. Wieland*, Gottes Schweigen und das Lachen der Menschen, in: A. Haverkamp – A. Heit (Hrsg.), Ecos Rosenroman. Ein Kolloquium, S. 97–122, Zitat S. 110.

[53] *G. Wieland*, aaO., S. 115 (s. Anm. 39, Kap. I).

[54] *G. Wieland*, aaO., S. 116 (s. Anm. 39, Kap. I).

[55] Zu Ecos Verständnis des „Apokalyptikers" vgl.: *U. Eco*, Apokalyptiker und Integrierte. Zur Kritik der Massenkultur (1964), Frankfurt/M. 1992 (Fischer-TB 7367).

[56] *H. Kelber*, Der Autor und sein Roman. Hinführung zu Umberto Ecos „Der Name der Rose", in: A. Haverkamp – A. Heit (Hrsg.), Ecos Rosenroman. Ein Kolloquium, S. 19–59, Zitat S. 56 (s. Anm. 39, Kap. I).

[57] *H. Kelber*, aaO., S. 56 f. Gut formuliert auch *G. Wieland*: „William verkündet eine einfache und unterhaltsame Botschaft. Angesichts des Scheiterns von Politik, die nur auf Macht geht und keine Gerechtigkeit kennt; angesichts des Scheiterns der Vernunft, die sich als zu schwach erweist, um mit der Wirklichkeit ins reine zu kommen, und deshalb doch nur Interessen vertritt: die der Mächtigen oder die der Schwachen – bleibt dem Menschen nichts, als sich durch Lachen alle fremden, vor allem die absoluten Zumutungen vom Leibe zu halten. Die Welt des Lachens hat allerdings Abschied genommen von den Ideen des Wahren, des Guten, des Gerechten; sie hat auch Abschied genommen von Gott, dieser absoluten Zumutung; es ist eine Welt der Resignation und des Verzichts, müde und alt, von der unbeschwerten Heiterkeit kindlichen Spiels weit entfernt. William und seine Welt haben die Naivitäten der Aufklärung hinter sich gelassen. Der Glaube an die Erkenntnis der Wahrheit und an die Befreiung des Menschen von Abhängigkeiten ist verloren. Was bleibt, ist eine unverbindliche Ästhetisierung des Weltverhältnisses." (S. 120 f.)

[58] *L. Wittgenstein*, Tractatus, S. 111 (Nr. 6. 41) (s. Anm. 67, Kap. I).

[59] *L. Wittgenstein*, Tagebücher 1914–1916, in: Schriften Bd. I, Frankfurt/M. 1960, S. 165.

[60] *L. Wittgenstein*, aaO., S. 167.

[61] *H. Cox*, Das Fest der Narren, S. 203 f. (s. Anm. 20, Kap. III).

Zur Vertiefung der spezifisch theologischen sowie der literaturtheologischen Problematik dieses Buches sei auf folgende Publikationen von mir verwiesen:

Zur Systematischen Theologie

Lust an der Erkenntnis – Theologie des 20. Jahrhunderts. Ein Lesebuch, München 1986, Neuausgabe 1994 (Serie Piper 646).

Geboren vor aller Zeit? – Der Streit um Christi Ursprung, München, Piper 1990.

„Ich schaffe Finsternis und Unheil" – Ist Gott verantwortlich für das Übel? (zus. mit W. Gross), Mainz, Grünewald 1992.

Hans Küng, Denkwege – Ein Lesebuch, München 1992 (Serie Piper 1670).

Hans Küng, Neue Horizonte des Glaubens und Denkens (zus. mit H. Häring), München, Piper 1993.

Zur innerchristlichen Ökumene

Wörterbuch des Christentums (zus. mit V. Drehsen / H. Häring / H. Siemers), Gütersloh, Gütersloher Verlagshaus Gerd Mohn 1988

Gegenentwürfe – 24 Lebensläufe für eine andere Theologie (zus. mit H. Häring), München, Piper 1988.

Leben in ökumenischem Geist – Ein Plädoyer wider die Resignation, Ostfildern, Schwabenverlag 1991.

Zur Theologischen Ästhetik

Jesus in der deutschsprachigen Gegenwartsliteratur. Mit einem Vorwort von Walter Jens, Zürich/Gütersloh, Benziger/Gütersloher Verlagshaus Gerd Mohn 1978, TB-Ausgabe München 1987 (Serie Piper 627).

Stellvertreter Christi? – Der Papst in der zeitgenössischen Literatur, Zürich/Gütersloh, Benziger/Gütersloher Verlagshaus Gerd Mohn 1980.

Der andere Jesus – Ein Lesebuch moderner literarischer Texte, Zürich/Gütersloh, Benziger/Gütersloher Verlagshaus Gerd Mohn 1983, TB-Ausgabe München 1987, ²1991 (Serie Piper 625).

Weil wir uns auf dieser Erde nicht ganz zuhause fühlen – 12 Schriftsteller über Religion und Literatur, München 1985 (Serie Piper 414).

Theologie und Literatur - Zum Stand des Dialogs (zus mit W. Jens und H. Küng), München, Kindler 1986.

Und Maria trat aus ihren Bildern - Literarische Texte, Freiburg i. Br., Herder 1990.

231

Wie kann denn ein Mensch schuldig werden? – Literarische und theologische Perspektiven von Schuld (zus. mit U. Baumann), München 1990 (Serie Piper 1292).

„Vielleicht hält Gott sich einige Dichter" – Literarisch-theologische Portraits, Mainz, Grünewald 1991.

„Ich glaube nicht, daß ich Atheist bin" – Neue Gespräche über Religion und Literatur, München 1992 (Serie Piper 1561).

Zur Weltökumene

Weltfrieden durch Religionsfrieden – Antworten aus den Weltreligionen (zus. mit H. Küng), München 1993 (Serie Piper 1862).

Erklärung zum Weltethos – Die Deklaration des Parlaments der Weltreligionen (zus. mit H. Küng), München 1993 (Serie Piper 1958).

Der Streit um Abraham – Was Juden, Christen und Muslime eint und trennt, München, Piper 1994 (Herbst).